高等院校精品系列教材·财务会计类

管理会计
（第4版）

主　编　蔡维灿　张华金　罗春梅
副主编　陈由辉　姜媚珍

北京理工大学出版社
BEIJING INSTITUTE OF TECHNOLOGY PRESS

内 容 简 介

本书为《管理会计（第3版）》的修订版，第2版教材获"第四届中国大学出版社图书奖优秀教材一等奖"，本书作者主持完成管理会计课程并被评为福建省级精品课程。

全书正文内容共11章，前4章介绍管理会计原理，后7章介绍管理会计实务。为加强理论联系实际，突出对学生技能的培养，提高学生实际应用能力，每章章首设有技能目标，章中穿插案例，章后附有实训项目；为注重对学生自学能力的培养，便于学生复习和巩固所学内容，每章开始设有知识目标，章后附有小结、思考与练习、同步测试。

本书适用于高等院校经管类专业学生的学习，也可作为企业财会人员、管理人员及财经类院校教师的参考用书。

版权专有　侵权必究

图书在版编目（CIP）数据

管理会计/蔡维灿，张华金，罗春梅主编. —4版. —北京：北京理工大学出版社，2020.7（2023.1 重印）

ISBN 978-7-5682-8522-3

Ⅰ．①管…　Ⅱ．①蔡…②张…③罗…　Ⅲ．①管理会计　Ⅳ．①F234.3

中国版本图书馆 CIP 数据核字（2020）第 093129 号

出版发行 / 北京理工大学出版社有限责任公司	
社　　址 / 北京市海淀区中关村南大街5号	
邮　　编 / 100081	
电　　话 / （010）68914775（总编室）	
（010）82562903（教材售后服务热线）	
（010）68948351（其他图书服务热线）	
网　　址 / http://www.bitpress.com.cn	
经　　销 / 全国各地新华书店	
印　　刷 / 三河市天利华印刷装订有限公司	
开　　本 / 787毫米×1092毫米　1/16	
印　　张 / 19	责任编辑 / 徐春英
字　　数 / 438千字	文案编辑 / 徐春英
版　　次 / 2020年7月第4版　2023年1月第4次印刷	责任校对 / 周瑞红
定　　价 / 49.90元	责任印制 / 施胜娟

图书出现印装质量问题，请拨打售后服务热线，本社负责调换

第4版前言

现代企业会计分为财务会计和管理会计两大分支。管理会计是会计与管理相结合而产生的一门新兴学科,是现代会计科学的新发展,是在当代市场经济条件下,以强化企业内部经营管理、实现最佳经济效益为最终目的,以现代企业经营活动为对象,通过对财务等信息的深加工和再利用,实现对经济过程的预测、决策、规划、控制、责任考核评价等职能的一个会计分支。它突破了传统会计事后算账的局限性,为企业生产经营活动的预测、决策、规划、控制、考评提供了灵活多样的方法,形成了系统的方法论。随着社会经济的发展,管理会计的理论及方法在经济管理尤其是微观经济管理中的作用已被人们充分认识,日益成为企业管理中不可或缺的手段,其应用范围也越来越广泛。

本书力求体系严谨、内容完整、表述准确、业务创新,并注重实用性、操作性和前瞻性。本书前四章介绍管理会计原理,后七章介绍管理会计实务,让学生尽可能全面地掌握管理会计的基本概念、基本理论和基本方法;为加强理论联系实际,突出对学生技能的培养,提高学生实际应用能力,每章章首设有技能目标,章中穿插案例,章后附有实训项目;为注重对学生自学能力的培养,便于学生复习和巩固所学内容,每章开始设有学习目的,章后附有小结、思考与练习、同步测试。

本书由蔡维灿教授、张华金高级会计师和罗春梅副教授担任主编,陈由辉注册会计师和姜媚珍高级会计师担任副主编。蔡维灿执笔第一、二、五、六、七章,张华金执笔第三章,罗春梅编写第九、十一章,陈由辉执笔第四章,姜媚珍编写第八、十章。全书由蔡维灿、张华金和罗春梅总纂定稿。

本书适用于高等院校财经类专业学生的学习,也可作为企业财会人员、管理人员及财经类院校教师的参考用书。

本书在编写过程中参考了大量的相关著作、网络资料、教材和文献,吸取和借鉴了同行的相关成果,在此谨向有关作者表示诚挚的谢意和敬意!

限于编者水平,书中难免有不妥和疏漏之处,敬请读者批评指正。

编 者

目　　录

第1章　概论 ··· 001
 1.1　管理会计的产生和发展 ·· 001
 1.2　管理会计的定义、职能和内容 ··· 003
 1.3　管理会计的对象和方法 ·· 006
 1.4　管理会计与财务会计的关系 ·· 008
 本章小结 ·· 011
 同步测试 ·· 012
 思考与练习 ··· 014

第2章　成本性态分析 ·· 015
 2.1　成本按性态分类 ··· 015
 2.2　成本性态分析的程序和方法 ·· 023
 本章小结 ·· 030
 同步测试 ·· 031
 实训项目 ·· 033
 思考与练习 ··· 035

第3章　变动成本法 ··· 036
 3.1　变动成本法概述 ··· 036
 3.2　变动成本法与完全成本法的区别 ·· 039
 3.3　对变动成本法与完全成本法的评价 ······································· 047
 本章小结 ·· 051
 同步测试 ·· 052
 实训项目 ·· 055
 思考与练习 ··· 057

第4章　本量利分析原理 ··· 058
 4.1　本量利分析概述 ··· 058
 4.2　单一品种的保本分析 ··· 062
 4.3　单一品种的保利分析 ··· 069
 4.4　本量利敏感性分析 ·· 072

4.5 本量利分析图 ··· 079
4.6 多品种条件下的本量利分析 ·· 084
4.7 不确定情况下的本量利分析 ·· 087
本章小结 ··· 090
同步测试 ··· 091
实训项目 ··· 094
思考与练习 ··· 097

第5章 预测分析
5.1 预测分析概述 ··· 098
5.2 销售预测 ·· 103
5.3 利润预测 ·· 110
5.4 成本预测 ·· 116
5.5 筹资预测 ·· 120
本章小结 ··· 124
同步测试 ··· 125
实训项目 ··· 127
思考与练习 ··· 128

第6章 短期经营决策分析
6.1 短期经营决策概述 ··· 129
6.2 短期经营决策应考虑的成本概念 ··· 133
6.3 短期经营决策分析常用的方法 ··· 137
6.4 产品生产决策分析 ··· 147
本章小结 ··· 163
同步测试 ··· 164
实训项目 ··· 167
思考与练习 ··· 172

第7章 长期投资决策分析
7.1 长期投资决策概述 ··· 173
7.2 长期投资决策的重要因素 ·· 176
7.3 长期投资效益的评价方法 ·· 195
7.4 运用不同指标对方案的评价问题 ··· 206
本章小结 ··· 215
同步测试 ··· 216

实训项目 218
　　思考与练习 221

第8章　成本管理 222
8.1　成本管理概述 222
8.2　标准成本法 224
8.3　作业成本法 234
8.4　目标成本法 238
　　本章小结 242
　　同步测试 243
　　实训项目 245
　　思考与练习 247

第9章　存货控制 248
9.1　存货控制概述 248
9.2　经济批量法 250
9.3　ABC 分类控制法 252
　　本章小结 254
　　同步测试 254
　　实训项目 256
　　思考与练习 258

第10章　全面预算 259
10.1　全面预算概述 259
10.2　全面预算的编制 261
10.3　编制预算的其他方法 268
　　本章小结 273
　　同步测试 273
　　实训项目 276
　　思考与练习 278

第11章　绩效管理 279
11.1　绩效管理概述 279
11.2　关键绩效指标法 281
11.3　经济增加值法 283
11.4　平衡计分卡 285

本章小结 …………………………………………………………………………… 289
同步测试 …………………………………………………………………………… 290
实训项目 …………………………………………………………………………… 291
思考与练习 ………………………………………………………………………… 292

附录 ……………………………………………………………………………… 293

参考文献 ………………………………………………………………………… 294

第 1 章
概 论

> ▶ 知识目标
> (1) 了解管理会计的产生和发展。理解管理会计的定义、职能和内容。
> (2) 明确管理会计的对象和方法。
> (3) 熟悉管理会计与财务会计的区别与联系。
>
> ▶ 技能目标
> 能运用管理会计的理论知识,分析现实中管理会计与财务会计的区别与联系。

1.1 管理会计的产生和发展

管理会计作为一个相对独立而比较完整的理论、方法体系,是随着科学技术的进步和社会经济的发展而逐步形成和发展起来的。

管理会计最初产生于 19 世纪末 20 世纪初,其雏形产生于 20 世纪上半叶,正式形成和发展是在第二次世界大战之后,20 世纪 70 年代后在世界范围内得以迅速发展和传播。先后经历了传统管理会计和现代管理会计两个发展阶段。

1.1.1 传统管理会计阶段(20 世纪初—50 年代)

20 世纪初,资本主义经济已经有了相当的发展,但是在一般企业的管理中,以经验和直觉为核心的传统管理方式仍占据着统治地位,不少工厂经营粗放,资源浪费严重,管理混乱,生产效率低下,因此,如何利用先进的科学管理代替落后的传统管理,使企业各级管理工作得到较大的改善,以适应资本主义经济发展的需要成为一个非常迫切的现实问题,于是,集中体现科学管理理论和方法的"泰罗制"在 20 世纪初应运而生。"泰罗制"的特点是科学分析人在劳动中的机械动作,制定最精确的操作方法,实行最完善的计算和监督制度。其核心是强调提高生产效率。

推行"泰罗制"使企业管理得到空前加强,生产效率得到显著提高,在生产经营活动实现标准化和制度化的同时,原有会计体系也发生了相应的变化、发展。其主要表现是:同泰罗的科学管理方法紧密相连的某些技术方法,如标准成本、预算控制、差异分析等相继出现，不仅使成本会计增加了许多新内容，而且为会计直接服务于企业管理开辟了一条新途径。此时的会计已经突破了单纯的事后计算而开始引入事前规划，并进而将事前规划同事后计算分析相互结合，从而在提高生产效率、改善管理等方面发挥着越来越重要的作用。上述这些新的技术方法的出现，表明原有会计体系主体内容和基本结构发生了某些变化，意味着成本会计已经向管理会计过渡。当时，有人将会计领域的这些新内容综合起来，称为管理会计，并著书立说。1922年，奎因坦斯和麦金西分别出版了《管理会计：财务管理入门》及《预算控制》。1924年，麦金西的世界上第一部以"管理会计"命名的书籍——《管理会计》和布利斯的《通过会计进行管理》也相继问世。这些专著的不断问世，为管理会计的形成奠定了理论基础。可以认为，以泰罗的科学管理理论为基础，以标准成本和预算控制为主要支柱的管理会计在20世纪二三十年代已初步形成，这一阶段的管理会计可以被看做是早期的管理会计，是执行性管理会计。

1.1.2　现代管理会计阶段（20世纪50年代至今）

到了20世纪50年代，经过第二次世界大战，发达资本主义国家的企业本身和它们所处的环境都发生了巨大的变化。一方面，现代科学技术突飞猛进并大规模应用于生产，生产力发展十分迅速，经济大幅度增长；另一方面，资本进一步集中，企业规模日趋庞大，形成多层次的企业组织机构，并且大中型企业出现了多极化、多元化、跨国化的趋势，企业外部市场环境瞬息万变，生产经营越来越复杂，企业之间的竞争也愈演愈烈，致使投资利润率下降，通货膨胀率上升，筹资困难。这些环境条件的变化对企业管理提出了新的要求，要求企业内部管理更加合理化、科学化，同时具有灵活多变的反应能力和高度的适应能力。此时，泰罗的科学管理学说的重局部轻全局、重企业内部生产工作效率的提高而轻与外界的联系的局限性充分暴露出来。于是，以"管理的重心在经营，经营的重心在决策"为指导思想的现代管理科学诞生了。现代管理科学的创立及其在企业管理中的成功应用，不仅极大地提高了企业的经营管理水平，促进了资本主义经济的迅猛发展，而且以其现代管理理论和方法武装了企业会计，既扩展了传统会计的职能领域，又加速了会计的发展，促使了管理会计同传统会计的相互分离，使管理会计形成了在现代条件下致力于加强企业内部管理、提高经济效益的一整套理论与方法。1952年"管理会计"这个专门词汇在世界会计学会年会上被通过，标志着管理会计体系正式形成，这个阶段的管理会计可以被看做是现代的管理会计，是以现代管理科学为基础的决策性的管理会计。

随着科学技术的飞速发展，社会科学和自然科学的各个学科在不断发展和相互渗透。在管理会计的理论研究中，数量经济分析、风险分析、数理统计、运筹学、管理工程学、现代决策论、控制论、信息论、系统论、现代心理学、行为科学以及计算机应用技术被广泛地应用，极大地丰富了管理会计学的内容，使管理会计逐渐发展成为具有独特的理论和专门方法的综合性的新兴学科。

进入20世纪70年代后，管理会计在世界范围内进一步发展，其理论与方法，如预算控制、责任会计等应用范围日益扩大，重要性日益增强，管理会计在经济活动中所发挥的作用越来越大。此外，西方国家的各种管理会计的组织、职称和刊物，对管理会计理论和方法的不断丰富、发展和完善起了极大的推动作用。1972年，美国全国会计师联合会成立了独立的"管理会计协会"，同年，英国也成立了"成本和管理会计师协会"，它们分别出版了专业性刊物《管理会计》月刊，并在全世界发行。1972年，美国举行了第一届"执业管理会计师"资格考试，几乎与此同时，英国也安排了类似的考试。从此，西方出现了"执业管理会计师（CMA）"职业，他们可以在自己的专门领域内开展工作，并有着较高的社会地位。

我国从20世纪70年代末才开始逐渐引进、介绍管理会计知识。随着对外开放的深入，国际经济交往不断增多，有关管理会计的知识在我国很快得到传播，其理论和方法已逐步应用于工作实践。广大会计工作者在全面学习和掌握管理会计知识的基础上，根据我国国情加以应用，为提高企业的经营管理水平，提高企业经济效益，做出了应有的贡献。

总之，管理会计的形成与发展既是由于社会经济的发展和科学技术的进步必须对企业实行现代化管理的迫切要求，也是会计在企业管理中的作用日益增强和会计科学本身不断充实、完善和发展的必然结果，是会计科学成功地跨入新的历史阶段的重要标志。管理会计的形成和发展是经济发展和科学技术进步的必然产物，它丰富了会计科学的内容，扩展了会计的职能。可以预计，随着经济的不断发展、科技的不断进步及现代化管理的不断更新，管理会计的基本理论和基本方法将日渐成熟，管理会计在经济管理中必将发挥越来越重要的作用。

1.2 管理会计的定义、职能和内容

1.2.1 管理会计的定义

尽管管理会计的理论和实践最先起源于西方社会，但迄今为止在西方尚未形成一个统一的管理会计定义。

有人将管理会计描述为"向企业管理当局提供信息以帮助其进行经营管理的会计分支"；也有人认为"管理会计就是会计与管理的直接融合"。

美国会计学会于1958年和1966年先后两次为管理会计提出了如下定义："管理会计是指在处理企业历史和未来的经济资料时，运用适当的技巧和概念来协助经营管理人员拟订能达到合理经营目的的计划，并作出能达到上述目的的明智的决策。"显然，他们将管理会计的活动领域限定于微观，即企业环境。

从20世纪70年代起，许多人将管理会计描述为"现代企业会计信息系统中区别于财务会计的另一个信息子系统"。

1981年，美国全国会计师联合会的一个下属委员会在其颁布的公告中指出："管理会计是为管理当局用于企业的计划、评价和控制，保证适当使用各项资源并承担经营责任，而进行确认、计量、累积、分析、解释和传递财务信息等的过程。"并指出管理会计同样适用于非营利的机关团体。这一定义扩大了管理会计的活动领域，指明管理会计的活动领域不应仅限于"微观"，还应扩展到"宏观"。这种观点后来被国际会计师联合会所继承，1988年4

月,在其发表的《论管理会计概念(征求意见稿)》一文中明确表示,"管理会计可定义为:在一个组织中,管理部门用于计划、评价和控制的(财务和经营)信息的确认、计量、收集、分析、编报、解释和传输的过程,以确保其资源的合理使用并履行相应的经营责任"。

1982年,英国成本与管理会计师协会给管理会计下了一个范围更为广泛的定义,认为除了外部审计以外的所有会计分支(包括簿记系统、资金筹措、编制财务计划与预算、实施财务控制、财务会计和成本会计等)均属于管理会计的范畴。

20世纪80年代初,西方管理会计学的理论被介绍到中国。我国会计学者在解释管理会计定义时,提出如下主要观点。

(1)从"会计信息系统论"角度将管理会计定义为"企业管理人员利用积累的资料、科学的控制和决策方法,对资料灵活地进行科学的加工、整理,正确有效地为生产经营服务的一个会计信息系统"。

(2)认为"管理会计是一门新兴的综合性边缘学科",或"现代会计学的一个新的分支"。

(3)将管理会计看成是"一种为管理部门提供信息服务的工具"。

以上这些表述虽然不尽相同,但大家都基本赞同管理会计应从广义和狭义两个方面去理解。广义的管理会计,又称宏观管理会计,是指用于概括现代会计系统中区别于传统会计,直接体现预测、决策、规划、控制和责任考核评价等会计管理职能的那部分内容的一个范畴。这个概念既适用于揭示目前得到公认的微观管理会计(即企业管理会计)的本质,又可以反映正在形成的宏观管理会计的一般特征。狭义的管理会计,又称微观管理会计,是指在当代市场经济条件下,以强化企业内部经营管理、实现最佳经济效益为最终目的,以现代企业经营活动为对象,通过对财务等信息的深加工和再利用,实现对经济过程的预测、决策、规划、控制、责任考核评价等职能的一个会计分支。其本质是一种侧重于在现代企业内部经营管理中直接发挥作用的会计,同时又是企业管理的重要组成部分,因而,也有人称管理会计为"内部经营管理会计"或"内部会计"。本书集中讨论狭义的管理会计问题。

1.2.2 管理会计的职能

职能是指事物的内在功能。管理会计的职能是指管理会计实践本身客观存在的必然性所决定的固有的内在功能。

从管理会计产生、形成和发展的过程来看,管理会计是与管理本身的发展演变紧密相连的。管理会计是适应企业内部经营管理需要而产生和发展起来的。由于管理会计与管理之间具有这样的一些关系,因此,管理会计具有一定的管理职能。同时,管理会计是在传统会计的基础上演变和发展起来的一门新兴学科,它以会计基本内容为基础,吸收了管理学、管理心理学、数学、统计学等诸多学科的内容,形成了一门独立的边缘学科。管理会计毕竟是从会计学基础上发展起来的,从它的基本内容、现状以及可以预见的未来发展来看,管理会计仍然属于会计范畴,因此,管理会计又具有一定的会计职能。

管理会计的基本职能可概括为以下五个方面。

1. 预测经济前景

预测是指根据已有的历史资料和现有的条件，运用科学技术手段和管理人员的经验，遵循事物的发展规律，预计和推测事物的未来。管理会计发挥预测经济前景的职能，就是按照企业未来的总目标和经营方针，充分考虑经济规律的作用和经济条件的约束，选择合理的量化模型，有目的地预计和推测未来企业销售、利润、成本及资金的变动趋势和水平，为企业经营决策提供第一手信息。

2. 参与经济决策

决策是指根据预测所获得的信息，在充分考虑各种可能的前提下，按照客观规律的要求，通过一定程序对未来实践的方向、目标、原则和方法等作出科学判断，在若干待定方案中选择可达到目的的可行方案。决策既是企业经营管理的核心，也是各级各类管理人员的主要工作。由于决策工作贯穿于企业管理的各个方面和整个过程的始终，因而作为管理有机组成部分的会计，尤其是管理会计必然具有决策职能。管理会计提供的是决策方案以及对这些方案的分析。企业管理当局根据管理会计提供的决策方案及相关的分析资料，选出最合理方案。由此可见，决策是由企业最高管理当局做出的，而不是由管理会计人员做出的。管理会计在企业整个决策过程中，发挥的是决策分析或咨询的职能，而不是决策职能。管理会计的短期经营决策分析、长期投资决策分析等内容是管理会计决策分析职能的具体体现。

3. 规划经营目标

计划是在对企业的历史资料进行分析和对企业未来经济活动进行预测的基础上，对企业未来经济活动所做出的策划。规划则是在预测数据和资料的基础上进行的更高层次的分析和判断，具有筹划或策划的作用。管理会计的规划职能是通过编制各种计划和预算实现的，它要求在最终决策方案的基础上，将事先确定的有关经济目标分解落实到各有关预算中去，从而合理有效地利用各项资源，并为控制和责任考核创造条件。管理会计的本—量—利分析、全面预算等内容，应当是管理会计规划职能的体现。

4. 控制经济过程

控制是指通过指导、调整和干预经济活动，促使经济活动按计划进行，以便达到预期的目标。当计划开始付诸实施时，控制也就开始了。因而计划的执行过程，也是控制的过程。管理会计这一职能的发挥要求将经济过程的事前控制同事中控制有机地结合起来，即事前确定科学可行的各种标准，并根据执行过程中的实际与计划发生的偏差进行原因分析，以便及时采取措施进行调整，改进工作，确保经济活动按计划进行。管理会计中的全面预算、标准成本、责任会计等，都可以被认为是管理会计控制职能的体现。

5. 考核评价经营业绩

考核评价又叫业绩考核评价，就是将预算或标准与实际业绩进行比较，对企业各个部门或人员的工作做出评价。考核的目的不在于奖惩，而在于激励。管理会计履行考核评价经营业绩的职能，是通过建立责任会计制度来实现的，即在各部门、各单位及每个人均明确各自责任的前提下，逐级考核责任指标的执行情况，找出成绩和不足，从而为奖惩制度的实施和未来工作改进措施的形成提供必要的依据。管理会计中的全面预算、标准成本、责任会计等内容是管理会计考核职能的体现。

1.2.3 管理会计的基本内容

管理会计的内容是指与其职能相适应的工作内容，包括预测分析、决策分析、全面预算、成本控制和责任会计等方面。其中，前两项内容合称为预测决策会计；全面预算和成本控制合称为规划控制会计。预测决策会计、规划控制会计和责任会计三者既相对独立，又相辅相成，共同构成了现代管理会计的基本内容。

预测决策会计是指管理会计系统中侧重于发挥预测经济前景和实施经营决策职能的最具有能动作用的会计子系统。它处于现代管理会计的核心地位，又是现代管理会计形成的关键标志之一。

规划控制会计是指在决策目标和经营方针已经明确的前提下，为执行既定的决策方案而进行有关规划和控制，以确保预期奋斗目标顺利实现的会计子系统。

责任会计是指在组织企业经营时，按照分权管理的思想划分各个内部管理层次的相应职责、权限及所承担义务的范围和内容，通过考核评价各有关方面履行责任的情况，反映其真实业绩，从而调动企业全体职工积极性的会计子系统。

1.3 管理会计的对象和方法

1.3.1 管理会计的对象

围绕管理会计对象问题，学术界形成了以下几种主要观点。

1. 现金流量论

有的专家学者认为，应把现金流量看做是现代管理会计的对象。这种观点认为，现金流量是现代管理会计这一特定领域有关内容的集中和概括。现金流量具有最大的综合性，通过分析现金流动的动态，可以将企业生产经营中的资金、成本等几方面综合起来进行统一评价，为企业改善经营管理水平、提高经济效益提供重要的综合的信息。同时，现金流量又具有很大的敏感性，通过分析现金流动的动态，可以把企业生产经营的主要方面和主要过程全面、系统而及时地反映出来。

2. 价值差量论

有的专家学者认为，应把价值差量看做是现代管理会计的对象。这种观点认为，价值差量的分析贯穿于管理会计基本内容的始终，在现代管理会计中，价值差量的内容最为广泛，无所不在，因此，价值差量是现代管理会计的对象。

3. 资金总运动论

有的专家学者认为，应把资金总运动看做是现代管理会计的对象。这种观点认为，就资金运动而言，从空间方面看，可分为企业一级和企业所属机构、各分支机构中的多层次运动；从时间方面看，又是由过去、现在和将来的资金运动所形成的一个不间断的资金流。时空交错，便构成一个网络结构的资金运动系统。因此，管理会计的对象应是涵盖了所有时空的资金总运动。

4. 其他观点

关于管理会计的对象，还有其他一些观点，如：① 现代管理会计的对象是企业资金的流量。② 管理会计研究的对象应该是企业未来经济活动的经济效益。③ 管理会计的对象可归纳为：企业资金运动的方向、数量与时间对经济效益关系的分析研究和控制。④ 真正能作为管理会计对象的，还是价值运动。

我们认为，由于财务会计与管理会计是现代会计分系统的两个子系统，因此财务会计与管理会计的对象从总体上来说也应该是一致的，即能反映和控制经济活动。但两者由于分工的不同，在时、空两方面各有所侧重。财务会计的对象在时间上侧重于过去的、已经发生的经济活动，在空间上侧重于经济活动主体的全部经济活动。而管理会计的对象在时间上则侧重于现在的以及未来的（预期的）经济活动，在空间上则侧重于部分的、可供选择的或特定的经济活动。

1.3.2 管理会计的方法

从总体上看，管理会计所用的基本方法属于分析性的方法。管理会计所用的分析性方法尽管在不同的条件下具有多种不同的具体表现形式，但是如果对它进行集中和概括，可以看到，"差量分析"是作为一种基本的分析方法贯穿始终的，它在不同情况下的应用有多种不同的具体表现形式，如成本性态分析法、本量利分析法、边际分析法、成本—效益分析法和折现的现金流量法等。

1. 成本性态分析法

将成本表述为产量的函数，分析它们之间的依存关系，产量增加了，成本是否增加，增加到什么程度，然后按照成本对产量的依存性，最终把全部成本区分为固定成本与变动成本两大类。它联系成本与产量的增减动态进行差量分析，构成管理会计中一项基础性的内容。

2. 本量利分析法

本量利分析是成本—产量（或销售量）—利润关系分析的简称，本量利分析方法是在成本性态分析和变动成本法的基础上发展起来的，主要研究成本、销售数量、价格和利润之间数量关系的方法。其核心部分是确定"盈亏临界点"，并围绕它，从动态上掌握有关因素变动对企业盈亏消长的规律性的联系，这对帮助企业在经营决策中根据主、客观条件有预见地采取相应措施实现扭亏增盈有重要意义。

3. 边际分析法

它是增量分析的一种形式。它涉及的增量有两类，一类是自变量的增量，另一类是函数的增量。由自变量的微量变化所引起的函数的精确变化率，就是边际，在数学上是用导数来表示的。边际分析的最大特点，是可用来作为确定生产经营最优化目标的重要工具。企业生产经营的最优化目标，如成本最低、利润最多等，都可以运用边际分析的方法来确定其最优的边际点，使企业生产部门具体掌握生产经营中有关变量联系和变化的基本规律，从而有预见地采取有效措施，最经济有效地运用企业的人力、物力和财力，实现各有关因素的最优组合，争取最大限度地提高企业生产经营的经济效益。边际分析的这些特点和优点使它在企业经营决策中得到广泛的应用。

4. 成本—效益分析法

在经营决策中，适应不同的情况形成若干独特的"成本"概念（如差别成本、边际成本、机会成本、沉没成本等）和相应的计量方法，以此为基础，对各种可供选择方案的"净效益"（总效益与总成本之差）进行对比分析，以判断各有关方案的经济性。这是企业用来进行短期经营决策分析评价的基本方法。

5. 折现的现金流量法

将长期投资方案的现金流出（投资额）及其建成投产后各年能实现的现金流入，按复利法统一换算为同一时点的数值来表示，然后进行分析对比，以判断有关方案的经济性，使各方案投资效益的分析和评价建立在客观可比的基础上。这是企业用来进行长期投资决策方案经济评价的基本方法。

1.4 管理会计与财务会计的关系

管理会计从传统的会计中分离出来后，与财务会计并列存在，同属会计的分支之一，它们之间既有联系，又有区别。

1.4.1 管理会计与财务会计的联系

1. 管理会计与财务会计的原始资料基本是同源的

管理会计搜集的历史和现实的各种经济信息，主要来源于财务会计的账务处理记录或报表资料，经过整理和加工延伸，为企业的内部管理服务。

2. 管理会计与财务会计的服务范围相同

管理会计提供的信息是企业管理层进行决策、规划和控制的依据，它们关系到企业未来的发展和经济效益，因而也是投资者进行投资、增加或减少投资的重要依据；财务会计为投资者、债权人或政府有关部门提供成本、利润、资金等财务指标，同时也为企业管理者进行决策、规划和控制提供不可或缺的重要信息。

3. 管理会计与财务会计的主要指标相互渗透

管理会计中确定的预算、标准等数据是财务会计日常核算的基本前提。因此，它们的主要指标体系和内容应该一致，尤其是企业内部的会计指标体系更应同步，才能达到有效的控制和管理。财务会计提供的历史性的资金、成本和利润等指标，既是管理会计进行长、短期决策分析的重要依据，又是分析、评价和业绩考核的主要资料。

4. 两者所处环境相同，工作客体有相似之处，最终奋斗目标一致

管理会计和财务会计都处于现代经济条件下的现代企业环境中，它们的工作对象从总的方面看基本相同，都是企业经营过程的价值运动，两者统一服从于现代企业会计总体要求，

共同为实现企业内部经营管理的目标和满足企业外部有关方面的要求服务，因此，它们的最终奋斗目标是一致的，即强化企业内部管理和提高经济效益。

5. 两者都面临着如何顺应时代潮流而不断实现自我完善和发展的问题

在当今这个信息时代，无论是管理会计系统还是财务会计系统，都必然面临着完善与发展的问题，需要解决好怎样运用现代电子计算机技术搜集、处理、储存、传递和报告会计信息的问题。同时，它们还需要处理好怎样按现代管理的要求组织和开展会计管理工作的问题。这就需要大胆地跳出传统会计的小圈子，敢于探索前人未走过的路。在规划设计会计信息系统时，不仅要讲求并确保会计信息质量上的客观性、时效性和可验证性，而且要充分考虑到信息本身的相关性、实用性和经济性，贯彻会计信息的成本—效益原则。

1.4.2 管理会计与财务会计的区别

1. 工作的侧重点和主要服务的目标不同

管理会计工作的侧重点在于针对企业经营管理遇到的特定问题，进行分析研究，以便向企业内部各级管理人员提供有关价值管理方面的预测决策和控制考核信息资料，其具体目标主要为企业内部管理服务，从这个意义上讲，管理会计又可称为"内部会计"。而财务会计工作的侧重点在于根据日常的业务记录，登记账簿，定期编制有关的财务报表，向企业外界有经济利害关系的团体和个人报告企业的财务状况与经营成果，其具体目标主要为企业外界服务，从这个意义上说，财务会计又可称为"外部会计"。

2. 工作主体的层次不同

管理会计的工作主体可分为多个层次，它既可以以整个企业（如投资中心、利润中心）为主体，又可以将企业内部的局部区域或个别部门甚至某一管理环节（如成本中心、费用中心）作为其工作的主体。而财务会计的工作主体往往只有一个层次，即主要以整个企业为工作主体。

3. 作用时效不同

管理会计的作用时效不仅限于分析过去，而且还在于能动地利用已知的财务会计资料进行预测和规划未来，同时控制现在，从而横跨过去、现在和未来三个时态。管理会计面向未来的作用时效是摆在第一位的，而分析过去是为了更好地指导未来和控制现在。因此，管理会计实质上属于算"活账"的"经营型会计"。财务会计的作用时效主要在于反映过去，因此，财务会计实质上属于算"呆账"的"报账型会计"。

4. 遵循的核算原则不同

管理会计除了考虑管理决策的改进所带来的利益与花费的成本外，不受"公认会计原则"或企业会计准则的完全限制和严格约束，在工作中还可灵活应用其他现代管理科学理论作为指导原则。财务会计工作必须严格遵循"公认会计原则"或企业会计准则的约束。

5. 核算要求不同

管理会计所涉及的往往属于未来信息，未来期间影响经济活动的不确定因素较多，不要求过于精确，只要求满足及时性和相关性的要求，不影响决策、判断即可；财务会计的信息主要是以价值尺度反映的定量资料,对精确度和真实性的要求高,数字必须平衡。

6. 报告种类与时间不同

管理会计提供的报告包括预算、责任报告、专门分析等,其种类与具体形式不受规定限制,只要管理人员认为对决策者有帮助即可;报告的时间,可以按年度、季度、月份等定期编制,也可根据实际需要按天、小时不定期编制。财务会计按照规定需提供资产负债表、利润表、现金流量表等若干种按规定格式编制的财务报表,企业必须根据账簿记录定期(按年、季度或月份)编制财务报表,以满足外部使用者的需求。

7. 工作程序不同

由于管理会计工作的程序性较差,没有固定的工作程序可以遵循,有较大的回旋余地,所以,企业可根据自己的实际情况自行设计其管理会计工作流程。这必然导致不同企业间管理会计工作的较大差异性。财务会计必须执行固定的会计循环程序,无论从凭证转换,到登记账簿,直至编报财务报告,都必须自觉地按既定的程序处理,而且在通常情况下不得随意变更其工作内容或颠倒工作顺序。因而,其工作具有一定的强制性和程序性。

8. 运用的方法不同

财务会计运用传统的记账、算账等会计方法,一般只涉及初等数学中的简单算术方法。管理会计在此基础上运用许多现代的数学方法,如线性规划、回归分析、概率统计方法等,另外还利用了其他学科(如经济学、统计学、组织行为学等)的一些成果。这些方法的运用使得管理会计成为一门多种学科相互渗透的综合性的边缘学科,在企业的管理工作中发挥了更大的作用。

9. 体系的完善程度不同

如前所述,目前管理会计体系尚不够完整,正处于继续发展和不断完善的过程中,因而它缺乏统一性和规范性。尽管财务会计工作也需要进一步改革,但就其体系的完善程度而言,现在已经达到相对成熟和稳定的地步,形成了通用的会计规范和统一的会计模式。也正是在这个意义上,我们说财务会计具有统一性和规范性。

10. 对会计人员素质的要求不同

鉴于管理会计的方法灵活多样,又没有固定的工作程序可以遵循,其体系缺乏统一性和规范性,这就决定了在很大程度上管理会计的水平取决于会计人员素质的高低。同时,由于管理会计工作需要考虑的因素比较多,涉及的内容比较复杂,也要求从事这项工作的人员必须具备较宽的知识面和较深厚的专业造诣,具有较强的分析问题、解决问题的能力和果断的应变能力。再加上管理会计所涉及的问题大多关系重大,尤其是决策工作绝不允许素质较低的人员瞎参谋、乱指挥,因此,管理会计工作需要由复合型高级会计人才来承担。可见管理会计对会计人员素质的要求起点比较高。虽然会计人员素质的高低也同样会影响到财务会计工作的质量,但相比之下,对财务会计人员素质的要求不如对管理会计人员的要求高,而且侧重点也不同。财务会计工作需要操作能力较强、工作细致的专门人才来承担。

本 章 小 结

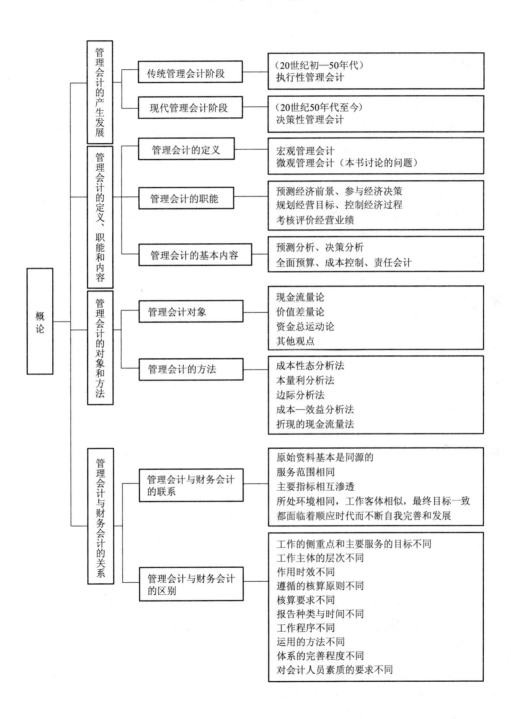

同 步 测 试

一、单项选择题

1. 管理会计是现代西方国家把（　　）这两个主题巧妙地结合起来的一门新兴的、综合性很强的边缘学科。
   A. 计划和统计　　　B. 预测和决策　　　C. 管理和会计　　　D. 预算和决算

2. 人们为了达到预期的目标或完成预定任务，依照某些原则、程序和方法所进行的计划、组织、指挥、协调与控制等一系列的工作在现代生产方式下被称为（　　）。
   A. 领导　　　　　　B. 管理　　　　　　C. 决策　　　　　　D. 监督

3. 根据预测所得到的资料和数据以及其他有关信息，经过归纳、鉴别、整理和研究以后，对生产经营过程中的重大问题进行分析从而作出决定的过程，称为（　　）。
   A. 决策　　　　　　B. 分析　　　　　　C. 管理　　　　　　D. 计划

4. 会计不仅是一个信息系统，为企业各项管理职能提供必要的信息，而且它本身也是一项管理活动，即利用这些信息为管理职能的核心服务。这个核心是（　　）。
   A. 进行科学预测　　B. 作出最优决策　　C. 从事合理调控　　D. 创造最佳绩效

5. （　　）要求在最终决策方案的基础上，将事先确定的有关经济目标分解落实到各有关预算中去，从而合理有效地利用各项资源，并为控制和责任考核创造条件。
   A. 规划　　　　　　B. 决策　　　　　　C. 计划　　　　　　D. 预算

6. （　　）是指通过指导、调整和干预经济活动，促使经济活动按计划进行，以便达到预期的目标。
   A. 协调　　　　　　B. 控制　　　　　　C. 决策　　　　　　D. 管理

7. （　　）就是将预算或标准与实际业绩进行比较，对企业各个部门或人员的工作做出评价。
   A. 目标管理　　　　B. 差异分析　　　　C. 业绩考评　　　　D. 责任分析

8. 管理会计所需资料取自各个不同的方面，但其主要来源是（　　）。
   A. 成本会计　　　　B. 责任会计　　　　C. 财务会计　　　　D. 预算会计

9. 按西方国家惯例，财务会计必须遵守（　　）。
   A. 公认会计原则　　B. 会计法　　　　　C. 行业会计制度　　D. 审计准则

10. 管理会计向企业各级管理人员提供有关的经济信息，以确定目标、作出决策、编制计划、加强控制和评价业绩，因此管理会计又往往被称为（　　）。
    A. 决策会计　　　　B. 对外会计　　　　C. 对内会计　　　　D. 企业会计

11. 在"泰罗制"下，采用的管理企业的方法是（　　）。
    A. 经验管理　　　　B. 科学管理　　　　C. 现代管理　　　　D. 传统管理

12. 正确的决策有赖于科学的（　　）。
    A. 计划　　　　　　B. 控制　　　　　　C. 预算　　　　　　D. 预测

13. 管理会计的对象在时间上侧重于现在的以及未来的（预期的）经济活动，在空间上则侧重于（　　）。

A. 各个责任中心　　　　　　　　　B. 全部的经济活动

C. 部分的、可供选择的或特定的经济活动　　D. 已发生的经济业务

14. 使用管理会计所提供的经济信息的是（　　）。

A. 银行　　　　　B. 债权人　　　　　C. 税收机关　　　　　D. 企业管理当局

15. 不受会计准则限制的是（　　）。

A. 管理会计　　　　　D. 财务会计　　　　　C. 会计核算　　　　　D. 财务报告

16. 没有固定的核算程序的是（　　）。

A. 财务会计　　　　　B. 成本会计　　　　　C. 管理会计　　　　　D. 对外报告会计

17. 管理会计在计划和控制时所依据的资料应当包括（　　）。

A. 过去的　　　　　B. 预计的　　　　　C. 历史的　　　　　D. 过去和预计的

18. 管理会计所编制报告的时间是（　　）。

A. 只能按月　　　　　B. 只能按季　　　　　C. 只能按年　　　　　D. 随时

19. （　　）"管理会计"这个专门词汇在世界会计学会年会上被通过，标志着管理会计体系正式形成。

A. 1982 年　　　　　B. 1952 年　　　　　C. 1924 年　　　　　D. 1922 年

20. 管理会计最初萌生于 19 世纪末 20 世纪初，其雏形产生于 20 世纪上半叶，正式形成和发展于（　　）之后。

A. 第二次世界大战　　　　　　　　　B. 第一次世界大战

C. 20 世纪 70 年代末　　　　　　　　D. 19 世纪末 20 世纪

21. 现代企业会计可以分为两个重要领域，它们是（　　）。

A. 财务会计与管理会计

B. 规划与决策会计和控制与业绩评价会计

C. 管理会计与责任会计

D. 财务会计与责任会计

二、多项选择题

1. 自从管理会计产生以后，会计的职能已经远远超出单纯的事后反映和定期监督的范围，扩大到以下几个方面（　　）。

A. 预测经济前景　　　　　　　　　B. 参与经济决策

C. 规划经营目标　　　　　　　　　D. 控制经济过程

E. 考核评价经营业绩

2. 围绕管理会计对象问题，学术界形成了以下几种主要观点（　　）。

A. 现金流量论　　　B. 价值差量论　　　C. 资金总运动论　　　D. 工具论

3. 管理会计所用的"差量分析"方法的具体表现形式有（　　）。

A. 成本性态分析法　　　　　　　　　B. 本量利分析法

C. 边际分析法　　　　　　　　　　　D. 折现的现金流量法

4. 管理会计与财务会计的主要区别是（　　）。

A. 工作的侧重点和主要服务的目标不同

B. 作用时效不同
C. 遵循的核算原则不同
D. 最终奋斗目标不同

5. 管理会计与财务会计的联系包括（　　）。
A. 原始资料基本是同源的 B. 主要指标相互渗透
C. 服务范围相同 D. 主要服务的目标相同

思考与练习

(1) 管理会计与财务会计的主要区别与联系表现在哪些方面？
(2) 管理会计的职能有哪些？
(3) 管理会计的产生和发展大体可分为几个阶段？
(4) 管理会计方法中所用的分析性方法有哪些？

第 2 章
成本性态分析

> **知识目标**
> （1）了解成本分类及概念。理解成本性态以及固定成本、变动成本和混合成本的含义。明确成本性态与相关范围。
> （2）理解成本性态分析的含义及其基本假设。了解成本性态分析的程序。
> （3）掌握成本性态分析的方法及其应用。
>
> **技能目标**
> 能运用成本性态和成本性态分析的基本理论，通过计算分析，最终将总成本分解成固定成本和变动成本。

2.1 成本按性态分类

2.1.1 成本分类及概念

1. 管理会计中的成本概念

我国成本会计中称成本为在一定条件下企业为生产一定产品所发生的各种耗费的货币表现。

现代西方财务会计学则将成本解释为企业为了获取某项资产或达到一定目的而遭致的以货币测定的价值牺牲。

现代管理会计中的成本是指企业在生产经营过程中对象化的、以货币表现的为达到一定目的而应当或可能发生的各种经济资源的价值牺牲或代价。

2. 成本分类及其概念

不同的成本反映了不同的特定对象。选择不同的成本分类标志，将成本进行多重的分类，目的是为了满足管理会计预测、决策、控制、规划和责任考核评价的不同要求。下面简单地介绍几种主要的成本分类。

1）成本按经济用途的分类

这是财务会计中最主要的分类。成本按经济用途可以分为制造成本和非制造成本两大类。制造成本是指在产品的生产过程中发生的成本，它又包括三个方面的内容：直接材料指构成产品实体的原料和主要材料；直接人工是指直接进行某种产品的生产，可以直接计入该种产品成本的人工成本；制造费用指在生产中发生的除直接材料和直接人工以外的所有其他成本支出，如间接材料、间接人工、保险费、折旧费、维修费等。上述三个要素中，直接材料又称为主要成本，直接人工和制造费用又称为转换成本或加工成本，这是因为这两项成本都是为了将原材料加工成完工产品而发生的。

非制造成本指不是在产品的生产过程中发生的支出，它主要包括两个方面的内容：推销费用指为满足顾客购货要求和向顾客出售产品或提供劳务所发生的一切必要支出，例如广告费、运输费、销售佣金、完工产品的储存成本等；管理费用指不能包括在制造成本和推销成本中的一些行政开支费用，如办公费用、交际费用等。

我国现行企业会计制度参照国际惯例，严格划分了生产经营成本与期间费用的界限。生产经营成本属于产品成本的范畴；期间成本由管理费用、财务费用、营业费用三部分组成，不再计入产品成本而作为当期损益处理。

以上各类成本之间的关系如图 2-1 所示。这种分类是财务会计按完全成本法进行成本核算的基础。

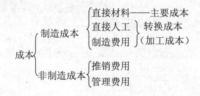

图 2-1 各类成本之间关系图

2）成本按可控性分类

成本按其可控性可以区分为可控成本与不可控成本两类。从一个单位或部门来看，凡成本的发生，属于这个单位或部门权责范围内，能为这个单位（部门）所控制的，叫做这个单位（部门）的可控成本。反之，成本的发生，不属于某一单位或部门的权责范围内，不能为这个单位或部门加以控制的，叫做这个单位的不可控成本。成本的可控与否是有条件的。它是以特定的单位和特定的时期为出发点的。某项成本从某个单位来说是可控的，而对于另一个单位则是不可控的；此外，成本的可控与否，还因不同层次决定问题的权力大小而异，某些成本从基层领导看是不可控，但对高层领导来说，则是可控的。

利用这种分类可以分清单位或部门责任，明确其相应的责任成本，考核其工作业绩。

3）成本按照可追踪性分类

成本按照可追踪性可分为直接成本和间接成本两类。直接成本是指能直接计入或归属于各种产品成本的费用。间接成本是指不能直接计入，而需先进行归集，然后再按照一定标准分配计入各种产品成本的费用。

这种分类有助于确定将成本归集于或分配于其计算对象的方法。

4）成本按可盘存性分类

成本的可盘存性是指在一定期间发生的成本是否计入产品成本，并构成期末资产递延到下期去的性质。按此标志可将成本分为可盘存的产品成本与不可盘存的期间成本两类。可盘存的产品成本是指同产品的生产有着直接联系的成本。如果产品已在当期销售，则已销售部分产品的成本属于当期销售成本列入损益表，体现当期损益；如果产品尚未销售，则应把这部分产品成本列入资产负债表，作为流动资产的组成部分结转下期。不可盘存的期间成本是指和企业生产经营活动持续期的长短成比例的成本，其效益会随着时间的推移而消逝，不能结转下期，而应在发生当期作为销售收入的扣减项目列入损益表，体现为当期损益。

这种分类对于存货计价和分期损益确定具有极其重要的意义。

5）成本按实际发生的时态分类

成本按其时态分类可分为历史成本和未来成本两类。历史成本是指以前时期已经发生或本期刚刚发生过的成本，也就是财务会计中的实际成本。未来成本是指在产品生产前预先测算的成本，又称预计成本，如估算成本、计划成本、预算成本和标准成本等。未来成本实际上是一种成本目标和控制标准。

区分预计成本和历史成本有助于合理组织事前成本的决策、事中成本的控制和事后成本的计算、分析和考核。

6）成本按相关性分类

成本的相关性是指成本的发生与特定决策方案是否有关的性质。成本按此分类可分为相关成本与无关成本两类。

这种分类有助于成本预测和成本决策，有利于规划未来成本。

关于相关成本与无关成本的具体内容将在"短期经营决策分析"一章中详细讨论。

以上介绍的仅仅是管理会计所涉及的部分成本分类概念。还有一种成本分类是管理会计学最重要的分类，即成本按性态分类。

2.1.2 成本按其性态分类

1. 成本性态的含义

所谓成本性态，是指成本总额对特定业务量（产量或销售量）的依存关系，又称为成本习性或成本特性。

这里的业务量（以下用 x 表示）是指企业在一定的生产经营期内的经营工作量的统称。业务量可以用多种计量单位表示，包括绝对量和相对量两类。其中，绝对量又可具体细分为实物量、价值量和时间量三种形式；相对量可以用百分比或比率等形式反映。业务量的不同计量单位在一定条件下可以互相换算，具体使用什么计量单位应视管理要求和现实可能而定。在最简单的条件下，业务量通常是指生产量或销售量。

这里的成本总额主要是指为取得营业收入而发生的营业成本费用，包括全部生产成本和销售费用、管理费用及财务费用等非生产成本。

全部成本按其性态分类可分为固定成本、变动成本和混合成本三大类。

2. 固定成本

固定成本是指成本总额在相关范围内（业务量与时间）不随业务量变动而变动的成本。即在相关范围内，无论业务量是增加还是减少，该成本总额总是保持在一个水平。如按直线法计提的固定资产折旧费、租金、管理人员工资、财产保险费等，均属固定成本，这些费用一般是固定发生的,不受当期业务量变化的影响。

固定成本的主要特点是:

(1) 在相关范围内,固定成本总额不变,即固定成本总额(以下用 a 表示)的不变性。

(2) 在相关范围内,单位固定成本随着业务量的增减而随之降低或升高,即单位固定成本(用 a/x 表示)的反比例变动性。

总额保持固定不变的成本,若分摊在不同的业务量上,其每单位业务量上的成本是不同的,业务量越高,单位成本越低,反之亦然。正是因为固定成本的这一特征,才形成了我们通常的结论:提高业务量也是降低成本的一条途径,它可以提高成本的效用。

【例 2-1】某机床厂厂房年租金 30 万元,年最大生产能力 12 万台,也就是说,在 12 万台的生产能力范围内,无论是生产还是不生产,每年都必须支付 30 万元的租金,且生产机床的数量越多,每台机床分摊的租金就越少。

现假定该厂的年产量分别为 12 万台、10 万台、8 万台和 6 万台,每台产品分摊的厂房租金如表 2-1 所示。

表 2-1 单位产品租金计算表

产量/万台	固定成本总额/万元	单位产品固定成本/元
12	30	2.50
10	30	3.00
8	30	3.75
6	30	5.00

若生产数量超过 12 万台,还必须再租借厂房,租金将进一步增加,而不是原来的 30 万元。根据上述资料,可将其租金总额、单位租金及各年产量的关系分别用图 2-2 和图 2-3 表示。

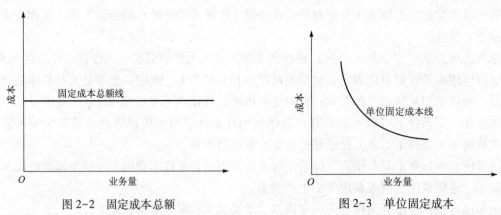

图 2-2 固定成本总额　　　　图 2-3 单位固定成本

由此可见,该企业每年发生的租金总额与完成的产量多少毫无关系,但其单位租金却随产量的不断增长而呈现反比例变动趋势。

固定成本一般包括下列内容:房屋设备租赁费、保险费、广告费、不动产税金、按使用年限法计提的固定资产折旧费、管理人员薪金等。工业企业生产成本中的固定成本则主要指制造费用中不随产量变动的办公费、差旅费、折旧费、劳动保护费、管理人员工资、租赁费等；销售费用中不受销量影响的销售人员工资、广告费和折旧费；管理费用中不受产量或销量影响的企业管理人员工资、折旧费、租赁费、保险费、土地使用税等。

固定成本按其可控性，还可进一步细分为约束性固定成本和酌量性固定成本。这种细分对于成本决策和成本控制具有重要意义。

1) 约束性固定成本

约束性固定成本指决策者的决策无法改变其支出数额的固定成本。如厂房设备折旧费、财产保险费、管理人员的工资、照明费等。

约束性固定成本是为保持一定的生产经营能力而发生的，其数额与企业规模有关，而与生产能力利用程度无关，所以西方国家的企业把这部分成本视为企业的开工成本和生产经营活动的维持成本。约束性固定成本有两个特点：这类成本性质上具有长期性和数量上不可为零。只要企业经营能力一经形成，约束性固定成本就必不可少，如果企业经营能力不改变，约束性固定成本支出就很少发生变化。因此约束性固定成本可视为企业生产经营能力成本。在企业生产经营能力既定的情况下，企业决策无法改变其支出数额。从成本控制方面分析，约束性固定成本属于不可控成本，这种成本具有很大的约束性。

2) 酌量性固定成本

酌量性固定成本又称选择性固定成本，是指通过管理层决策可以改变其发生额的固定成本，如新产品研究开发成本、广告宣传成本、职工培训费、科研经费、会议费、经营性租赁费等。这部分成本支出具有一定的弹性，企业决策者可根据年度经营方针和经营目标确定其支出数额。从成本控制角度考察，酌量性固定成本属于可控成本。

根据约束性固定成本和酌量性固定成本的特性，我们不难发现：在成本控制过程中，由于约束性固定成本总额保持不变，这就要求更为经济合理地形成和利用生产经营能力，降低单位产品中的固定成本；酌量性固定成本关系到企业的竞争力，只能从总量上对其进行控制，这时决策者的判断力就显得非常重要。

在管理会计中，固定成本的水平一般是以其总额表现的。但应当注意的是，固定成本总是与特定的计算期间相联系，不同时段的固定成本的水平肯定不同；而且某些成本项目只是对某一特定业务量来说属于固定成本，对其他业务量来说则不属于固定成本。所以，在研究固定成本问题时，必须以明确时间范围和业务量的具体形式为前提。

3. 变动成本

变动成本是指成本总额在相关范围内与业务量成正比例增减变动的成本。直接材料、直接人工都属于变动成本。

变动成本的主要特点是：

（1）变动成本总额与业务量成正比例变动，即变动成本总额（以下用 bx 表示）的正比例变动性。

（2）单位变动成本不因业务量的变动而发生相应的变化，其数额将始终保持在某一特定的水平上。即单位变动成本（以下用 b 表示）的不变性。

【例 2-2】某公司制造甲产品，生产甲产品需外购 A 零部件，该零部件每套 30 元。我们可作表 2-2 来表示生产中所耗 A 零部件变动成本总额与甲产品产量之间的关系。

表 2-2　零件总成本与产量关系表

甲产品产量/件	A 零部件变动成本总额/元
50	1 500
100	3 000
150	4 500

从表 2-2 中可以看出，甲产品的单位变动成本 = 1 500/50 = 3 000/100 = 4 500/150 = 30（元/件）。

如图 2-4 中所示，在相关范围内，变动成本总额表现为一条从原点出发的直线，当业务量为零时，变动成本总额为零；当业务量增加时，变动成本总额也随之增加。其总成本模型为

$$y = bx.$$

单位变动成本与业务量的关系如图 2-5 所示，它是一条平行于横轴的直线，在一定的相关范围内，单位变动成本与业务量无关。在生产过程中，降低变动成本总额的重要途径是降低单位产品变动成本，即降低产品的物耗量或物耗价格。单位变动成本的性态模型为

$$y = b.$$

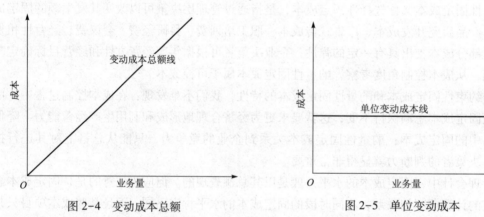

图 2-4　变动成本总额　　　　　　　图 2-5　单位变动成本

变动成本的内容一般包括：直接用于产品制造的、与产量成正比的原材料、燃料及动力、外部加工费、外购半成品、按产量法计提的折旧费和计件工资形式下的生产工人工资以及与销售量成正比例的销售费用等。

与固定成本不同，在一定范围内单位变动成本不受业务量变动的影响而能直接反映主要材料、人工成本和变动性制造费用的消耗水平。要降低变动成本就应从降低单位产品变动成本的消耗着手。

与固定成本相似，某些成本项目只是对某一特定业务量来说属于变动成本，而对其他业务量来说则不属于变动成本。所以，在研究变动成本问题时，必须了解有关业务量的具体形式。

4. 混合成本

混合成本是指介于固定成本和变动成本之间、既随业务量变动又不成正比例的那部分

成本。

固定成本和变动成本可以说是两种较为典型的类型，根据这种划分，很容易了解和分析成本与业务量之间的关系。但在经济生活中，并不是所有的成本费用都会分别以这两种简明的形态出现，有许多成本的明细项目属于混合成本这一类。这是因为成本按其性态分类，采用了"是否变动"与"是否正比例变动"双重分类标志。不论哪个标志在前，分类的结果都必然产生游离于固定成本和变动成本之间的混合成本。这表明混合成本的存在具有客观必然性。

混合成本与业务量之间的关系比较复杂，按照混合成本变动趋势的不同，又可分为半变动成本、半固定成本、延期变动成本和曲线式混合成本四类。下面介绍前三种混合成本的特点及其性态模型。

1）半变动成本

半变动成本是指在初始量（类似于固定成本）的基础上，其总额随业务量总数变化成正比例变化的成本，又称标准式混合成本。这类混合成本是由明显的固定和变动两部分成本合成。它的固定部分是不受业务量影响的基数成本；变动部分则是在基数成本的基础上随业务量的增长而成正比例增长的成本。如企业的电话费用就是由按固定数额计收的月租费和按通话时间及计价标准计算的通话费用两部分组成的，属于这类混合成本。其他公用事业费如水、电、煤气等费用，机器设备的维修保养费及销售人员的薪金也大多属于这类成本。

这种成本函数可以直接写成 $y=a+bx$。其性态模型如图2-6所示。

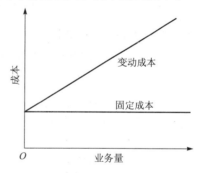

图2-6 半变动成本性态模型

【例2-3】A企业将一项专利使用权转让给B企业，转让合同规定使用费的支付方式为：先一次性支付使用费10万元，到时再按B企业的销售总额的3%支付使用费，则B企业应支付的使用费总额为：使用费总额=10万元+销售总额×3%。该使用费就是半变动成本。

2）半固定成本

半固定成本是指在不同业务量范围内保持不同固定数额的成本。即在一定的业务量范围内成本保持不变，当业务量超过这一范围时，成本就增加一个固定的数额，然后在新的业务量基础上又保持不变；当业务量超过这个新的限度时，成本又增加一个固定的数额。这种成本随业务量的增长呈阶梯状增长，因而也称步增混合成本或阶梯式混合成本。

半固定成本的数学模型可写成以下分段函数的形式：

$$Y=f(x)=\begin{cases}a_1, & 0<x\leq x_1,\\ a_2, & x_1<x\leq x_2,\\ a_3, & x_2<x\leq x_3.\end{cases}$$

由于这种分段式的成本函数在进行数学处理时比较麻烦，可以设法用一个直线方程 $y=a+bx$ 来模拟它。

【例2-4】A商贸公司采购部需聘用一批采购员，当采购量在300万元之内时，需要2

个采购员,若每人工资1 500元,则工资总额为3 000元。若采购量超过300万元但低于500万元时,就需要再增加1个采购员,工资即增加1 500元。当采购量超过500万元而达到700万元时,还要再增加1个采购员,工资需再增加1 500元,依此类推。该种成本的性态模型如图2-7所示。

3) 延期变动成本

延期变动成本又称低坡式混合成本,这类成本在一定的业务量范围内其总额保持固定不变,一旦突破这个业务量限度,其超额部分的成本就相当于变动成本。如在固定工资超定额计奖的工资制度下,职工在完成正常工作定额之前,无论业务量完成多少,都只能取得固定工资或基础工资;超过正常定额的职工除了可取得基础工资外,还会得到按超定额部分和计件单价计算的超额工资。这种工资就是低坡式混合成本。此外,加班工资、浮动工资也属于这类成本。其性态模型如图2-8所示。

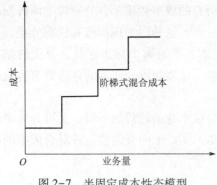

图2-7 半固定成本性态模型

延期变动成本的数学模型可写成以下分段函数的形式:

$$Y=f(x)=\begin{cases}a_0, & 0\leqslant x\leqslant x_0,\\ a_0+b_0(x-x_0), & x>x_0.\end{cases}$$

当然这种分段式的成本函数也可以用一个直线方程 $y=a+bx$ 来模拟它。

综上所述,成本按其性态分类的结果可用图2-9表示。

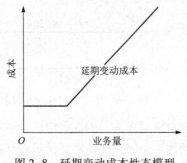

图2-8 延期变动成本性态模型

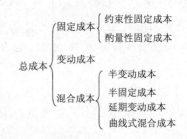

图2-9 成本按其性态分类示意图

根据以上分析可知,混合成本实际上具有"固定"和"变动"两种性质,其主要特点是:

(1) 混合成本的变动只在一定程度上受业务量变动的影响,即混合成本总额尽管伴随业务量的增减而升降,但两者之间并非同等的比例关系。

(2) 混合成本通常有一"初始量",无论是半变动成本、半固定成本还是延期变动成本和曲线式成本,它们的增减变动都从某一特定的成本基数开始。

(3) 单位混合成本在相关范围内随着业务量的增加或减少而相应下降或上升,但其升降幅度小于单位固定成本。

2.1.3 成本性态与相关范围

研究成本性态必须充分考虑相关范围的影响。前面在介绍固定成本和变动成本的定义时，总要加上"相关范围"。在管理会计中，把不会改变固定成本和变动成本性态的有关期间、业务量的特定变动范围称为广义的相关范围，把业务量因素的特定变动范围称为狭义的相关范围。正像我们前面指出的那样，研究固定成本、变动成本必须与一定的时期和一定的业务量范围相联系。只要在相关范围内，不管时间多久，业务增减变动幅度多大，固定成本总额的不变性和变动成本总额的正比例变动性都将存在。超过这个范围，将不能保持固定成本总额不变和单位变动成本不变的性态，所有成本都将呈现混合成本的性态。因为不论是从较长时期看，还是从业务量的无限变动看，没有绝对不改变数额的成本，也不可能存在绝对正比例变动的成本。

为了保持固定成本和变动成本的性态，可以缩小相关范围。因为，在较短时期和较小的业务量范围内，任何成本都会呈现出固定成本和变动成本的特性。在实际工作中，通常只要不影响决策的结果，成本性态的划分不要求十分准确。因此，相关范围的时间限度通常确定为一年，业务量限度通常确定为现有设备的设计生产能力。

在管理会计中，对相关范围研究具有一定的实践意义。由于相关范围的客观存在，使得各项成本性态的划分具有相对性、暂时性、可转化性的特点。因此，不应该对成本性态做绝对的理解。相对性是指在同一时期，同一成本项目在不同企业之间可能具有不同的性态，因而不能盲目照搬其他企业和部门的成本性态分析结论。暂时性是指就同一企业而言，同一成本项目在不同时期可能有不同的性态。因此，企业必须根据情况的变化，适时进行成本性态分析。可转化性是指在同一时空条件下，某些成本项目可以在固定成本和变动成本之间相互转化。如公司支付厂房租金，在长期租用时是固定成本，在临时租用时则是变动成本。

2.2 成本性态分析的程序和方法

2.2.1 成本性态分析的含义

成本性态分析是指在明确各种成本的性态的基础上，按照一定的程序和方法，最终将全部成本区分为固定成本和变动成本两大类，并建立相应成本函数模型的过程。它是管理会计的一项最基本的工作。通过成本性态分析，可以从定性和定量两方面把握成本的各个组成部分与业务量之间的依存关系和变动规律，从而为应用变动成本法，开展本量利分析，进行短期决策、预测分析、全面预算、标准成本法的操作和落实责任会计奠定基础。

成本性态分析与成本按性态分类是管理会计中两个既有联系又有区别的范畴。它们的联系在于：两者的对象相同，都是企业的总成本，成本性态分析要以成本按性态分类为基础。它们的区别是：两者性质不同，成本性态分析包括定性和定量两个方面，成本按性态分类则仅仅属于定性分析;两者最终结果各异,成本性态分析最终将全部成本区分为固定成本和变动成本两个部分,并建立相应成本模型,而成本按性态分类则将全部成本区分为固定成本、变动成本和混合成本三大类。

2.2.2 成本性态分析的基本假设

进行成本性态分析是以下列基本假设为前提条件的。

1. 相关范围假设

由于相关范围的存在,使得成本性态具有暂时性,因此在研究成本性态分析时,必须假定固定成本和变动成本总是处在相关范围之中,即假定时间和业务量因素总是在不改变成本性态的范围内变动。

2. 一元线性假设

成本性态分析的关键是建立反映成本与业务量之间关系的数学模型。在管理会计中一般采用简便易行的办法,即假定总成本只是一种业务量的函数,同时,假定总成本可以近似地用一元线性方程 $y=a+bx$ 来描述(其中,a 代表固定成本总额,即真正意义上的固定成本与混合成本中的固定部分之和;bx 代表变动成本总额,即真正意义上的变动成本与混合成本中的变动部分之和)。

2.2.3 成本性态分析的程序

成本性态分析的程序是指完成成本性态分析任务所经过的步骤。共有以下两种程序。

1. 多步骤分析程序

在该程序下,首先对总成本按性态进行分类,将其分为包括混合成本在内的三个部分,然后进行混合成本分解,即按照一定技术方法将混合成本区分为固定部分和变动部分,再分别归入固定成本和变动成本之中,最后建立有关成本模型。

2. 单步骤分析程序

在该程序下,不需要按成本性态分类和进行混合成本的分解,而是按一定方法将全部成本直接一次性地区分为固定成本总额和变动成本总额两部分,并建立有关成本模型。这种程序不考虑混合成本的根据是:按照一元线性假定,无论是总成本还是混合成本都是一个业务量 x 的函数,因此,按多步分析程序和合并为单步程序的分析结果应当是相同的。

2.2.4 成本性态分析的方法及其应用

常用的成本性态分析方法有技术测定法、直接分析法和历史资料分析法。这些方法往往既可以应用于单步骤分析程序,又可以应用于多步骤分析程序。

1. 技术测定法

技术测定法又称工程技术法,是指利用经济工程项目财务评价技术方法所测定的企业正常生产过程中投入与产出的关系,分析确定在实际业务量基础上其固定成本和变动成本水平,并揭示其变动规律的一种方法,适用于投入量与产出量关系比较稳定的新企业及其主要成本的测算。此法应用起来比较复杂,需要花费较多的时间和费用。

2. 直接分析法

直接分析法是指在掌握有关项目成本性态的基础上,在成本发生的当时对每项成本的具体内容进行直接分析,使其分别归属于固定成本或变动成本的一种方法。此法在很大程度上属于定性分析,凡具有一定会计知识和业务能力的人都能掌握,属于典型的单步骤分析程序,适用于管理会计基础工作开展较好的企业。但由于此法要求掌握大量第一手资料,实际分析的工作量太大,因此,不适于规模较大企业的成本性态分析。

3. 历史资料分析法

历史资料分析法是指在占有若干期相关的成本(y)和业务量(x)历史资料的基础上,运用一定数学方法对其进行数据处理,从而确定常数 a 和 b 的数值,以完成成本性态分析任务的一种定量分析的方法。这里的成本 y 是分析对象,既可以代表总成本,又可以代表某项混合成本(这主要取决于选择哪一种成本分析程序)。由于分析对象 y 的不同,a 可以分别代表固定成本总额或混合成本中的固定部分;b 则可分别表示单位变动成本或混合成本中变动部分的单位额。

该法要求企业资料齐全,成本数据与业务量的资料要同期配套,具备相关性,并以企业的历史成本与未来成本具有相似性为前提。因此,此法适用于生产条件较为稳定、成本水平波动不大以及有关历史资料比较完备的老企业。

历史资料分析法包括高低点法、散布图法、一元直线回归法和财务分析法四种具体应用形式。

1)高低点法

高低点法又叫两点法,是指通过观察一定相关范围内的各期业务量与相关成本所构成的所有坐标点,从中选出高低两点坐标,并据此来推算固定成本总额(或混合成本中的固定部分)a 和单位变动成本(或混合成本中变动部分的单位额)b 的一种成本性态分析方法。此法的基本原理是解析几何中的两点法。

高低点法的具体步骤是:

① 从由各期业务量与相关成本所构成的所有坐标点中,找出由最高业务量及同期成本组成的高点坐标 (x_1, y_1) 和由最低业务量及同期成本组成的低点坐标 (x_2, y_2)。

② 将高低点坐标值代入下式,计算单位变动成本 b。

$$b = \frac{高低点成本之差}{高低点业务量之差} = \frac{\Delta y}{\Delta x} = \frac{y_1 - y_2}{x_1 - x_2} \tag{2-1}$$

③ 将低点或高点坐标值和 b 值代入下式,计算固定成本 a。

$$a = 低点成本 - b \times 低点业务量 = y_2 - bx_2 \tag{2-2}$$

或

$$a = 高点成本 - b \times 高点业务量 = y_1 - bx_1 \tag{2-3}$$

④ 将 a、b 值代入下式,写出一般成本性态模型:

$$y = a + bx \tag{2-4}$$

【例 2-5】已知 A 企业 2015 年上半年 B 产品产量与某项混合成本的资料如表 2-3 所示,

要求用高低点法进行成本性态分析。

表 2-3　A 企业 2015 年上半年资料

月　份	产量 x/台	混合成本/元
1	210	3 350
2	180	3 020
3	194	3 180
4	208	3 320
5	198	3 220
6	202	3 260

解：根据上述资料可断定，高点坐标为（210，3 350）；低点坐标为（180，3 020）。

$$b=\frac{高低点成本之差}{高低点业务量之差}=\frac{3\,350-3\,020}{210-180}=11\,（元/台）$$

将低点或高点坐标值和 $b=11$ 代入下式，计算固定成本 a。

$$a=3\,020-11\times180=1\,040=3\,350-11\times210=1\,040\,（元）$$

答：该项混合成本的性态模型为 $y=1\,040+11x$，其中固定部分为 1 040 元，变动部分为 $11x$。

2）散布图法

散布图法是指将若干期业务量和成本的历史数据标注在坐标纸上，通过目测画一条尽可能接近所有坐标点的直线，并据此来推算固定成本（或混合成本中的固定部分）a 和单位变动成本（或混合成本中变动部分的单位额）b 的一种成本性态分析方法。此法又称目测画线法。

散布图法的具体步骤是：

① 建立平面坐标系，以纵轴 y 代表成本，以横轴 x 代表业务量。
② 将各期业务量与相应成本的历史资料作为点的坐标标注在平面直角坐标图上。
③ 目测画一条直线，使其尽可能通过或接近所有坐标点。
④ 在纵轴上读出该直线的截距值，即固定成本总额 a。
⑤ 在直线上任取一点 P，假设其坐标值为（x_i，y_i）。将它们代入下式计算单位变动成本 b。

$$b=\frac{y_i-a}{x_i} \tag{2-5}$$

⑥ 将 a、b 值代入下式，写出一般成本性态模型：

$$y=a+bx$$

【例 2-6】 已知 B 企业 2016 年上半年甲产品产量与某项混合成本的资料如表 2-4 所示，要求用散布图法进行成本性态分析。

表 2-4 B 企业 2016 年上半年资料

月　　份	产量 x/台	混合成本/元
1	7	750
2	8	900
3	9	950
4	10	1 100
5	11	1 150
6	12	1 200

解：将 6 期的成本点坐标分别标在坐标纸上，形成散布图，如图 2-10 所示。该直线的截距 $a=200$；在直线上任取一点 P，测出它的坐标为（10，1 050），则有

$$b = \frac{1\,050 - 200}{10} = 85$$

答：该项混合成本的性态模型为 $y = 200 + 85x$。

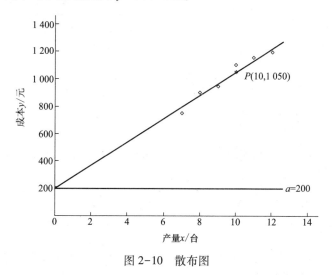

图 2-10　散布图

可见，该方法导出的公式仍为 $y = a + bx$。从理论上讲，图上的每一点应当与斜线重合，但许多点却分布在斜线两侧，因此，它只是说明一种变动趋势，并不能保证每一点都很精确地在这条直线上。该方法的优点是简易、形象、直观，比只要两头不要中间的高低点法更为精确。但由于按目测画线，客观上存在一定误差。

采用散布图法应注意两点：一是将成本数据精确地标在坐标纸中；二是目测成本变动趋势，根据该趋势描绘一直线，力求该直线最大限度地表达变动趋势，使误差达到最小。

3）一元直线回归法

一元直线回归法，是根据过去若干期业务量和成本的数据，运用最小二乘法原理建立反映业务量和成本之间关系的回归直线方程，并计算成本中的固定成本（或混合成本中的固定部分）a 和单位变动成本（或混合成本中变动部分的单位额）b 的一种成本性态分析方

法，又称最小二乘法或最小平方法。

一元直线回归法的计算结果比前两种方法更准确、科学，但计算量大，公式复杂。

一元直线回归法的具体步骤是：

① 根据历史资料列表，求 n、$\sum x$、$\sum y$、$\sum xy$、$\sum x^2$ 和 $\sum y^2$ 的值。

② 按下式计算相关系数 r，并据此判断 y 与 x 之间是否存在必要的内在联系：

$$r = \frac{n\sum xy - \sum x \sum y}{\sqrt{[n\sum x^2 - (\sum x)^2][n\sum y^2 - (\sum y)^2]}} \tag{2-6}$$

相关系数 r 的取值范围一般在 0 与 ±1 之间，它可说明 x 与 y 之间的密切程度：当 $r=-1$ 时，说明 x 与 y 之间完全负相关；当 $r=0$ 时，说明 x 与 y 之间不存在任何联系，为零相关，即 $y \neq a+bx$；当 $r=+1$ 时，说明 x 与 y 之间完全正相关，即 $y=a+bx$；当 $r \to +1$，说明 x 与 y 基本正相关，可近似地写成 $y=a+bx$ 的形式。一元直线回归法要求业务量 x 与成本 y 之间基本上保持线性关系，否则研究无意义。

③ 按照下列公式求 a、b 值：

$$a = \frac{\sum y - b\sum x}{n} \quad \text{或} \quad a = \frac{\sum x^2 \sum y - \sum x \sum xy}{n\sum x^2 - (\sum x)^2} \tag{2-7}$$

$$b = \frac{n\sum xy - \sum x \sum y}{n\sum x^2 - (\sum x)^2} \tag{2-8}$$

④ 将 a、b 值代入下式，写出一般成本性态模型：

$$y = a + bx$$

【例 2-7】 仍以【例 2-5】中的表 2-3 资料为例，要求用一元直线回归法进行成本性态分析。

解： 根据表 2-3 的资料加工整理，计算 n，$\sum x$，$\sum y$，$\sum xy$，$\sum x^2$，$\sum y^2$ 的数值，如表 2-5 所示。

表 2-5 n，$\sum x$，$\sum y$，$\sum xy$，$\sum x^2$，$\sum y^2$ 的计算

月份	月数	产量 x	总成本 y	xy	x^2	y^2
1	1	210	3 350	703 500	44 100	11 222 500
2	1	180	3 020	543 600	32 400	9 120 400
3	1	194	3 180	616 920	37 636	10 112 400
4	1	208	3 320	690 560	43 204	11 022 400
5	1	198	3 220	637 560	39 204	10 368 400
6	1	202	3 260	658 620	40 804	10 627 600
求和	$n=6$	$\sum x = 1\ 192$	$\sum y = 19\ 350$	$\sum xy = 3\ 850\ 660$	$\sum x^2 = 237\ 408$	$\sum y^2 = 62\ 473\ 700$

将表中的数据代入相关系数的计算公式中。

$$r = \frac{n\sum xy - \sum x \sum y}{\sqrt{[n\sum x^2 - (\sum x)^2][n\sum y^2 - (\sum y)^2]}}$$

$$= \frac{6 \times 3\,850\,660 - 1\,192 \times 19\,350}{\sqrt{[6 \times 237\,408 - (1\,192)^2][6 \times 62\,473\,700 - (19\,350)^2]}}$$

$$= 0.996\,132$$

由于 r 的值接近于 1,即说明 x 与 y 之间具有密切的相关关系,基本上属于线性关系,所以可用 $y=a+bx$ 的直线来描述其变动的趋势。

应用一元直线回归法确定 b 和 a 的值:

$$b = \frac{n\sum xy - \sum x \sum y}{n\sum x^2 - (\sum x)^2} = \frac{6 \times 3\,850\,660 - 1\,192 \times 19\,350}{6 \times 237\,408 - (1\,192)^2} = \frac{38\,760}{3\,584}$$

$$= 10.81\,(元/台)$$

$$a = \frac{\sum y - b\sum x}{n} = \frac{16\,350 - 10.81 \times 1\,192}{6} = 1\,076.61\,(元)$$

将 a、b 值代入 $y=a+bx$,可写出一般成本性态模型:$y=1\,076.61+10.81x$

答:该成本性态模型为 $y=1\,076.61+10.81x$,其中固定成本部分为 1 076.61,变动成本部分为 $10.81x$。

一元直线回归法利用了微分极值原理,因此计算结果比前两种方法更为准确,但计算工作量较大,比较麻烦。如果能使用电子计算机计算,这种方法将会得到广泛应用。

4) 财务分析法

账务分析法是指会计人员根据其经验,对有关记录各项成本费用支出的账户进行分析、判断,将各项成本划归为固定成本与变动成本的方法。这种方法工作量较大,必须对每一项支出进行判断。

本 章 小 结

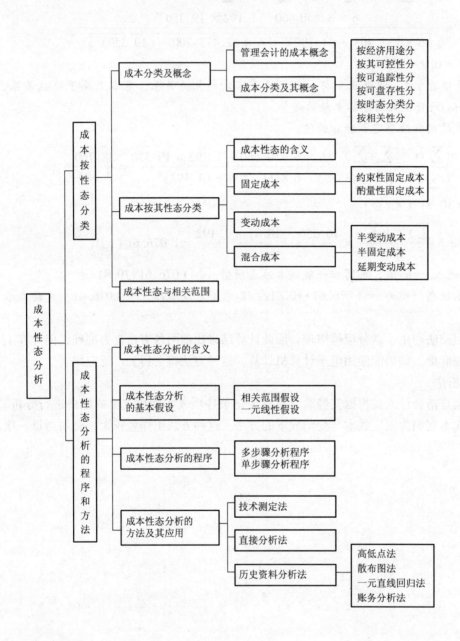

同步测试

一、单项选择题

1. 下列关于固定成本的说法正确的是（　　）。
   A. 固定成本是不随产销量变化而变化的那部分成本
   B. 在一定业务量范围内，固定成本总额是一个常数
   C. 单位固定成本不变
   D. 单位固定成本与业务量呈正比例关系

2. 在财务会计中，应当将销售费用归属于（　　）。
   A. 制造费用　　　B. 加工成本　　　C. 非生产成本　　　D. 固定成本

3. 在历史资料分析法的具体应用方法中，计算结果最为精确的方法是（　　）。
   A. 高低点法　　　　　　　　　　B. 散布图法
   C. 一元直线回归法　　　　　　　D. 财务分析法

4. 全部成本按其（　　）分类可分为固定成本、变动成本和混合成本三大类。
   A. 成本的固定性　　　　　　　　B. 成本的可辨认性
   C. 成本的经济用途　　　　　　　D. 成本的性态

5. 某企业2017年1—6月的甲产品资料显示：最高成本为600元，对应的业务量为100件；最低成本为350元，对应的业务量为80件；最低业务量为70件，对应的成本为400元；最高业务量为120件，对应的成本为500元。该企业采用高低点法进行成本性态分析，其高点数据是（　　）。
   A. 成本为500元，业务量为100件　　　B. 成本600元，业务量为120件
   C. 成本为500元，业务量为120件　　　D. 成本为600元，业务量为100件

6. 在现代管理会计中，成本是指（　　）。
   A. 企业在生产经营过程中对象化的、以货币表现的为达到一定目的而应当或可能发生的各种经济资源的价值牺牲或代价
   B. 在一定条件下企业为生产产品所发生的各种耗费的货币表现
   C. 企业为获取某项资产而遭致的以货币测定的价值牺牲
   D. 一定时期内企业财产物资的耗费

7. 成本性态分析方法中，技术测定法的适用范围是（　　）。
   A. 生产条件较为稳定的老企业
   B. 规模较大的企业
   C. 所有的企业
   D. 投入量与产出量关系比较稳定的新企业

8. 某企业生产量在20 000件以内时，只需监工员5名；在此基础上，每增加产量3 000件，需增加1名监工员。则监工员的薪酬成本属于（　　）。
   A. 阶梯式混合成本　　　　　　　B. 标准式混合成本

C. 低坡式混合成本　　　　　　　　D. 曲线式混合成本

9. 企业根据经营方针,由高层领导确定一定期间的预算额而形成的成本,称之为（　　）。
A. 约束性固定成本　　　　　　　　B. 酌量性固定成本
C. 混合成本　　　　　　　　　　　D. 半固定成本

10. 在应用高低点法进行成本性态分析时,选择高点坐标的依据是（　　）。
A. 最高的业务量　　　　　　　　　B. 最高的成本
C. 最高的业务量或最高的成本　　　D. 最高点的业务量及其成本

11. 在管理会计研究成本性态时,狭义的"相关范围"是指（　　）。
A. 成本的特定变动范围　　　　　　B. 业务量的特定变动范围
C. 有关期间业务量的特定变动范围　D. 时间的特定变动范围

12. 凡成本总额与业务量的总数成（　　）关系的,这种成本称为变动成本。
A. 正比　　　　B. 反比　　　　C. 等比增加　　　　D. 等比减少

13. 单位产品中的变动成本与业务量的增减成以下关系（　　）。
A. 正比关系　　　　　　　　　　　B. 反比关系
C. 保持不变　　　　　　　　　　　D. 部分正比,部分反比

14. 以下方法中,（　　）为混合成本的数学分解法之一。
A. 直接分析法　　B. 技术测定法　　C. 本量利分析法　　D. 回归直线法

15. 生产成本按其具体的（　　）又可分为直接材料、直接人工和制造费用三大项目。
A. 成本结构　　　B. 经济用途　　　C. 成本习性　　　　D. 经济职能

16. （　　）是指成本总额对业务量总数之间的依存关系。
A. 变动成本　　　B. 混合成本　　　C. 固定成本　　　　D. 成本习性

17. 在相关范围内,单位变动成本（　　）。
A. 在不同的产量水平下各不相同　　B. 在各种产量水平下保持不变
C. 随产量增加而增加　　　　　　　D. 随产量增加而减少

二、多项选择题

1. 生产成本按其经济用途可分为（　　）。
A. 直接材料　　　B. 间接人工　　　C. 直接人工　　　　D. 制造费用
E. 间接材料

2. 企业的全部成本按成本习性可划分为（　　）。
A. 半变动成本　　B. 半固定成本　　C. 变动成本　　　　D. 固定成本
E. 混合成本

3. 固定成本根据其支出数额是否能改变,可划分为（　　）。
A. 酌量性固定成本　　　　　　　　B. 相关成本
C. 约束性固定成本　　　　　　　　D. 能量成本
E. 经营能力成本

4. 混合成本根据兼有变动与固定两种不同性质的具体情况,可分为（　　）。
A. 半变动成本　　　　　　　　　　B. 半固定成本

C. 曲线变动成本 D. 延期变动成本
E. 约束性变动成本 F. 约束性固定成本

5. 混合成本的分析方法最常用的有（　　）。
  A. 技术测定法 B. 直接分析法
  C. 历史资料分析法 D. 贡献边际法

6. 企业所发生的生产使用的固定资产折旧费属于（　　）。
  A. 直接成本 B. 阶梯式混合成本
  C. 约束性固定成本 D. 生产成本
  E. 酌量性固定成本

7. 行政管理人员薪金属于（　　）。
  A. 生产成本　　B. 非生产成本　　C. 变动成本　　D. 制造成本
  E. 固定成本

8. 在我国，工业企业生产成本中的固定成本主要指制造费用中固定的部分，即不随产量变动的（　　）。
  A. 材料费 B. 办公、差旅费
  C. 折旧费 D. 租赁费
  E. 劳动保护费

9. 变动成本具有的特征是（　　）。
  A. 变动成本总额的不变性 B. 单位变动成本的反比例变动性
  C. 变动成本总额的反比例变动性 D. 变动成本总额的正比例变动性
  E. 单位变动成本的不变性

10. 以下属于半变动成本的有（　　）。
  A. 电话费　　B. 水电费　　C. 工资费　　D. 煤气费
  E. 折旧费

实 训 项 目

【实训一】

（一）目的：练习成本性态分析的方法及其应用。
（二）资料：
昌化工厂 2017 年 12 个月的维修费历史数据如表 2-6 所示。

表 2-6　维　修　费

月　份	业务量/千工时	维修费/元
1	90	8 200
2	105	8 500

续表

月 份	业务量/千工时	维修费/元
3	115	8 400
4	130	9 100
5	120	9 000
6	80	7 300
7	70	7 200
8	95	7 500
9	80	7 800
10	110	8 900
11	125	9 500
12	140	9 300

（三）要求：

（1）根据上述资料用高低点法将维修费分解为变动成本和固定成本，并写出成本公式。

（2）根据上述资料用一元直线回归法将维修费分解为变动成本和固定成本，并写出成本公式。

（3）2018年1月份预计维修业务量为150千工时，根据高低点法成本公式，计算2018年1月份维修费。

【实训二】

（一）目的：练习成本性态分析的方法及其应用。

（二）资料：

华盛公司2017年下半年产品产量与某项混合成本的资料如表2-7所示。

表 2-7　产量与成本

月 份	产量/件	混合成本/元
7	200	5 000
8	250	8 000
9	235	6 500
10	280	10 000
11	260	8 800
12	270	8 300

（三）要求：

（1）根据上述资料，采用高低点法将混合成本分解为固定成本和变动成本，并写出混合成本公式。

(2) 根据上述资料，采用回归分析法将混合成本分解为固定成本和变动成本，并写出混合成本公式。

(3) 如果 2018 年 1 月份预计产量为 300 件，根据回归分析的计算结果，1 月份的混合成本应该是多少？

【实训三】

(一) 目的：练习成本性态分析的方法及其应用。

(二) 资料：

某车间的机修成本为混合成本，一般情况下，该车间最高业务量为 20 000 工时，此时维修成本为 8 200 元；最低业务量为 15 000 工时，此时维修成本为 6 800 元。

(三) 要求：

(1) 采用高低点法将混合成本分解为固定成本和变动成本，并写出维修成本公式。

(2) 当业务量为 22 000 工时时，维修成本应该是多少？

【实训四】

(一) 目的：练习成本性态分析的方法及其应用。

(二) 资料：

某物流公司的历史资料表明，当每年货物周转量为 50 万吨·千米时，货物周转成本为 25 元/(吨·千米)，当每年货物周转量为 90 万吨·千米时，货物周转成本为 22 元/(吨·千米)。

(三) 要求：

(1) 计算该物流公司全年货物周转成本中的固定成本总额和单位变动成本。

(2) 预计今年该物流公司的货物周转量为 120 万吨·千米，那么全年的货物周转量变动成本总额应该是多少？

思考与练习

(1) 为了满足管理会计预测、决策、控制、规划和责任考核评价的不同要求，成本可选择哪些不同标志进行分类？

(2) 成本按其性态进行分类的结果怎样？

(3) 如何理解成本性态的相关范围？

(4) 成本性态分析有哪些方法？

第 3 章
变动成本法

> ▶ **知识目标**
> （1）理解变动成本法的含义及其理论依据。明确变动成本法的特点。
> （2）明确变动成本法与完全成本法的区别。
> （3）理解变动成本法与完全成本法各有哪些优点及局限性。
>
> ▶ **技能目标**
> （1）能运用变动成本法与完全成本法的基本原理，分别计算其分期损益，并比较其差别。
> （2）能运用实例说明"产品成本构成内容上的区别是变动成本法与完全成本法的主要区别，其他方面的区别均由此而生"。

3.1 变动成本法概述

变动成本法和完全成本法是企业成本核算所采用的两种基本方法。1936年美国会计学者乔纳森·N·哈斯提出了变动成本计算法，随后变动成本法在美国等西方国家得到了广泛的应用，并成为现代管理会计的重要内容。改革开放以来，我国经济飞速发展，市场竞争日益激烈，为强化企业管理，优化经营决策，我国引入了变动成本计算方法。

3.1.1 变动成本法的含义

变动成本法是指在组织常规的产品成本计算过程中，以成本性态分析为前提，只将变动生产成本作为产品成本的构成内容，而将固定生产成本及非生产成本作为期间成本，按贡献式损益确定程序计量损益的一种成本计算模式。

3.1.2 变动成本法的理论依据

完全成本法将企业的成本分为生产成本与非生产成本。为生产产品而发生的直接材料、直接人工和制造费用，属于生产成本，应全部计入产品成本；在生产经营活动中发生的销售费用、管理费用等属于非生产成本，应作为期间成本，全数从当期销售收入中补偿。

完全成本法成本流程如图 3-1 所示。

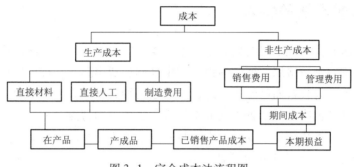

图 3-1　完全成本法流程图

传统的完全成本法计算的产品成本，不注重按成本性态划分，它不仅包括直接材料、直接人工、变动制造费用，而且还包括固定制造费用。完全成本法认为：固定制造费用虽然同企业生产能力的形成和正常维护相关联，但它是产品最终形成不可缺少的，应与生产过程中发生的直接材料、直接人工和变动制造费用一样，汇集于产品，成为产品成本的一个组成部分，随产品而流动，产品销售之后，应将它计入产品销售成本，从销售收入中补偿；如果产品尚未销售，则应计入产品存货，作为流动资产的一部分，结转到下期，使本期已销售的产品和期末在产品、产成品存货具有相同的成本构成。

变动成本法将全部成本按性态分为变动成本与固定成本两类。为产品生产而耗费的直接材料、直接人工、变动制造费用等随产量变动的生产成本计入产品成本，因为，这些费用是产量的函数，应随产品而流动。固定制造费用的发生主要是定期地创造了可供利用的生产能力，为企业提供一定的生产经营条件，这些生产经营条件一经形成，不管其实际利用程度如何，有关费用照样发生。例如房屋、建筑物、机器设备的折旧费及保险费用、财产税、管理人员工资等，其费用总额不会随产量的增减而相应增减。即它同产品的实际产量没有直接联系，属于相关会计期间所发生的费用，其作用将随着时间的推移而丧失。因此，其效益不应递延到下一会计期间，而应在发生的当期作为当期收入的一个扣减项目。如果将这部分固定制造费用计入产品成本，则会使产量变动而引起的成本升降与节约或浪费引起的成本升降两个因素混淆在一起，给预测、决策、规划、控制和考核评价增加困难。所以，变动成本法计算的产品成本，只包括直接材料、直接人工和变动制造费用，不包括固定性制造费用。

变动成本法成本流程如图 3-2 所示。

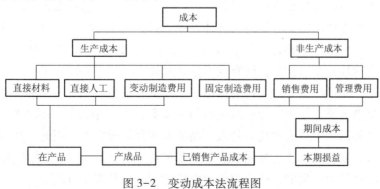

图 3-2　变动成本法流程图

3.1.3 变动成本法的特点

从完全成本法和变动成本法的概念中不难发现，两种成本计算方法的根本区别或者说分歧在于如何看待固定制造费用。换句话说，固定性制造费用属于一种可以在将来换取收益的资产，还是属于为取得收益而已经丧失的资产，是两种成本计算方法下对固定性制造费用的不同认识。这一区别也决定了两种不同成本计算方法各自的特点。

与传统的完全成本法相比，变动成本法具有以下几个方面的主要特点。

1. 以成本性态分析为基础计算产品成本

变动成本法在计算产品成本时只将与产品生产过程直接相联系的变动成本作为其成本构成，而把固定成本视为期间成本直接从本期收入中扣减。换言之，变动成本法认为固定性制造费用转销时间的选择十分重要，它应该属于为取得收益而已经丧失的资产。变动成本法正由于对变动成本和固定成本处理上的差异，决定了它在进行成本计算时，是以一定期间的全部成本按成本性态划分为变动成本和固定成本两大类为基础的。其中，变动成本主要包括变动生产成本、变动性销售费用和变动性管理费用；固定成本主要包括固定性制造费用、固定性销售费用和固定性管理费用。

2. 突出计算边际贡献

变动成本法的中心问题是计算、确定企业一定期间内经营某种产品的边际贡献，从而揭示产品的盈利能力同其销售量、成本和利润之间的内在联系。按照变动成本法的要求，期间损益的计算程序为：

$$销售收入总额 - 变动成本总额 = 边际贡献总额$$
$$边际贡献总额 - 固定成本总额 = 税前利润总额$$

与此不同的是，完全成本法计算的中心问题是计算、确定企业在一定期间内经营某种产品的税前利润，通常是从当期销售收入总额中扣除全部销售成本，求得销售毛利总额，再从销售毛利中扣除当期销售费用、管理费用和财务费用，求得期间损益。它的计算程序为：

$$销售收入 - 销售成本 = 销售毛利$$
$$销售毛利 - 销售费用 - 管理费用 - 财务费用 = 税前利润$$

3. 主要用于企业内部的经营管理

变动成本法不仅是一种比较成熟的成本计算方法，而且是企业内部的一种成本会计制度。因此，成本项目必须按成本性态进行分类，成本的记录、账户的设置、成本的汇集、内部报表的编制等，也均需按此分类进行会计处理。但企业会计准则和企业会计制度仍要求按完全成本法进行存货确定和损益计算，以满足对外编制财务会计报告和进行纳税申报的要求。不仅我国有这样的要求，其他国家大多也如此规定。其主要理由是：变动生产成本和固定生产成本都是产品生产所必须支付的费用，而存货成本主要是反映一种物品达到规定的存放条件和处于现有场所而发生的合适的成本与开支数额，其中包括一切直接和间接的支出，故变动生产成本和固定生产成本均应列入产品成本和存货成本中。因此，从目前的准则、制度的有关规定看，变动成本法主要用于企业内部的经营管理，是为了对成本进行事前规划、日常控制和业绩考评而产生的，已成为企业内部管理的一种重要方法。

3.2 变动成本法与完全成本法的区别

变动成本法与完全成本法对固定性制造费用的不同处理,导致了两种方法下的一系列差异,主要表现在产品成本的构成内容不同、存货成本的构成内容不同以及分期损益不同三个方面。

3.2.1 产品成本的构成内容不同

变动成本法与完全成本法在产品成本构成上的差异可以从图 3-3 的描述中更清楚地看出。

$$\text{成本组成}\begin{cases}\text{直接材料}\\ \text{直接人工}\\ \text{变动制造费用}\\ \text{固定制造费用}\end{cases}\left.\begin{matrix}\text{变动成本计算}\\ \\ \end{matrix}\right\}\text{完全成本计算}$$

图 3-3 成本构成图

现举例说明两种成本法下产品成本构成的差异。

【例 3-1】某企业生产一种 A 产品,本月生产 400 台,每台耗费直接材料 4 元、直接人工 5 元、变动性制造费用 1 元,固定性制造费用全月 1 200 元,管理费用 1 500 元,销售费用 1 000 元。两种产品成本计算确定的单位产品成本如表 3-1 所示。

表 3-1 单位产品成本资料表　　　　　　　　元

项　　目	完全成本法	变动成本法
直接材料	4	4
直接人工	5	5
变动性制造费用	1	1
固定性制造费用	1 200/400 = 3	
单位产品成本	13	10

由于变动成本法将固定性制造费用处理为期间成本,所以采用变动成本法计算,单位产品成本较之采用全部成本法计算的低。当然,采用变动成本法计算的期间成本较之采用完全成本法计算的就高了。采用变动成本法计算的期间成本为 3 700(1 200+1 500+1 000)元,而采用完全成本法计算则为 2 500(1 500+1 000)元。

产品成本构成内容上的区别是变动成本法与完全成本法的主要区别,其他方面的区别均由此而生。

3.2.2 存货成本的构成内容不同

由于变动成本法与完全成本法在产品成本构成内容各不相同，因而，产成品和在产品存货的构成内容也就不相同。采用变动成本法计算产品成本，不论是库存产成品、在产品还是已销产品，其成本均只包括生产成本中的变动部分；而采用完全成本法计算产品成本，固定性制造费用和其他生产成本一样，需要在已销产品与未销产品之间进行分配，把本期已销售产品应分摊的固定制造费用作为本期销售成本，未销售部分应分摊的固定制造费用计入存货，递延到下期，因此，采用变动成本法计算的期末存货计价由于不包括固定制造费用，必然小于采用完全成本法计算的期末存货计价。

【例3-1】中，假定期初产成品存货为0，当月生产的400件产品销售了380件，期末产成品存货20件。按变动成本法计算时，期末存货的成本为200（10×20）元；而按完全成本法计算时，期末存货的成本则为260（13×20）元。二者差额的60元，正是由于采用完全成本法，期末库存的20件存货中包括了固定制造费用60（20×3）元所造成的。

产品成本的构成与存货成本的构成是相关联的两个问题，也可以说是同一问题的两个不同方面。产品成本的构成内容不同，存货成本的构成内容也就不同，而存货成本上的差异又必定对损益的计算产生影响。

3.2.3 分期损益计算方面的区别

采用变动成本法计算，对固定性制造费用的补偿由当期销售的产品承担；而采用完全成本法计算，对固定制造费用是由当期生产的产品分摊，按期末未销售的产品与当期已销售的产品的比例补偿。固定制造费用上述处理上的不同对两种成本计算方法下的损益的计算有影响，影响的程度取决于产量与销量的均衡程度，且表现为相向关系，即：产销越均衡，两种成本计算法所计算的损益差额就越小，反之则越大。只有产成品实现零存货即产销绝对均衡时，损益计算上的差异才会消失。事实上，产销绝对均衡只是个别的和相对的，不均衡才是普遍的和绝对的。

变动成本法与完全成本法虽然在确定损益方法和步骤上有所不同，但主要是对固定成本处理不同，变动成本法将固定制造费用作为期间成本在每期销售收入中全部扣除，而完全成本法则将固定制造费用分摊到每台产品成本中，各期已销售产品的固定制造费用构成销售产品成本，未销售产品的固定制造费用则构成产成品存货成本。

现举例分别说明两种成本计算法确定的税前净利的不同。

1. 产量不变，销售变动

【例3-2】甲工厂近三年只产销一种A产品，并且每一年成本资料和单位售价都保持不变，三年的生产、销售和成本资料如表3-2所示。

表 3-2　三年的生产、销售和成本资料表

产销资料						成本资料		
项目 \ 期间	数量						项目	金额/元
	第一年	第二年	第三年	合计				
期初存货/台	0	0	1 000	0	单位变动成本		直接材料	15
本期生产/台	6 000	6 000	6 000	18 000			直接人工	10
本期销售/台	6 000	5 000	7 000	18 000			变动性制造费用	8
期末存货/台	0	1 000	0	0			变动性销售管理费用	3
产品单位售价/元	50				固定成本总额		固定性制造费用	42 000
							固定性销售管理费用	10 000

根据以上资料，按变动成本法计算单位产品成本为 33 元，按完全成本法计算单位产品成本为 33+42 000/6 000＝33+7＝40（元）。

根据以上资料分别采用变动成本法与完全成本法计算全年税前净利如表 3-3 和表 3-4 所示。

表 3-3　完全成本法（职能式）损益表　　　　　　　　　　　　　　　　　　　　　元

项　目		第一年	第二年	第三年	合计
销售收入		300 000	250 000	350 000	900 000
销售产品制造成本	期初存货	0	0	40 000	0
	本期产品生产成本	240 000	240 000	240 000	720 000
	可供销售产品成本	240 000	240 000	280 000	720 000
	期末存货	0	40 000	0	0
销售产品制造成本小计		240 000	200 000	280 000	720 000
销售毛利		60 000	50 000	70 000	180 000
销售及管理费用	变动销售管理费用	18 000	15 000	21 000	54 000
	固定销售管理费用	10 000	10 000	10 000	30 000
税前净利		32 000	25 000	39 000	96 000

表 3-4　变动成本法（贡献式）损益表　　　　　　　　　　　　　　　　　　　　　元

项　目		第一年	第二年	第三年	合计
销售收入		300 000	250 000	350 000	900 000
变动成本（本期销售）	变动制造成本	198 000	165 000	231 000	594 000
	变动销售管理费用	18 000	15 000	21 000	54 000

续表

项　　目		第一年	第二年	第三年	合计
边际贡献		84 000	70 000	98 000	252 000
固定成本	固定制造费用	42 000	42 000	42 000	126 000
	固定销售管理费用	10 000	10 000	10 000	30 000
税前净利		32 000	18 000	46 000	96 000

从以上例子的计算结果可以看出，第一年无期初、期末存货，销售量等于生产量。采用变动成本法计算损益时将固定制造费用 42 000 元作为期间成本从边际贡献中扣减；而采用全部成本法计算损益时则将固定制造费用摊入产品成本，单位产品固定制造费用为 7 元，本期销售 6 000 台，则固定性制造费用 42 000（7×6 000）元作为销售产品成本从销售收入中减除。两种成本计算法确定全年税前净利，因减除的固定制造费用相等，所以税前净利相同，均为 32 000 元。

第二年生产 6 000 台，销售 5 000 台。采用变动成本法计算，将固定制造费用 42 000 元仍作为期间成本全额从边际贡献中扣减；而采用完全成本法计算，本期销售 5 000 台，只将 5 000 台分摊的固定制造费用 35 000（7×5 000）元，作为销售产品成本从销售收入中减除，未销售的 1 000 台分摊的固定制造费用 7 000（7×1 000）元，则随产成品转入期末产成品存货中，递延到下期。两种成本法在确定税前净利所扣减的固定制造费用不同，完全成本法较变动成本法少 7 000（42 000-35 000）元，所以完全成本法比变动成本法计算的税前净利多 7 000（25 000-18 000）元。

第三年生产 6 000 台，销售 7 000 台。采用变动成本法计算从本期边际贡献中扣减的固定制造费用仍为 42 000 元；而采用完全成本法计算本期销售的 7 000 台产品中，包括上年转入的 1 000 台存货的固定制造费用 7 000 元和本期生产 6 000 台产品的固定制造费用 42 000（7×6 000）元，共计 49 000 元，因此从本期销售收入中扣减的固定制造费用比变动成本法计算所扣减的固定制造费用多 7 000 元，从而使完全成本法据以确定的税前净利比变动成本法少 7 000（46 000-39 000）元。

通过具体分析可以看出，当各期生产量相等，而销售量不等时，采用不同成本计算方法对分期损益的影响可归纳为以下三种情况。

（1）当生产量等于销售量或期末存货量等于期初存货量时，采用两种成本法计算的税前净利相等。但应假定存货计价采用"后进先出法"才成立。如果采用"先进先出法"或"加权平均法"，当期有存货时，尽管本期生产量等于销售量，采用两种成本计算法计算出来的税前净利也不一定相等。

（2）当生产量大于销售量或期末存货量大于期初存货量时，则采用完全成本法计算确定的税前利润大于采用变动成本法计算确定的税前净利，其差额等于期末存货包含的固定制造费用减期初存货包含的固定制造费用。

（3）当生产量小于销售量或期末存货量小于期初存货量时，则采用完全成本法计算所确定的税前净利小于采用变动成本法计算所确定的税前净利，其差额等于期初存货包含的固定制造费用减期末存货包含的固定制造费用。

从三年总的情况来看，由于其生产量=销售量，期末存货=期初存货，所以按两种成本计算法计算的三年合计的税前净利相等。

2. 生产量不等，销售量也不等

对企业而言，不仅各期的销售量有可能不同，其生产量也可能会出现差异，这时采用两种成本计算法对分期损益会产生怎样的影响呢？下面以一个企业的资料为例，讨论当各期生产量不等、销售量也不等时，两种成本计算法下分期损益的变化规律。

【例3-3】 乙工厂近三年只产销一种 B 产品，并且每一年成本资料和单位售价都保持不变，三年的生产、销售和成本资料如表3-5所示。

表3-5 三年的生产、销售和成本资料表

产销资料						成本资料		
项目 \ 期间		数量				项目		金额/元
		第一年	第二年	第三年	第四年			
期初存货/台		0	0	100	100	单位变动成本	直接材料	80
本期生产/台		800	1 000	750	800		直接人工	40
本期销售/台		800	900	750	900		变动性制造费用	20
期末存货/台		0	100	100	0		变动性销售管理费用	2
产品单位售价/元		200				固定成本总额	固定性制造费用	12 000
							固定性销售管理费用	10 000

根据以上资料，四年里，按变动成本法计算单位产品成本每年均为140元，按完全成本法计算单位产品成本各年分别为：140+12 000/800 = 155（元），140+12 000/1 000 = 152（元），140+12 000/750 = 156（元），140+12 000/800 = 155（元）。

根据以上资料分别采用变动成本法和完全成本法计算全年税前净利，如表3-6和表3-7所示。

表3-6 完全成本法（职能式）损益表 元

项目		第一年	第二年	第三年	第四年
销售收入		160 000	180 000	150 000	180 000
销售产品制造成本	期初存货	0	0	15 200	15 600
	本期产品生产成本	124 000	152 000	117 000	124 000
	可供销售产品成本	124 000	152 000	132 200	139 600
	期末存货	0	15 200	15 600	0
销售产品制造成本小计		124 000	136 800	116 600	139 600

续表

项目		第一年	第二年	第三年	第四年
销售毛利		36 000	43 200	33 400	40 400
销售及管理费用	变动销售管理费用	1 600	1 800	1 500	1 800
	固定销售管理费用	10 000	10 000	10 000	10 000
税前净利		24 400	31 400	21 900	28 600

注：销售产品成本采用先进先出法计价

表 3-7　变动成本法（贡献式）损益表　　　　　　　　　　　　　　元

项目		第一年	第二年	第三年	第四年
销售收入		160 000	180 000	150 000	180 000
变动成本（本期销售）	变动制造成本	112 000	126 000	105 000	126 000
	变动销售管理费用	1 600	1 800	1 500	1 800
边际贡献		46 400	52 200	43 500	52 200
固定成本	固定性制造费用	12 000	12 000	12 000	12 000
	固定销售管理费用	10 000	10 000	10 000	10 000
税前净利		24 400	30 200	21 500	30 200

注：销售产品成本采用先进先出法计价

从以上例子的计算结果可以看出，在生产量不等，销售量也不等的情况下，采用变动成本法与采用完全成本法所计算的税前净利的差别与【例 3-2】有所不同。

第一年生产量等于销售量，期末存货与期初存货为 0，采用两种成本计算法所确定的税前净利相等，均为 24 400 元。

第二年销售量小于生产量，期末存货量大于期初存货量，按完全成本法计算的净利大于按变动成本法计算的净利 1 200（31 400-30 200）元，这是因为期末存货量比期初存货量多 100 件，按完全成本法计算的期末存货带走了 1 200（12×100）元固定性制造费用，使当期税前净利增加 1 200 元。

第三年销售量等于生产量，期末存货量等于期初存货量，但按两种成本计算法计算的净利并不相等，采用完全成本法计算的税前净利 21 900 元比采用变动成本法计算的税前净利 21 500 元多 400 元，其差额是由于变动成本计算法将本期固定制造费用 12 000 元全额从边际贡献中减除了。而完全成本法计入本期的固定制造成本受期初、期末存货的影响，期初存货 100 件，每件固定制造费用 12 元，共 1 200（12×100）元转入本期，但本期又有 100 件期末存货，其固定制造费用为每件 16 元，共 1 600（16×100）元转入下期，这样计入本期损益的固定制造费用为 11 600（1 200+12 000-1 600）元，比按变动成本法计算少 400（12 000-11 600）元，故其税前净利较按变动成本法计算多 400 元。

第四年销售量大于生产量，期末存货小于期初存货，按完全成本法计入本期的固定制造费用，包括本期生产产品的固定制造费用 12 000（15×800）元，以及期初转入 100 件产品的 1 600（16×100）元，较按变动成本法计算的多 1 600 元，因而其税前净利比按变动成本法计算的少 1 600 元。

【例3-4】某公司三年来只产销一种产品，并且每年成本资料和单位售价保持不变，三年的生产、销售和成本资料如表3-8所示。

表 3-8 某公司三年的生产、销售和成本资料表

产销资料				成本资料		
期间 项目	数量				项目	金额/元
	第一年	第二年	第三年	单位变动成本	直接材料	12
期初存货/件	0	20	20		直接人工	10
本期产量/件	120	100	80		变动性制造费用	8
期末存货/件	20	20	0		变动性销售管理费用	—
本期销量/件	100	100	100	固定成本总额	固定制造费用	1 200
产品单价/元	60				固定销售管理费用	300

要求：

（1）分别采用变动成本法和完全成本法来计算连续三年产品的单位生产成本；

（2）采用职能方式和贡献方式来编制连续三年的损益表（期末存货计价采用先进先出法）；

（3）根据用以上两种方式编制的损益表，说明税前净利产生差异受哪些因素的影响，其差异如何计算。

解：

（1）根据完全成本法和变动成本法下单位生产成本所包含的内容，将连续三年的按两种生产成本法计算的单位生产成本的结果列出，如表3-9所示。

表 3-9 单位生产成本表   元

成本项目	第一年		第二年		第三年	
	完全成本法	变动成本法	完全成本法	变动成本法	完全成本法	变动成本法
直接材料	12	12	12	12	12	12
直接人工	10	10	10	10	10	10
变动制造费用	8	8	8	8	8	8
单位变动生产成本	—	30	—	30	—	30
固定制造费用	10	—	12	—	15	—
单位全部生产成本	40	—	42	—	45	—

(2) 采用职能方式和贡献方式来编制连续三年的损益表如表3-10和表3-11所示。

表3-10 完全成本法（职能式）损益表　　　　　　　　　　　　元

项　目		第一年	第二年	第三年
销售收入		6 000	6 000	6 000
销售成本	期初存货成本	0	800	840
	本期生产成本	4 800	4 200	3 600
	可销售的成本	4 800	5 000	4 440
	期末存货成本	800	840*	0
销售成本合计		4 000	4 160	4 440
销售毛利		2 000	1 840	1 560
推销及管理费用		300	300	300
税前净利		1 700	1 540	1 260

* 此处采用先进先出法，期末存货成本＝本期单位生产成本×期末存货量＝42×20＝840（元）

表3-11 变动成本法（贡献式）损益表　　　　　　　　　　　　元

项　目		第一年	第二年	第三年
销售收入		6 000	6 000	6 000
变动成本		3 000	3 000	3 000
贡献毛益		3 000	3 000	3 000
期间成本	固定生产成本	1 200	1 200	1 200
	固定推销及管理费用	300	300	300
期间成本合计		1 500	1 500	1 500
税前净利		1 500	1 500	1 500

(3) 两种方式编制损益表的税前净利产生差异不仅受到期初、期末存货数量和单位固定生产成本（期初期末存货成本）的影响，而且受到不同存货计价方法的影响。

在本题中，要求采用先进先出的存货计价方法，即：

差额＝（期末单位固定生产成本×期末存货量）－（期初单位固定生产成本×期初存货量）

第一年差额＝10×20－0＝200（元）

第二年差额＝12×20－10×20＝40（元）

第三年差额＝0－12×20＝－240（元）

通过实例，我们不难发现，按照两种成本法计算的税前利润之所以会有区别，关键在于期初、期末存货中所包含的固定制造费用的金额变动及其对比关系不同。其变化的规律是：

（1）期末存货固定成本总额等于期初存货固定成本总额，两种成本计算法确定的税前净利相等。

（2）期末存货固定成本总额大于期初存货固定成本总额，则按完全成本法计算的税前净利大于按变动成本法计算的税前利润。

（3）期末存货固定成本总额小于期初存货固定成本总额，则按完全成本法计算的税前净利小于按变动成本法计算的税前利润。

3.3 对变动成本法与完全成本法的评价

3.3.1 变动成本法的优点及局限性

1. 变动成本法的优点

变动成本法是为面向未来，加强企业内部管理而产生的。由于它能够提供科学反映成本与业务量之间、利润与销售量之间有关量的变化规律的信息，因而有助于加强成本管理，强化管理会计预测、决策、规划、控制和业绩考核等职能。具体说来它有以下优点。

（1）采用变动成本法可防止企业盲目生产，注重销售，有利于全面完成产销计划。

在固定成本较高的情况下，采用全部成本法计算的单位产品成本受产量变动的影响较大，企业只要大幅度增产，就可以降低单位产品成本，即使销售量不变，甚至销售下降，也会增加利润，特别在产销不平衡的条件下尤为严重。这会给企业造成错觉，误认为只有扩大生产才能扩大盈利，从而导致盲目生产。采用变动成本法，产量的高低和存货的增减对税前利润没有直接影响，在销售单价、单位变动成本、销售结构不变的情况下，盈利将随着销售量的增加而增加。这样，将给管理者提供一个重要的信息：只有扩大销售才能扩大盈利。从而促使管理者重视销售环节，努力开拓销售渠道，树立以销定产的观念，增强现代经营管理意识。

【例3-5】某企业只生产一种产品，第一年、第二年的销售量分别为300件和280件，而生产量分别为400件和600件。每单位产品的售价为100元。每件变动生产成本为40元，固定制造费用每年的发生额为7 200元，变动销售与管理费用每件10元，固定销售与管理费用每年的发生额为3 600元。存货计价采用先进先出法。

根据上述资料，按变动成本法计算单位产品成本每年均为40元，按完全成本法计算单位产品成本每年分别为40+7 200/400=58（元）和40+7 200/600=52（元）。

采用两种成本计算法确定的各年的税前利润如表3-12和表3-13所示。

表 3-12 完全成本法（职能式）损益表　　　　　　　　　　　　元

项目		第一年	第二年
销售收入		30 000	28 000
销售产品生产成本	期初存货	0	100×58=5 800
	本期产品生产成本	400×58=23 200	600×52=31 200
	可供销售产品成本	23 200	37 000
	期末存货	100×58=5 800	420×52=21 840
销售产品生产成本小计		17 400	15 160
销售毛利		12 600	12 840
销售及管理费用	变动销售管理费用	3 000	2 800
	固定销售管理费用	3 600	3 600
税前利润		6 000	6 440

表 3-13 变动成本法（贡献式）损益表　　　　　　　　　　　　元

项目		第一年	第二年
销售收入		30 000	28 000
变动成本	变动生产成本	12 000	11 200
	变动销售及管理费用	3 000	2 800
边际贡献		15 000	14 000
固定成本	固定制造费用	7 200	7 200
	固定销售及管理费用	3 600	3 600
税前利润		4 200	3 200

　　计算结果表明，在销售单价、单位变动成本和固定成本总额保持不变的情况下，第二年比第一年销售量减少20件，销售收入减少2 000元，采用变动成本法计算的税前利润呈现减少的趋势。但采用完全成本法计算的税前利润第二年比第一年增加了440（6 440-6 000）元，其主要原因在于各年生产量差异较大，使每年的单位生产成本有较大区别。由于产销不平衡，第二年期末存货与期初相比大量增加，采用完全成本法，将未销售产品分摊的固定制造费用转入下一会计期间，使计算的税前利润指标不能真实反映企业生产经营的实际情况。这样，会使企业盲目增加产量，以致造成产品大量积压和资源的严重浪费。

　　（2）便于简化成本核算。

　　采用变动成本法，把固定性制造费用列入期间成本，从贡献边际项下直接扣除，这就大大简化了产品成本计算中间接费用的分配过程，并可减少由于分配标准的多样性而可能产生的主观随意性，从而使会计人员从繁重的成本核算工作中解脱出来。

（3）有利于管理当局加强对成本的控制和考核。

采用变动成本法，当产品成本出现了不利差异，就可以通过对产品的变动生产成本和固定生产成本进行分析，找出差异的原因，及时加以纠正。例如，如果发现直接材料成本、直接人工成本等出现了不利差异，就可以查找供应部门或生产部门的工作是否存在不足之处；如果固定生产成本出现了不利差异，则应由有关管理部门承担责任。这样，就有利于企业加强成本管理工作和划分经济责任。

（4）能够向管理当局提供加强内部管理所需的短期预测和决策的信息资料。

变动成本法是本量利分析的前提，通过分析利用变动成本法所提供的成本及贡献边际指标，为管理当局进行短期预测、规划目标利润和目标成本、进行本量利分析、短期决策、编制弹性预算、制定标准成本等提供了有用的数据。

2. 变动成本法的缺点

（1）成本性态分类具有局限性。

一方面，变动成本与固定成本的划分是有条件的，即在一定的时间范围和一定的产量范围内。随着客观条件的变化，相关范围会在一定程度上发生变化，而变动成本法的计算又要求变动成本与固定成本具有相对的稳定性，这必然导致实际成本与计算结果的差异。另一方面，准确地划分变动成本与固定成本存在一定的困难。企业经营活动中发生的耗费按成本性态划分大都属于混合成本，无论是按高低点法还是散布图法，分解的结果都不可能十分准确，会影响成本信息的有效性。

（2）按变动成本法计算出的产品成本不符合传统的成本概念。

传统的观点认为，产品成本是"一切可以计入存货的制造成本"，是"为了生产产品或为了销售而购入的产品而发生的成本"，"是为了获得某些产品或劳务作业而作出的一切牺牲"。按照这些传统的观点，产品成本中就应当既包括变动生产成本，又包括固定生产成本。这种观念长期以来在世界范围内得到广泛的支持和认可，并被吸收进企业（财务）会计基本准则之中，作为对外报告的标准。但是按变动成本法确定的产品成本显然不能满足这一要求。

（3）不能适应长期决策的需要。

变动成本法建立在成本性态分析的基础之上，因此，它以相关范围假定为存在前提。但是成本的性态受到多个因素的影响，因此，固定成本和变动成本的水平不可能长期不变。而长期决策涉及的时间较长，又要解决增加或减少生产能力和扩大或缩小经营规模的问题，必然突破相关范围。因此变动成本法所提供的资料，虽然有利于短期决策，但不能适应长期决策的需要。

（4）提供的成本信息不适应以成本为依据的定价决策的需要。

定价决策中，必须充分考虑成本计价的完整性。合理的商品价格的制定，既要能保证企业各种耗费的补偿，又要通过销售的顺利实现获得盈利。这种补偿，必须包括变动成本和固定成本。如果只考虑产品的变动成本，易导致定价偏低，所以变动成本计算提供的产品变动成本资料不能适应定价决策的需要。

3.3.2 完全成本法的优点及局限性

1. 完全成本法的优点

(1) 使人们重视生产环节。

采用完全成本法，在市场竞争激烈的环境下，可以通过增加产品产量降低单位产品生产成本。因为产量越高，单位产品分摊的固定成本越少，使整个单位产品成本下降。固定成本占总成本的比重越大，产量的变动对单位产品成本的影响也越大。

(2) 便于直接编制对外财务报表。

企业财务报表的使用者，如投资者、债权人都是从长期的角度衡量企业的盈利能力和财务状况，为此，提供的财务会计信息必须满足他们长期决策的需要。从长远的观点看，固定成本也是决策需要考虑的因素之一。同时，完全成本法提供的成本资料可以直接用来编制对外的财务会计报表，不需要进一步的加工处理。

(3) 产品成本计算符合人们对传统产品成本概念的认识。

产品成本计算的核心在于尽可能客观地确定产品的实际成本。因此，无论在理论上还是实务中都必须着重解决一个根本性的问题，就是根据企业各项成本在产品形成过程中所起的作用，确定应该把哪些项目包括在产品成本之内，哪些项目排除在产品成本之外。完全成本法计算的产品成本包括了为生产产品而发生的所有变动成本和固定成本。这样计算的产品成本显然符合人们对产品传统概念的认识。

2. 完全成本法的缺点

(1) 提供的成本资料不便于预测和决策分析。

采用完全成本法，不按成本性态将全部成本划分为固定成本和变动成本，计算的产品成本中包括了变动成本、固定成本和混合成本，不能清晰反映成本、业务量和利润之间的内在依存关系，不便于进行预测、决策和编制弹性预算。管理人员在规划和控制企业的经营活动时，还需对成本资料进行加工整理。

(2) 完全成本法所确定的分期损益难以被管理部门所理解。

在产品售价、成本和销售结构不变的情况下，利润的多少理应和销售量的增减相一致，即销售量增加，利润也应增加；反之，销售量减少，利润也会减少。可是，按完全成本法计算，由于其中掺杂固定生产成本的因素，使得利润的多少和销售量的增减不能保持相应的比例，因而不易为管理部门所理解，不便于为决策、控制和分析直接提供有关的资料。而且会促使企业为了增加利润，盲目扩大产量，不注重销售，这是一种不正常的现象。

(3) 固定制造费用的分摊十分繁琐。

采用完全成本法，对于固定生产成本的分摊工作十分繁琐，要采用不同的分摊方法和分摊标准，在不同的产品中进行摊销，工作量很大。即使这样，分摊的结果也不一定精确，主观随意性较大。

本 章 小 结

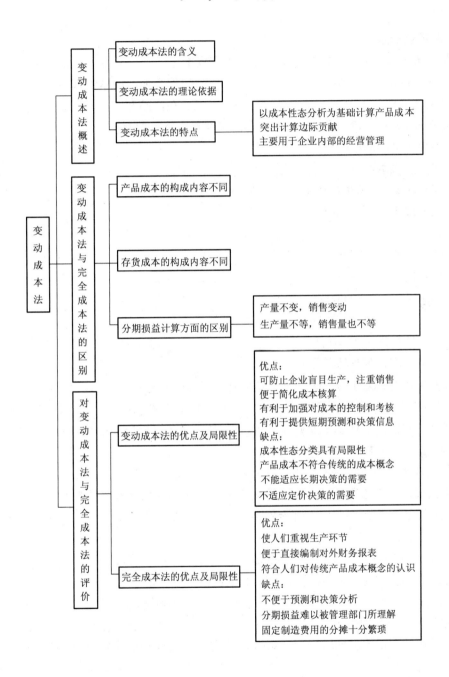

同 步 测 试

一、单项选择题

1. 在变动成本法下，固定制造费用与非生产成本应（　　）。
   A. 计入产品成本　　　　　　　　　　B. 作为期间成本处理
   C. 递延到下期　　　　　　　　　　　D. 在产品和产成品之间分摊

2. 某公司2017年12月31日结束的会计年度有关资料如下：

   净销售额　1 400 000 元
   完工产品总成本：
   　　变动成本　　630 000 元
   　　固定成本　　315 000 元
   营业费用：
   　　变动费用　　98 000 元
   　　固定费用　　140 000 元
   生产量　　　　70 000 件
   销售量　　　　50 000 件
   年初产成品存货　　0 件
   年初、年末均无在产品存货。

   那么按变动成本法计算，该公司年末产成品存货成本为（　　）。
   A. 180 000 元　　B. 270 000 元　　C. 100 000 元　　D. 150 000 元

3. 变动成本法的一项基本原则是，期间成本应全部作为当期的费用处理。这一程序所依据的理由是（　　）。
   A. 期间成本是不可控制的，不应分配计入特定产品的成本
   B. 期间成本一般数量不大，为了简化手续，不将其分配计入产品成本
   C. 无论是否生产，期间成本都会发生，所以将其分配计入产品成本、将本期经营活动的成本予以递延是不恰当的
   D. 期间成本的分配计入特定产品的成本，会导致错误的管理决策

4. 变动成本法和完全成本法下均计入产品成本的项目是（　　）。
   A. 固定制造费用　　　　　　　　　　B. 变动制造费用
   C. 固定销售与管理费用　　　　　　　D. 变动销售与管理费用

5. 当某期销售量比上期增加而产量保持不变时，按变动成本法计算确定的税前利润比上期（　　）。
   A. 减少　　　　　B. 不变　　　　　C. 不一定　　　　D. 增加

6. 采用变动成本法计算产品成本时必须按业务量分解为变动成本和固定成本的费用为（　　）。
   A. 管理费用　　　　B. 财务费用　　　　C. 制造费用　　　　D. 销售费用

7. 对于一个制造公司来说，在完全成本法下属于期间成本而不是产品成本的项目是（   ）。
   A. 生产设备的折旧　　　　　　　　B. 推销员的薪金
   C. 机器操作工的薪金　　　　　　　D. 生产设备的保险费
8. 贡献式利润表的中间指标是贡献毛益，相对的职能式利润表的中间指标是（   ）。
   A. 营业利润　　　B. 销售毛利　　　C. 主营业务利润　　　D. 税前利润
9. 在完全成本法下计算的税前利润比在变动成本法下计算的税前利润数额（   ）。
   A. 不一定　　　　B. 高　　　　　　C. 低　　　　　　　　D. 相等
10. 导致按完全成本法计算的净利与按变动成本法计算的净利出现差异的因素，与制造成本有关的是（   ）。
    A. 在确定净利时，完全成本法要考虑所有成本而变动成本法只考虑变动成本
    B. 完全成本法下要在销售产品与存货之间分配固定成本，变动成本法下将所有固定成本都作为期间成本处理
    C. 完全成本法把所有变动成本计入存货成本，变动成本法则把变动成本作为期间成本
    D. 完全成本法将所有固定成本都计入期末存货成本，变动成本法将所有期间成本列作当期的费用
11. 当产销量平衡时，按完全成本法计算确定的税前利润比按变动成本法计算确定的税前利润（   ）。
    A. 相等　　　　　B. 高　　　　　　C. 低　　　　　　　　D. 不一定
12. 变动成本法下的本期销货成本计算公式是（   ）。
    A. 单位完全生产成本×本期销量
    B. 期初存货成本+期末存货成本−本期发生的产品成本
    C. 单位变动生产成本×本期销量
    D. 本期发生的产品成本+期末存货成本
13. 当期初无存货，期末有存货时，完全成本法确定的营业净利润（   ）变动成本法确定的营业净利润。
    A. 小于　　　　　　　　　　　　　B. 大于
    C. 等于　　　　　　　　　　　　　D. 可能大于也可能等于
14. 变动成本法把本期发生的固定生产成本及非生产成本中的固定成本部分全都列作（   ）。
    A. 间接成本　　　B. 边际成本　　　C. 期间成本　　　　　D. 吸收成本
15. 完全成本法下损益表中有关项目是根据（   ）排列的。
    A. 成本职能　　　B. 成本习性　　　C. 成本内容　　　　　D. 成本项目
16. 在单价和成本水平不变的条件下，当前后期产量不变时，按完全成本法确定的营业净利润（   ）。
    A. 不变　　　　　　　　　　　　　B. 增加
    C. 减少　　　　　　　　　　　　　D. 可能增加也可能减少也可能不变

二、多项选择题

1. 完全成本法下的营业净利润与变动成本法下的营业净利润之间的关系是（　　）。
   A. 可能小于　　　B. 可能大于　　　C. 可能等于　　　D. 无规律可循
   E. 有规律可循

2. 在变动成本法下，下列项目中计入产品成本和存货成本的有（　　）。
   A. 变动制造费用　　B. 直接材料　　C. 直接人工　　D. 固定制造费用
   E. 管理费用

3. 完全成本法与变动成本法在编制损益表方面的差别有（　　）。
   A. 净销售额的反映方式不同　　　　B. 收益表排列的方式不同
   C. 对固定性制造费用的处理不同　　D. 销售及管理费用金额大小不同
   E. 计算出来的税前净利不同

4. 在变动成本法下，下列项目中计入期间成本的是（　　）。
   A. 固定制造费用　　　　　　　　B. 变动制造费用
   C. 管理费用　　　　　　　　　　D. 财务费用

5. 下列项目中对贡献毛益总额大小产生影响的有（　　）。
   A. 变动生产成本　　　　　　　　B. 销售收入
   C. 固定生产成本　　　　　　　　D. 变动非生产成本
   E. 固定非生产成本

6. 变动成本法的局限性表现在（　　）。
   A. 变动成本与固定成本的划分，在很大程度上是假设的结果，而不是一种非常精确的计算
   B. 采用变动成本法不利于企业加强成本管理工作和划分经济责任
   C. 采用变动成本法不符合收益与费用相配合的会计原则
   D. 按变动成本法计算的产品成本不符合传统成本概念的要求
   E. 变动成本法只能对短期经济决策提供最优方案的有关根据

7. 在单位产品售价和成本水平不变的情况下，下列说法正确的是（　　）。
   A. 只要各期销量相同，变动成本法计算确定的各期税前利润就相等
   B. 当会计期内产销量平衡时，变动成本法和完全成本法计算的税前利润相等
   C. 当会计期内产量大于销量时，按变动成本法计算的税前利润大于按完全成本法计算的税前利润
   D. 当期初存货大于期末存货时，按完全成本法计算的税前利润小于按变动成本法计算的税前利润
   E. 在产量不变的情况下，按完全成本法计算的各期税前利润也不变

8. 完全成本法与变动成本法对（　　）费用的处理方法相同，只是在计入损益表的位置和补偿途径方面有形式上的区别。
   A. 管理　　　　B. 销售　　　　C. 财务　　　　D. 制造
   E. 固定性制造

9. 税前利润在贡献式损益确定程序下的计算公式是（　　）。

A. 营业收入-变动成本-固定成本　　　B. 贡献边际-变动成本
C. 贡献边际-固定成本　　　　　　　　D. 营业毛利-营业费用

10. 与完全成本法不同，变动成本法（　　）。
A. 以贡献毛益总额作为计算税前利润的重要的中间指标
B. 要按成本性态进行成本分类
C. 产品成本中只包括变动生产成本，不包括固定生产成本
D. 更符合传统成本概念
E. 成本核算较简单，更有利于进行成本控制和部门业绩评价

实训项目

【实训一】

（一）目的：练习分期损益计算。
（二）资料：
某企业本年只产销一种产品，产销量和有关成本费用情况资料如表3-14所示。

表3-14　损益表　　　　　　　　　　　元

完全成本法（职能式）		变动成本法（贡献式）	
项　目	金　额	项　目	金　额
营业收入	①	营业收入	200 000
期初存货成本	0	本期销售产品生产成本	⑤
加：本期生产成本	②	变动性销售费用	8 000
减：期末存货成本	18 000	变动性管理费用	2 000
营业成本	③	贡献边际	⑥
营业毛利	④	固定性制造费用	30 000
减：销售费用	15 000	固定销售费用	⑦
管理费用	15 000	固定管理费用	⑧
营业净利润	8 000	营业净利润	⑨

（三）要求：
计算完成上列损益表中的空格。提示：⑤=③-固定性制造费用×(②-18 000)/②

【实训二】

（一）目的：练习分期损益计算。

（二）资料：

某企业 2014—2016 年产销量和有关成本费用情况资料如表 3-15 所示。

表 3-15　2014—2016 年的生产、销售和成本费用资料表　　　　　　元

产销资料					成本资料		
期间 项目	数量			合计	单位变动成本	项目	金额/元
	2014 年	2015 年	2016 年				
期初存货/台	0	1 000	2 000	0		直接材料	20
本期生产/台	6 000	6 000	6 000	18 000		直接人工	10
本期销售/台	5 000	5 000	8 000	18 000		变动性制造费用	8
期末存货/台	1 000	2 000	0	0		变动性销售管理费用	5
产品单位售价/元	60				固定成本总额	固定性制造费用	40 000
						固定性销售管理费用	10 000

（三）要求：

根据以上资料，分别用完全成本法和变动成本法计算各年税前净利。

【实训三】

（一）目的：练习分期损益计算。

（二）资料：

某企业 2015—2017 年产销量和有关成本费用情况资料如表 3-16 所示。

表 3-16　2015—2017 年的生产、销售和成本费用资料表　　　　　　元

项目		2015 年	2016 年	2017 年
期初存货		—	2 000	2 000
本期投产完工		10 000	10 000	10 000
本期销售		8 000	10 000	12 000
期末存货		2 000	2 000	—
销售单价		20	20	20
制造成本	单位变动成本	10	10	10
	固定性制造费用	10 000	10 000	10 000
销售费用（全为固定性）		10 000	10 000	10 000
管理费用（全为固定性）		5 000	5 000	5 000

(三) 要求:
根据以上资料,分别用完全成本法和变动成本法计算营业净利润。

思考与练习

(1) 在变动成本法中,为什么要提出产品成本与期间成本这两个名词?它们的理论根据是什么?
(2) 变动成本法与完全成本法在编制损益表方面有何差别?
(3) 变动成本法和完全成本法有哪些区别?
(4) 变动成本法有何优点和不足?

第4章
本量利分析原理

> ▶ 知识目标
>
> （1）理解本量利分析的基本含义、主要作用和基本假定。熟练掌握本量利分析的基本公式和贡献边际及其相关指标的计算公式。明确本量利分析的基本内容。
> （2）理解保本分析的基本概念。熟练掌握保本点的确定方法和保本状态的判断方法。
> （3）理解安全程度的评价指标。熟练掌握安全程度的评价指标计算方法。
> （4）熟练掌握单一品种下保利分析的基本原理及相关指标的计算。
> （5）理解本量利敏感性分析的含义。熟练掌握本量利敏感性分析方法及其应用。
> （6）结合本量利分析有关计算公式，看懂各种本量利分析图。
> （7）理解多品种条件下的本量利分析方法，熟练掌握多品种条件下保本额和保利额的计算。
>
> ▶ 技能目标
>
> （1）能运用本量利分析的基本原理和方法，熟练计算保本点、保利点、贡献边际和安全程度等相关系列指标。
> （2）能利用给定的本量利资料，粗略绘制本量利分析图。

4.1 本量利分析概述

4.1.1 本量利分析的基本含义

本量利分析（CVP 分析）是成本—业务量—利润关系分析的简称，是指在变动成本计算模式的基础上，以数学化的会计模型与图式来揭示固定成本、变动成本、销售量、单价、销售额、利润等变量之间的内在规律性联系，为会计预测、决策和规划提供必要的财务信息的一种定量分析方法。

4.1.2 本量利分析的意义

早在 1904 年美国就已经出现了有关最原始的本量利分析图的文字记载。20 世纪 50 年代以后，本量利分析技术在西方会计实践中得到广泛应用，其理论日臻完善，成为现代管理会计学的重要组成部分。80年代初，我国引进了本量利分析理论，它作为加强企业内部管理的一项有效措施，可以为企业的预测和决策提供十分有用的资料。借助于这种方法，企业可以预测需要销售多少数量的产品才能保本，或者预测在一定的销售数量下能获得多少利润，或者要获得一定的利润，必须销售多少产品才行，以及为了保证一定的利润，在产品单价下降后，必须增加多少销售数量才行。正是由于其主要两部分内容——盈亏平衡分析和实现目标利润分析，打破了传统会计对成本、业务量、利润三者间关系的认识，开辟了一条崭新的分析本量利关系的思路，因而受到广大经营管理人员的青睐。目前，无论在西方还是我国，本量利分析的应用都十分广泛。

本量利分析是管理会计的基本方法之一，其作用主要有以下几个方面：

（1）应用于保本分析。将本量利分析和预测技术相结合，可以进行保本预测，确定保本销售量（额），进而预测利润，编制利润计划。

（2）应用于目标控制。将本量利分析用于目标控制，可以确定实现目标利润所需控制的目标销售量（额）以及目标成本水平，从而有效地进行目标管理。

（3）进行风险分析。将本量利分析与风险分析结合起来，可以分析企业的经营安全性指标，确定企业经营的安全状态；还可以促使企业重视经营杠杆的作用，努力降低风险。

（4）进行生产决策。通过本量利分析，可以进行生产工艺选择的决策、产品品种和生产数量的决策、产品竞争决策以及定价决策等。

本量利分析除了上述作用以外，还可以应用于企业投资不确定性分析、全面预算、成本控制和责任会计等。

4.1.3　本量利分析的基本假定

本量利分析所建立和使用的有关数学模型和图形，是以下列基本假定为前提条件的，它们是：

1. 成本性态分析的假定

假定成本性态分析工作已经完成，全部成本已经被区分为变动成本与固定成本两部分，有关的成本性态模型已经建立起来。

2. 相关范围及线性假定

假定在相关范围内固定成本总额的不变性和变动成本单位额的不变性，成本函数表现为线性方程；同时，在相关范围内，单价也不因产销业务量变化而改变，销售收入也是直线方程。这一假定排除了在时间和业务量变动的情况下，各生产要素的价格（原材料、工资率等）、技术条件、工作效率和生产率以及市场条件变化的可能性。总之，假定在一定期间和一定业务量范围内，成本与销售收入分别表现为一条直线。

3. 产销平衡的假设

产销基本平衡，即期初、期末的产成品存货数量不变。也就是生产出来的产品总是可以找到市场出售，实现产销平衡。这主要是因为产量的变动影响到成本的高低，而销量的变动则影响到收入的多少。假定产销平衡可使本量利分析不受存货量变化的影响，计算分析就较为简单。

4. 产销品种结构稳定的假设

这种假设仅与同时生产和销售多种产品的企业有关，其含义是假定在产销多种产品的情况下，各种产品的产销额在全部产品产销总额中所占的比重并不发生变化。强调这一点是为了减少问题的复杂性，由于每种产品的贡献边际率不等，对企业的利润和盈亏临界点都会产生一定的影响。

5. 变动成本法的假定

假定产品成本是按变动成本法计算的，即产品成本中只包括变动生产成本，而所有的固定成本（包括固定性制造费用在内）均作为期间成本处理。

6. 目标利润的假定

在西方管理会计学本量利分析中的利润，通常是指"息税前利润"，在我国由于没有这个概念，只能从营业净利润、利润总额或净利润三个指标中选一个，考虑到营业净利润与成本、业务量的关系比较密切，在本书的本量利分析中，除了特殊说明外，利润因素总是指营业净利润（当然，在假定营业外收支净额与投资净损益之和为零的条件下，营业净利润等于利润总额）。为了简化分析过程，当利润因素为自变量时，总是假定有关利润指标是事先已知的目标利润，至于如何开展目标利润的预测问题将留待第5章讨论。

以上是一些主要的基本假设。从这些基本假设来看，均有一个共同的特点，就是假设进行本量利分析所需的数据在相关范围内基本处于静止状态。有了上述假定，就可以十分便利地使用简单的数学模型或图形来揭示成本、业务量和利润等诸因素之间联系的规律性。

进行本量利分析时，还应明确在市场经济条件下，各种因素都在不同程度地变化着。因此，通过本量利分析得出的结果，也只可能是一种近似值，而不是精确的结果。虽然本量利分析方法有上述局限性，但只要在分析时做到心中有数，并对分析的结果做适当调整，那么，提供的数据对企业管理人员进行经营预测、决策和规划，仍具有十分重要的参考价值。

4.1.4 本量利关系的基本公式

本量利分析所考虑的相关因素主要包括固定成本 a、单位变动成本 b、销售量 x、单价 p、销售收入 px 和营业净利润 P 等。这些变量之间的关系可用下式进行反映。

$$\begin{align}
\text{营业净利润 } P &= \text{销售收入} - \text{总成本} \\
&= px - (a+bx) \tag{4-1} \\
&= \text{销售收入} - \text{变动成本} - \text{固定成本} \\
&= px - bx - a \tag{4-2} \\
&= \text{单价} \times \text{销售量} - \text{单位变动成本} \times \text{销售量} - \text{固定成本} \\
&= px - bx - a \tag{4-3} \\
&= (\text{单价} - \text{单位变动成本}) \times \text{销售量} - \text{固定成本} \\
&= (p-b)x - a \tag{4-4}
\end{align}$$

由于本量利分析的数学模型是在上述公式的基础上建立起来的，故可将该式称为本量利关系基本公式。

4.1.5 贡献边际及其相关指标的计算公式

在本量利分析中,贡献边际是一个十分重要的概念。其相关指标除了主要以总额(记作 Tcm)表示外,还有单位贡献边际(记作 cm)和贡献边际率(记作 cmR)两种形式。所谓贡献边际是指产品的销售收入与相应变动成本之间的差额,又称边际贡献、贡献毛益、边际利润或创利额。

所谓单位贡献边际是指产品的销售单价减去单位变动成本后的差额,亦可用贡献边际总额除以有关销售量求得。

所谓贡献边际率是指贡献边际总额占销售收入总额的百分比,又等于单位贡献边际占销售单价的百分比。

贡献边际的这三种形式可以互相换算,公式如下:

$$Tcm(贡献边际) = 销售收入 - 变动成本 = px - bx \tag{4-5}$$

$$= 单位贡献边际 \times 销售量 = cm \cdot x \tag{4-6}$$

$$= 销售收入 \times 贡献边际率 = px \cdot cmR \tag{4-7}$$

$$cm(单位贡献边际) = 单价 - 单位变动成本 = p - b \tag{4-8}$$

$$= 贡献边际 / 销售量 = Tcm/x \tag{4-9}$$

$$= 销售单价 \times 贡献边际率 = p \cdot cmR \tag{4-10}$$

$$cmR(贡献边际率) = 贡献边际 / 销售收入 \times 100\% = Tcm/px \times 100\% \tag{4-11}$$

$$= 单位贡献边际 / 单价 \times 100\% = cm/p \times 100\% \tag{4-12}$$

根据本量利基本公式,贡献边际、固定成本及营业净利润三者之间的关系可用下式表示:

$$P(营业净利润) = 贡献边际 - 固定成本 = Tcm - a \tag{4-13}$$

从这一计算公式可看出,企业各种产品提供的贡献边际,虽然不是企业的营业净利润,但它与企业的营业净利润的形成有着密切的关系。因为贡献边际首先用于补偿企业的固定成本,只有当贡献边际大于固定成本时才能为企业提供利润,否则企业将会出现亏损。

在式(4-13)的基础上,还可以推导出以下变形公式:

$$Tcm(贡献边际) = 固定成本 + 营业净利润 = a + P \tag{4-14}$$

$$a(固定成本) = 贡献边际 - 营业净利润 = Tcm - P \tag{4-15}$$

与贡献边际率密切关联的指标是变动成本率。所谓变动成本率(用 bR 表示)是指变动成本占销售收入的百分比,或指单位变动成本占销售单价的百分比。公式是:

$$bR(变动成本率) = 变动成本 / 销售收入 \times 100\% = bx/px \times 100\% \tag{4-16}$$

$$= 单位变动成本 / 单价 \times 100\% = b/p \times 100\% \tag{4-17}$$

将贡献边际率与变动成本率两指标联系起来考虑,可以得出以下关系式:

$$cmR(贡献边际率) = 1 - 变动成本率 = 1 - bR \tag{4-18}$$

$$bR(变动成本率) = 1 - 贡献边际率 = 1 - cmR \tag{4-19}$$

可见,贡献边际率与变动成本率属于互补性质,变动成本率高的企业,则贡献边际率低,创利能力小;反之,变动成本率低的企业,则贡献边际率高,创利能力大。

以上指标的计算公式及其变形公式在管理会计中十分重要，必须在理解的基础上熟练掌握，以便灵活运用。

【例4-1】已知甲企业只生产A产品，单价p为14元/台，单位变动成本b为7.84元/台，固定成本a为50 000元。2017年生产经营能力为14 000台。

要求：(1) 计算全部贡献边际指标；(2) 计算营业净利润；(3) 计算变动成本率；(4) 验证贡献边际率与变动成本率的关系。

解：cm(单位贡献边际)$= p - b = 14 - 7.84 = 6.16$（元/台）

Tcm(贡献边际)$= cm \cdot x = 6.16 \times 14\,000 = 86\,240$（元）

cmR(贡献边际率)$= Tcm/px \times 100\% = 86\,240/196\,000 \times 100\% = 44\%$

P(营业净利润)$= Tcm - a = 86\,240 - 50\,000 = 36\,240$（元）

bR(变动成本率)$= b/p \times 100\% = 7.84/14 \times 100\% = 56\%$

贡献边际率+变动成本率$= cmR + bR = 44\% + 56\% = 1$

答：(略)。

贡献边际既不等同于传统会计中的销售毛利，也不等同于利润，那么，计算贡献边际有何意义呢？

计算贡献边际的意义从下式可见。因为

利润＝销售收入－变动成本－固定成本＝贡献边际－固定成本，

所以，当贡献边际大于固定成本时，企业为盈利；当贡献边际小于固定成本时，企业为亏损；当贡献边际等于固定成本时，不盈也不亏。当企业的固定成本为已知数时，只要计算出了企业的贡献边际额，即可知道企业的盈亏情况；如果知道一种产品的贡献边际也就可以知道这种产品的盈利能力。通过贡献边际指标可以了解每种产品的盈利能力及它们在企业生产经营过程中所做的贡献大小，所以，贡献边际的作用可以提供关于一个企业或一种产品的盈利能力的情况，它是企业经营决策和利润计算的重要依据。

4.1.6 本量利分析的基本内容

本量利分析包括以下基本内容：
(1) 单一品种的保本分析；
(2) 盈利条件下单一品种的本量利分析；
(3) 单一品种的本量利分析图；
(4) 多品种条件下的本量利分析。

4.2 单一品种的保本分析

4.2.1 保本分析的基本概念

所谓保本，就是指企业在一定时期内的收支相等、盈亏平衡、不盈不亏、利润为零。当企业处于这种收支相等、损益平衡、不盈不亏、利润为零的特殊情况时，称为企业达到保本状态。用公式表示为：销售收入=销售成本，贡献边际=固定成本。

保本分析就是研究当企业恰好处于保本状态时本量利关系的一种定量分析方法。它是确定企业经营安全程度和进行保利分析的基础，又叫盈亏临界分析、损益平衡分析、两平分析、够本分析等。保本分析的关键是保本点的确定。

4.2.2 保本点的确定

1. 保本点的含义

保本点是指能使企业达到保本状态的业务量的总称。即在该业务量水平上，企业收入与变动成本之差刚好与固定成本持平。稍微增加一点业务量，企业就有盈利；反之，稍微减少一点业务量就会导致亏损发生。保本点又称盈亏临界点、盈亏平衡点、盈亏两平点、损益两平点、损益分界点、损益转折点、损益均衡点、损益平衡点和够本点等。为简化起见将其写作 BEP。

2. 保本点的表现形式

单一品种的保本点有两种表现形式：一是保本点销售量（简称保本量），一是保本点销售额（简称保本额）。前者以实物表示，后者以货币价值量表示。它们都是标志企业达到收支平衡实现保本的销售业务量指标。在以平面直角坐标系为基础的单一品种保本图上，保本点 BEP 是由上述两个坐标决定其所在位置的，因此，保本点的确定就是计算保本量和保本额的数值或确定其位置的过程。

3. 单一品种保本点的确定方法

单一品种的保本点可分别按图解法、基本等式法和贡献边际法确定。

1）图解法

图解法是指通过绘制保本图来确定保本点位置的一种方法。该法的原理是当总收入等于总成本时，企业恰好保本。

典型的保本图是绘制在平面直角坐标系上的。该坐标图的横轴 Ox 表示销售量，纵轴 Oy 表示销售收入和成本。在此图上画出总销售收入线和总成本线，若两条直线相交，其交点就是保本点。据此可以读出保本量和保本额的数值。根据【例 4-1】资料，介绍作图步骤如下。

① 建立坐标图，横轴 x 表示数量，纵轴 y 表示金额。

② 画一条代表固定成本 a 的与横轴平行的线（甲公司的固定成本为 50 000 元）。

③ 任选某个大于零的销售数量（如甲公司销售量 8 000 台），再根据这个销售量，确定销售收入总额和销售成本总额，并在图上作总销售收入线和总销售成本线。

$$销售收入总额=14×8\ 000=112\ 000（元）$$
$$销售成本总额=7.84×8\ 000+50\ 000=112\ 720（元）$$

④ 总销售收入线与总销售成本线的相交点即为保本点，该点所对应的数量为保本销售数量；该点所对应的金额为保本销售金额。由图 4-1 可知，甲公司的保本销售数量约 8 120 台，保本销售金额约 113 680 元。

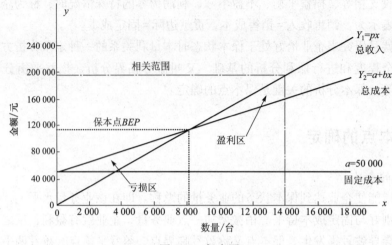

图 4-1 保本图

⑤ 确定盈利区和亏损区。在保本点以下的总收入线与总成本线相夹的区域为亏损区,该区域中的任何一点所对应的销售数量和销售金额都达不到保本的要求;在保本点以上的总收入线与总成本线相夹的区域为盈利区,该区域中的任何一点所对应的销售数量和销售金额都超过了保本点。

⑥ 确定相关范围。因为绘制图表的前提是假设在相关范围内,各种因素(如固定成本、销售单价、单位变动成本等)都不发生变化,所以需要注明相关范围,该图才有效。

绘制保本图,可以比较直观地反映数量、成本、利润和价格等因素之间的关系。但由于绘图比较麻烦,而且保本量和保本额数值的确定都需要在数轴上读出,因此结果可能不十分准确。

保本图是管理人员在计划和控制经济活动时一个十分有用的工具,但绘制保本图的前提是制图必须精确。在可能的情况下,绘图时可以采用数学计算加以验证。

2)公式计算法

① 基本等式法。又称方程式法,是指在本量利关系基本公式的基础上,根据保本点的定义,先求出保本量,再推算保本额的一种方法。其基本公式为

$$x_0(保本量) = 固定成本/(单价-单位变动成本) = a/(p-b), \quad (4-20)$$
$$y_0(保本额) = 单价 \times 保本量 = px_0. \quad (4-21)$$

按此法,只要知道单价 p,固定成本 a 和单位变动成本 b,便可以求得保本点 x_0 和 y_0。

【例 4-2】 仍按【例 4-1】资料。

要求:按基本等式法计算该企业的保本点指标。

解:

$$x_0(保本量) = a/(p-b) = 50\ 000/(14-7.84) \approx 8\ 117\ (台)$$
$$y_0(保本额) = px_0 = 14 \times 8\ 117 = 113\ 638\ (元)$$

答: 该企业保本量为 8 117 台,保本额为 113 638(元)。

② 贡献边际等式法。它是指利用贡献边际与业务量、利润之间的关系的等式直接计算保本量和保本额的一种方法。它是在基本等式法的基础上发展起来的。其基本公式是

$$x_0(\text{保本量}) = \text{固定成本}/\text{单位贡献边际} = a/cm, \quad (4-22)$$
$$y_0(\text{保本额}) = \text{固定成本}/\text{贡献边际率} = a/cmR \quad (4-23)$$
$$= \text{固定成本}/(1-\text{变动成本率}) = a/(1-bR). \quad (4-24)$$

显然，此法可以同时计算保本点 x_0 和 y_0。

【例 4-3】 仍按【例 4-1】资料。

要求：按贡献边际等式法计算该企业的保本点指标。

解：
$$x_0(\text{保本量}) = a/cm = 50\ 000/6.16 \approx 8\ 117\ （台）$$
$$y_0(\text{保本额}) = a/cmR = 50\ 000/44\% \approx 113\ 636\ （元）$$

答：该企业保本量为 8 117 台，保本额为 113 636 元。

4.2.3 企业经营安全程度的评价指标

1. 安全边际指标

企业进行经营，最低限度是要保本，不盈不亏，在此基础上，再争取获得尽可能多的利润，以达到目标利润。但有时企业的业绩虽然超过了保本点，却不一定能达到目标利润。这时，就涉及安全边际问题。

安全边际是指根据现有（实际）或预计（计划）的销售业务量（包括销售量和销售额两种形式，分别记作 x_1 和 y_1）与保本点业务量之间的差量所确定的定量指标。包括绝对量和相对量两种形式：安全边际的绝对量，具体又分为安全边际销售量（以下简称安全边际量，记作 MS 量）和安全边际销售额（以下简称安全边际额，记作 MS 额）；安全边际相对量，又称安全边际率（记作 MSR）。

1) 绝对量指标的计算公式

$$\text{安全边际量(MS 量)} = \text{现有或预计的销售量} - \text{保本量} = x_1 - x_0 \quad (4-25)$$
$$\text{安全边际额(MS 额)} = \text{现有或预计的销售额} - \text{保本额} = y_1 - y_0 \quad (4-26)$$

显然，安全边际量与安全边际额有如下关系：

$$\text{安全边际额(MS 额)} = \text{单价} \times \text{安全边际量} = p \times \text{MS 量}. \quad (4-27)$$

绝对量指标反映出计划或实际的销售业务量与保本销售业务量之间的差距，反映出企业的销售活动在保本的基础上可以上下波动的范围亦即安全程度。上下波动的范围越大，说明安全边际数额也越大，企业的经营活动也就越安全。

2) 相对量指标的计算公式

$$MSR(\text{安全边际率}) = \text{安全边际量}/\text{现有或预计的销售量} \times 100\%$$
$$= \text{MS 量}/x_1 \times 100\% \quad (4-28)$$
$$= \text{安全边际额}/\text{现有或预计的销售额} \times 100\%$$
$$= \text{MS 额}/y_1 \times 100\% \quad (4-29)$$

安全边际率反映出企业经营的安全程度。

安全边际绝对量指标与安全边际相对量指标都是正指标，即越大越好。西方一般用安全边际率来评价企业经营的安全程度，表 4-1 列示了安全边际率与评价企业经营安全程度的一般标准。

表 4-1 企业经营安全性检验标准

安全边际率	10%以下	10%~20%	20%~30%	30%~40%	40%以上
安全程度	危险	值得注意	较安全	安全	很安全

在目标利润和安全边际既定的情况下，保本点指标还可根据以下公式计算：

$$x_0（保本量）= \frac{固定成本}{单位贡献边际}$$

$$= \frac{固定成本}{目标利润/安全边际量}$$

$$= a \cdot \frac{MS\ 量}{P} \tag{4-30}$$

$$y_0（保本额）= \frac{固定成本}{贡献边际率}$$

$$= \frac{固定成本}{目标利润/安全边际额}$$

$$= a \cdot \frac{MS\ 额}{P} \tag{4-31}$$

2. 保本作业率指标

保本作业率又叫"危险率"（记作 dR），是指保本点业务量占现有或预计销售业务量的百分比，该指标是一个反指标，越小说明越安全。其计算公式为

$$dR(保本作业率) = 保本量/现有或预计的销售量 \times 100\%$$

$$= x_0/x_1 \times 100\% \tag{4-32}$$

$$= 保本额/现有或预计的销售额 \times 100\%$$

$$= y_0/y_1 \times 100\% \tag{4-33}$$

安全边际率与保本作业率的关系是

$$安全边际率 + 保本作业率 = MSR + dR = 1 \tag{4-34}$$

【例 4-4】仍按【例 4-1】资料。

要求：（1）计算该企业的安全边际指标；

（2）计算该企业的保本作业率；

（3）验证安全边际率与保本作业率的关系；

（4）评价该企业的经营安全程度。

解：安全边际量(MS 量) = $x_1 - x_0$ = 14 000 - 8 117 = 5 883（台）

安全边际额(MS 额) = $y_1 - y_0$ = 196 000 - 113 638 = 82 362（元）

MSR(安全边际率) = MS 量/x_1 × 100% = 5 883/14 000 ≈ 42%

dR(保本作业率) = x_0/x_1 × 100% = 8 117/14 000 ≈ 58%

安全边际率 + 保本作业率 = 42% + 58% = 1

答：因为安全边际率为 42%，所以可以断定该企业处于很安全状态。

【例 4-5】 甲企业本期的盈亏临界点销售量为 500 件,单位售价为 300 元,实际销量为 800 件,假定下期的单价、单位变动成本与固定成本总额均不变,预计下期销量将达 1 000 件。

要求:
(1) 计算甲企业本期的安全边际指标;
(2) 判断下期的盈亏临界点销售量;
(3) 计算甲企业下期的安全边际指标;
(4) 评价甲企业在本期和下期的经营安全程度。

解:
(1) 本期安全边际量(MS 量)= x_1-x_0 = 800-500 = 300 (件)

  本期安全边际额(MS 额)= y_1-y_0 = 300×300 = 90 000 (元)

  MSR(本期安全边际率)= MS 量/x_1×100% = 300/800×100% = 37.5%

(2) 由于下期的价格水平和成本水平都不变,因此该企业盈亏临界点的销售量也不变,仍为 500 件。

(3) 下期安全边际量(MS 量)= x_1-x_0 = 1 000-500 = 500 (件)

  下期安全边际额(MS 额)= y_1-y_0 = 500×300 = 150 000 (元)

  MSR(下期安全边际率)= MS 量/x_1×100% = 500/1 000×100% = 50%

(4) 因为本期甲企业的安全边际率为 37.5%,位于 30%~40%,所以属于"安全",由于下期预计的安全边际率高达 50%,大于 40%,因此可判定甲企业经营状况将"很安全"。

3. 安全边际指标与利润的关系

由于安全边际表明在完全补偿固定成本后企业仍能实现的销售量或销售额,在这种情况下,每增加一个单位的销售,其贡献边际便全部转化为企业的利润,因此,根据安全边际指标,我们也可得出企业的利润指标。

$$\text{利润} = \text{单位贡献边际} \times \text{安全边际销售量}$$
$$= cm \times \text{MS 量} \tag{4-35}$$
$$= \text{贡献边际率} \times \text{安全边际销售额}$$
$$= cmR \times \text{MS 额} \tag{4-36}$$
$$\text{销售利润率} = \text{贡献边际率} \times \text{安全边际率}$$
$$= cmR \cdot MSR \tag{4-37}$$

以上公式可按以下过程推导出来:

利润=销售收入-变动成本-固定成本

　　=单位售价×销量-单位变动成本×销量-单位贡献边际×
　　　盈亏临界点销售量

　　=(单位售价-单位变动成本)×销量-单位贡献边际×
　　　盈亏临界点销售量

　　=单位贡献边际×销量-单位贡献边际×盈亏临界点销售量

　　=单位贡献边际×(销量-盈亏临界点销售量)

　　=单位贡献边际×安全边际销售量

或

$$\text{利润} = \text{单位贡献边际} \div \text{单位售价} \times \text{单位售价} \times \text{安全边际销售量}$$
$$= \text{贡献边际率} \times \text{安全边际额}$$

从以上公式也可以看出，超过保本点以上的安全边际所提供的贡献边际额就是利润，因为保本点业务量所创造的贡献边际恰好够补偿固定成本。

$$\text{销售利润率} = \frac{\text{销售利润}}{\text{销售收入}}$$
$$= \frac{\text{贡献边际率} \times \text{安全边际额}}{\text{销售收入}}$$
$$= \text{贡献边际率} \times \text{安全边际率}$$

这表明，企业销售利润率的水平受到贡献边际率和安全边际率两个因素的共同影响。

【例 4-6】 乙公司经营单一商品，预计计划期的销量为 800 件，该商品单价为 50 元，单位变动成本 30 元，固定成本 12 000 元，试计算该商品的销售利润与销售利润率。

解：
（1）单位贡献边际=销售单价-单位变动成本=50-30=20（元）
（2）销售利润=单位贡献边际×安全边际销售量
因为：安全边际销售量=预计销售量-盈亏临界点销售量
$$= 800 - 12\ 000 \div (50 - 30) = 800 - 600 = 200 \text{（件）}$$
所以：销售利润额=20×200=4 000（元）
（3）销售利润率=贡献边际率×安全边际率
$$= 20 \div 50 \times 200 \div 800 \times 100\% = 10\%$$

如果按传统计算方法计算：
销售利润=销售收入-变动成本-固定成本
$$= 800 \times 50 - 800 \times 30 - 12\ 000 = 4\ 000 \text{（元）}$$
销售利润率=销售利润/销售收入×100%
$$= 4\ 000 \div (800 \times 50) \times 100\% = 10\%$$

不难看出，两种方法的计算结果完全相同。

4. 安全边际图

安全边际还可用图来表示，如图 4-2 所示。

从图 4-2 可见，一种产品的安全边际距离越长，经营这种产品就越安全；如果安全边际距离很短，经营这种产品就很不安全，因为销售金额或销售数量稍有下降，企业就会发生亏损。如果某些产品安全边际太小因而经营起来显得不安全，则企业可采用降低保本点或提高销售水平的方法来扩大其安全边际。但安全边际不能随意改变，需要通过对企业的经营活动进行全面分析后才可决策。

4.2.4 保本状态的判断

一般情况下，在一定时期内，若某企业不盈不亏、收支相等、利润为零、贡献边际等于

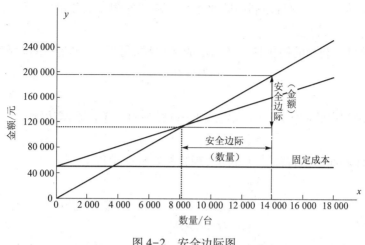

图 4-2 安全边际图

固定成本、安全边际各项指标均为零、保本作业率为 100%，则可以断定该企业一定是处于保本状态。

4.3 单一品种的保利分析

4.3.1 保利分析的意义

保本分析是比较特殊的本量利分析，它以利润为零、企业不盈不亏为前提条件。经过这样抽象处理，可以简化本量利分析过程，便于建立定量化模型。但是本量利分析不应当停留在如此简单的水平上。因为企业不但要保本，还要有盈利，企业不能实现盈利是不正常的。因此，只有在考虑到盈利存在的条件下才能充分揭示成本、业务量和利润之间正常的关系。

至于为什么不提亏损条件下的本量利分析，其原因有二：第一是因为亏损属于非正常情况；第二是因为亏损是利润的相反数，按盈利条件所建立的本量利分析模型和结论可以在一定程度上适用于亏损条件分析。

由于现实中的成本、业务量和利润诸因素之间往往存在着错综复杂的制约关系，为简化盈利条件下的本量利分析，在研究任何一个因素时，总要假定其他制约因素是已知或不变的。因此，盈利条件下的本量利分析实质上是逐一描述业务量、成本、单价、利润等因素相对于其他因素而存在的定量关系的过程。

4.3.2 保利的业务量分析

1. 实现目标利润业务量的计算

所谓实现目标利润（目标利润简记作 TP）的业务量，是指在单价和成本水平既定的情况下，为确保事先确定的目标利润能够实现而应当达到的销售量（记作 x_2）和销售额（记

作 y_2) 的统称。为此，实现目标利润的业务量又称"保利点业务量"，有关的计算公式又被称作"保利公式"，它们包括：

x_2(实现目标利润的销售量) = (固定成本+目标利润)/(单价-单位变动成本)
$$= (a+TP)/(p-b) \quad (4\text{-}38)$$

或

x_2(实现目标利润的销售量) = (固定成本+目标利润)/单位贡献边际
$$= (a+TP)/cm, \quad (4\text{-}39)$$

y_2(实现目标利润的销售额) = 单价×实现目标利润的销售量
$$= p \cdot x_2 \quad (4\text{-}40)$$
$$= (固定成本+目标利润)/贡献边际率$$
$$= (a+TP)/cmR. \quad (4\text{-}41)$$

【例 4-7】 丙企业在计划期间生产一种 A 产品，单位售价 520 元，单位变动成本 338 元，固定成本总额 36 000 元，目标利润 55 000 元。

要求：确定该企业为实现目标利润所需要的销售量和销售额。

解：

将有关数据代入上述公式即得：

x_2(实现目标利润的销售量) = (36 000+55 000)÷(520-338) = 500（件）

y_2(实现目标利润的销售额) = (36 000+55 000)÷(520-338)×520
$$= 260\ 000\ （元）$$

答： 在现有条件下，该企业为实现 55 000 元的目标利润，应使 A 产品产销量达到 500 件，或者使销售收入达到 260 000 元。

2. 实现目标净利润业务量的计算

目标净利润（以下简记为 TTP）是指企业在一定时期应该实现的税后利润目标，这也是利润规划中的一个重要指标。因为只有净利润才是企业可能实际支配的盈利，才能用于提取盈余公积、分配利润。企业领导必然要求管理会计根据事先确定的目标净利润这一指标，进行相应分析，其中，计算为确保目标净利润的实现而应当达到的销售量和销售额，就是一项重要的任务。实现目标净利润业务量的计算公式如下：

$$\text{实现目标净利润的销售量} = \frac{\text{固定成本}+\text{实现目标净利}/(1-\text{所得税率})}{\text{单位贡献边际}}$$

$$= \frac{a+TTP/(1-tR)}{cm} \quad (4\text{-}42)$$

$$\text{实现目标净利润的销售额} = \frac{\text{固定成本}+\text{实现目标净利}/(1-\text{所得税率})}{\text{单位贡献边际率}}$$

$$= \frac{a+TTP/(1-tR)}{cmR} \quad (4\text{-}43)$$

上式中，tR 为所得税率。

【例 4-8】 仍按【例 4-7】资料，假定该年的目标净利润 TTP 为 41 250 元，所得税率 tR 为 25%，价格和成本水平同上年完全相同。

要求：计算该年实现目标净利润的业务量。

解：

$$实现目标净利润的销售量 = \frac{a + TTP/(1-tR)}{cm}$$

$$= \frac{36\ 000 + 41\ 250 \div (1-25\%)}{182} = 500\ （件）$$

$$实现目标净利润的销售额 = \frac{a + TTP/(1-tR)}{cmR}$$

$$= \frac{36\ 000 + 41\ 250 \div (1-25\%)}{35\%} = 260\ 000\ （元）$$

答： 在现有条件下，该企业为实现 41 250 元的目标净利润，应使 A 产品产销量达到 500 件，或者使销售收入达到 260 000 元。

3. 保本点业务量、实现目标利润业务量及实现目标净利润业务量的计算公式对比

从保本点业务量、实现目标利润业务量及实现目标净利润业务量的计算公式对比中可见，不论是保本分析还是盈利分析，凡计算有关销售量指标时，均以单位贡献边际为分母；凡计算有关销售额指标时，则都用贡献边际率作分母，这是它们共性之所在。但这些公式的分子是不同的，这就决定了在生产单一品种的条件下，影响保本点的因素有三个，影响保利点的因素有四个，而影响实现目标净利润业务量的因素有五个。其中，计算保利点的公式最为重要，因为它可以把保本公式和实现目标净利润业务量的公式联系起来。如当目标利润为零时，保利点的公式就自动转变为保本点公式；当要求计算实现目标净利润业务量时，将所得税因素考虑进去，套用实现目标净利润业务量的计算公式即可求得。

4.3.3 保利的成本分析

在其他因素既定的条件下，往往需要了解成本水平达到什么程度才能实现目标利润，于是有以下公式可供参考。

$$实现目标利润应达到的单位变动成本 = \frac{销售额 - 固定成本 - 目标利润}{销售量}$$

$$= \frac{y - a - TP}{x} \tag{4-44}$$

$$= 单价 - \frac{固定成本 + 目标利润}{销售量}$$

$$= p - \frac{a + TP}{x} \tag{4-45}$$

实现目标利润应达到的固定成本 = 销售额 − 变动成本 − 目标利润

= 贡献边际 − 目标利润

= 销售额 × 贡献边际率 − 目标利润

= 销售额 × (1 − 变动成本率) − 目标利润

$$=单位贡献边际×销售量-目标利润$$
$$=(单价-单位变动成本)×销售量-目标利润 \tag{4-46}$$

上述公式可用于指导目标成本的预测。

4.3.4 保利的单价分析

在其他因素既定的条件下,往往需要了解销售单价达到什么水平才能实现目标利润,这时可用以下公式测算。

$$单价=(变动成本+固定成本+目标利润)/销售量$$
$$=单位变动成本+(固定成本+目标利润)/销售量$$
$$=单位变动成本+单位目标贡献边际 \tag{4-47}$$

这个公式可用于指导定价预测。

4.3.5 利润与其他因素的相关分析

利润与其他因素的关系可用以下公式表示。

$$利润=销售收入-(变动成本+固定成本)$$
$$=贡献边际总额-固定成本$$
$$=销售收入×贡献边际率-固定成本$$
$$=(单价-单位变动成本)×销售量-固定成本$$
$$=单位贡献边际×销售量-固定成本$$
$$=安全边际销售量×单位贡献边际$$
$$=安全边际销售额×贡献边际率 \tag{4-48}$$

这个公式可用于利润预测和计算。

4.4 本量利敏感性分析

本量利分析是建立在一定的假定基础之上的,如产品销售单价、单位变动成本和固定成本必须为常量等,但在企业实际经营中,这种静态平衡是不可能维持长久的。所谓敏感性分析,就是研究本量利分析的基本假定中的诸因素发生微小变化时,对保本点、保利点、安全边际和利润的影响方向和影响程度。分析的目的是把握其中影响变动的规律,以便于指导经营实践。

4.4.1 单位产品售价变动的影响

1. 单位产品售价单独变动对保本点和保利点的影响

由于单价变动会引起单位贡献边际或贡献边际率向同方向变动,使得有关保本点业务量和实现目标利润业务量计算公式的分母改变，从而会改变保本点和保利点。显然，当单价上涨时，会使单位贡献边际上升和贡献边际率上升，相应会降低保本点和保利点，使企业经营状况向好的方向发展；单价下降时，情况刚好相反。在本量利分析图 4-3 中可以看出，当单位产品售价上升时，销售收入线的斜率增大，保本点向左下方移动；即保本点由 (x_0, p_0x_0) 移动到 (x_1, p_1x_1)。

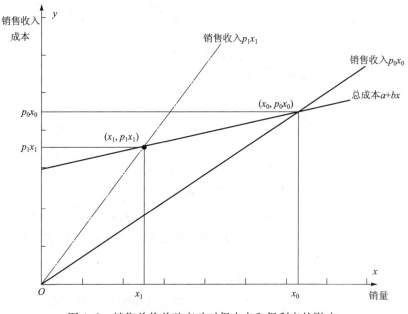

图 4-3　销售单价单独变动对保本点和保利点的影响

2. 单价单独变动对安全边际的影响

由于单价变动会引起保本点向反方向变动，因而在销售业务量既定的条件下，会使安全边际向同方向变动。即当单位产品售价上升时，销售收入线的斜率增大，保本点向左下方移动，扩大了安全边际区间。

3. 单位产品售价单独变动对利润的影响

由"利润=单位产品售价×销售量-总成本"可知，利润和单位产品售价呈同方向变动，即当单位产品售价升高或降低时，利润也相应地增加或减少。

4.4.2　单位变动成本变动的影响

1. 单位变动成本单独变动对保本点和保利点的影响

单位变动成本的变动会引起单位贡献边际或贡献边际率向相反方向变动，因而使得保本点和保利点的变动方向恰好同单位变动成本的变动方向相同。即单位变动成本上升时，会提高保本点和保利点，使企业经营状况向不利的方向发展；反之，则相反。在本量利分析图 4-4 中可以看出，当单位变动成本升高时，总成本线的斜率增大，盈亏分界点向右上方移动。即保本点由 (x_0, px_0) 移动到 (x_1, px_1)。

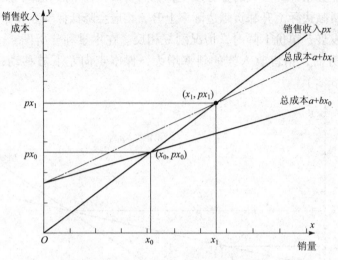

图 4-4　单位变动成本单独变动对保本点和保利点的影响

2. 单位变动成本单独变动对安全边际的影响

单位变动成本的变动会导致保本点向同方向变动,从而在销售业务量既定的条件下,会使安全边际向反方向变动。即当单位变动成本单独上升时,总成本线的斜率增大,保本点向右上方移动,缩小了安全边际区间。

3. 单位变动成本的单独变动对利润的影响

单位变动成本的变动可通过改变变动成本总额而从反方向影响利润。

4.4.3　销售量变动的影响

市场供求关系的变动以及企业促销手段的改变都可能使产品销售量发生变化,由"利润=(单位产品售价-单位变动成本)×销量-固定成本总额","保本量=固定成本÷(单位产品售价-单位变动成本)","安全边际量(MS量)= 现有或预计的销售量-保本量"可以看出,销售量的变动会引起安全边际和利润的变动,对保本点没有影响。而且,安全边际和利润会随销售量的增加(减少)而增加(减少),即两者同方向变动;利润的变动额就等于安全边际量变动量与单位贡献边际的乘积。在本量利分析图 4-5 中可以看出,当销售量升高时,保本点不变,安全边际量和利润区随销售量 $x_1 \to x_2$ 变动而扩大。

4.4.4　固定成本变动的影响

固定成本在其相关范围内是不变动的,但当企业的决策变化时,也会引起酌量性固定成本发生变动。由"利润=(单位产品售价-单位变动成本)×销量-固定成本总额","保本量=固定成本/(单位产品售价-单位变动成本)","安全边际量(MS量)= 现有或预计的销售量-保本量"可以看出,固定成本单独变动时会改变保本点和保利点业务量计算公式的分子,显然固定成本增加会使保本点和保利点提高,使企业向不利方向发展,反之则相反;固定成

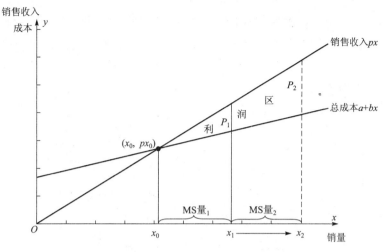

图 4-5 销售量变动对安全边际和利润的影响

本单独变动时对安全边际和利润的影响同单位变动成本变动的后果一样，因保本点的提高而缩小了安全边际和利润区间。从本量利分析图 4-6 中可以看出，当固定成本升高时，保本点向右上方移动，安全边际量和利润区随固定成本 $a_0 \to a_1$ 变动而缩小。

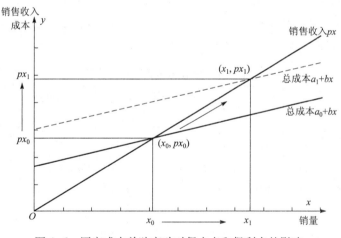

图 4-6 固定成本单独变动对保本点和保利点的影响

4.4.5 各影响因素共同变动的影响

如果以上各影响因素共同变动，那么总成本线、销售收入线都将同时发生移动，必将引起保本点和保利点发生变化，安全边际量和利润区间也将发生变化。至于保本点和保利点移动的方向、距离以及安全边际量和利润区间变动的程度，则由这些因素共同作用的结果而定。如果单位产品售价升高，而单位变动成本和固定成本总额降低，保本点和保利点必然向左下方移动，安全边际量和利润区间扩大，反之，保本点和保利点则向右上方移动，安全边际量和利润区间缩小。如果它们同时增加或者同时减少，必须经过计算才能确定。现以单位产品售价、单位变动成本、固定成本和销售量四者都提高为例,说明它们共同变动所引起的本量利分析图形的变化。在本量利分析图 4-7 中可以看出,当单位产品售价、单位变动成本、固定成本和销售量均上升时,保本点 $(x_0, p_0x_0) \to (x_1, p_1x_1)$,安全边际量和利润区随之变动。

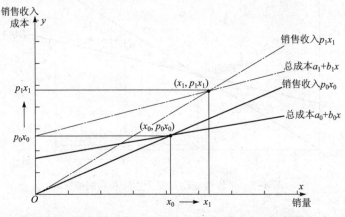

图 4-7 各影响因素共同变动对保本点和保利点的影响

现举例说明上述各因素变动的影响所引起的保本点和保利点的影响,以及对安全边际量和利润额的影响情况。

【例 4-9】假定甲公司基期和计划期 A 产品的单位变动成本、固定成本、单位产品售价及销量资料如表 4-2 所示。

表 4-2 甲公司 A 产品有关资料

影响因素	基期数量	变动幅度/%	计划期数量	保本点				安全边际				利润	
				变动前		变动后		变动前		变动后		变动前	变动后
				量	额	量	额	量	额	量	额		
p/元	12	+20	14.4	360	4 320	257	3 701	340	4 080	443	6 379	1 920	4 219
b/元	6	−8	5.52	360	4 320	333	3 996	340	4 080	367	4 404	1 920	2 244
x/件	700	+15	805	360	4 320	不变	不变	340	4 080	445	5 340	1 920	3 180
a/元	2 160	−15	1 836	360	4 320	306	3 672	340	4 080	394	4 728	1 920	2 892
注:保本点、安全边际和利润变动前后的数额,都是以一个因素变动而其他因素不变为基础计算的													

单位产品售价增加 20%,即由基期的 12 元/件提高到 14.4 元/件,那么,价格变动后的保本点、安全边际和利润数额为:

保本销售量=固定成本总额/(单位产品售价−单位变动成本)
= 2 160÷(14.4−6)≈257(件)
保本销售额=保本销售量×单位产品售价=257×14.4=3 700.8(元)
安全边际量=实际销售量−保本销售量=700−257 =443(件)
安全边际额=安全边际量×单位产品售价=443×14.4=6 379.2(元)
利润=安全边际额−固定成本=6 379.2−2 160=4 219.2(元)

单位变动成本、销售量和固定成本的变动对保本点、安全边际和利润数额的影响,可以用同样的方法进行分析,这里不再介绍了。

为了了解各因素共同变动的影响,计算各因素共同变动后的保本点、安全边际和利润数额的结果如下。

各因素变动后,单位产品售价为 14.4 元/件,单位变动成本为 5.52 元/件,销售量为 805 件,固定成本总额 1 836(元)。

保本销售量=固定成本总额/(单位产品售价-单位变动成本)
= 1 836÷(14.4-5.52)≈207 (件)
保本销售额=保本销售量×单位产品售价=207×14.4=2 980.8 (元)
安全边际量=计划销售量-保本销售量=805-207=598 (件)
安全边际额=安全边际量×单位产品售价=598×14.4=8 611.2 (元)
利润=安全边际额-固定成本=8 611.2-1 836=6 775.2 (元)

上述计算结果表明,各因素共同变动后,保本销售量和保本销售额分别由变动前的 360 件和 4 320 元下降到 207 件和 2 980.8 元;安全边际量和安全边际额分别由变动前的 340 件和 4 080 元上升到 598 件和 8 611.2 元;利润由变动前的 1 920 元增加到 6 775.2 元。

4.4.6 利润敏感性分析

1. 利润敏感性分析的意义

企业在经营中最关心的是利润。在上述的敏感性分析中,虽然讨论了有关因素变动对利润的影响,但多为定性的分析,为了预测利润对各因素变动的敏感程度,还必须进行定量的分析。即分析各个因素变动一定程度时,利润的变动程度如何。利润敏感性分析是研究当制约利润的有关因素发生某种变化时对利润所产生影响的一种定量分析方法。它对于利润预测分析,尤其是对目标利润预测有十分积极的指导意义。

我们知道影响利润的因素很多,这些因素对利润的影响程度和方向是不同的。如有些因素增长结果会导致利润增长,而另一些因素只有降低才会使利润增长;有些因素只要略有变化就会使利润发生很大的变动,而有的因素虽然变动幅度较大,却又只对利润产生微小的影响。我们称那些对利润影响大的因素为利润灵敏度高,反之则称为利润灵敏度低,从另一个角度也可以说利润对前者的敏感性高,对后者的敏感性低。显然,因素的利润灵敏度不同,人们对它们的重视程度也应有所区别。对敏感性高的因素,应当给予更多的关注;对敏感性低的因素则不必作为分析的重点。利润敏感性分析的主要任务是计算有关因素的利润灵敏度指标,揭示利润与因素之间的相对数关系。

2. 利润敏感性分析的假定

利润敏感性分析应考虑以下假定条件:

1) 有限因素的假定

为了简化分析,假定利润只受到以下因素的影响:即单价 p、单位变动成本 b、销量 x 和固定成本总额 a。并假定它们的序号 i 分别为 1,2,3,4。

2) 单独变动的假定

为了正确反映各因素对利润的影响，假定上述四因素中任一因素的变动均不会引起其他三项因素的变动。

3）利润增长的假定

为了使分析的结论具有可比性，假定每项因素的变动最终都能够导致利润增加。这就要求属于正指标的单价与销量的变动率为增长率，属于反指标的两项成本的变动率为降低率。

4）同一变动幅度假定

为了便于考察利润受各因素变动影响程度的大小，必须排除各因素变动率不一致的现象。因此，假定任一因素均按同一幅度（如1%）变动。结合第3个假定，利润敏感性分析中有关因素的变动率分别为：单价增长1%，销量增长1%，单位变动成本降低1%，固定成本降低1%。用公式表达就是

$$k_i(第 i 个因素的变动率)=(-1)^{1+i}\times 1\% \quad i=1,2,3,4 \quad (4\text{-}49)$$

式中的 k_i 代表任意第 i 个因素的变动率，上式展开后可写成

$$k_1=+1\%, k_2=-1\%, k_3=+1\%, k_4=-1\%$$

3. 利润灵敏度指标的计算及其排列规律

利润敏感性分析的关键是计算利润受各个因素影响的灵敏度指标（后者简称为因素的利润灵敏度）。某因素的利润灵敏度指标即该因素按上述假定单独变动1%后使利润增长的百分比指标。其计算公式为

$$S_i(任意第 i 个因素利润灵敏度指标)=该因素的中间变量基数/利润基数\times 1\%$$
$$=M_i/P\times 1\% \quad i=1,2,3,4 \quad (4\text{-}50)$$

式中的中间变量 M_i 是指同时符合以下两个条件的计算替代指标，即：中间变量的变动率必须等于因素的变动率；中间变量变动额的绝对值必须等于利润的变动额。显然，单价的中间变量 M_1 是销售收入 px，单位变动成本的中间变量 M_2 是变动成本总额 bx，销售量的中间变量 M_3 是贡献边际 Tcm，固定成本的中间变量 M_4 就是它本身 a。用公式表示就是

$$M_1=px,$$
$$M_2=bx,$$
$$M_3=Tcm,$$
$$M_4=a.$$

【例4-10】 甲企业只产销一种B产品，本年销售量为20 000件，每件售价为100元，单位变动成本为60元，固定成本总额300 000元，该企业拟使下年的利润在本年基础上增加20%。

要求：据此计算各因素灵敏度指标，并分析敏感指标。

解：已知利润基数 $P=20\,000\times(100-60)-300\,000=500\,000$（元），依题意计算各因素的中间变量如下。

$$M_1=px=100\times 20\,000=2\,000\,000（元）$$
$$M_2=bx=60\times 20\,000=1\,200\,000（元）$$
$$M_3=Tcm=(100-60)\times 20\,000=800\,000（元）$$
$$M_4=a=300\,000（元）$$

分别将 M_i 和 P 代入式（4-50），得

$$S_1(\text{单价的灵敏度}) = M_1/P \times 1\% = px/P \times 1\% = 2\,000\,000 \div 500\,000 \times 1\% = 4\%$$
$$S_2(\text{单位变动成本的灵敏度}) = M_2/P \times 1\% = bx/P \times 1\%$$
$$= 1\,200\,000 \div 500\,000 \times 1\% = 2.4\%$$
$$S_3(\text{销售量的灵敏度}) = M_3/P \times 1\% = Tcm/P \times 1\% = 800\,000 \div 500\,000 \times 1\%$$
$$= 1.6\%$$
$$S_4(\text{固定成本的灵敏度}) = M_4/P \times 1\% = a/P \times 1\% = 300\,000 \div 500\,000 \times 1\%$$
$$= 0.6\%$$

答:该企业的单价的灵敏度指标最高,单位变动成本的灵敏度指标次之,然后是销售量的灵敏度指标,固定成本的灵敏度指标最低。即企业利润受单价的影响最大,受固定成本的影响最小。

上例中的因素灵敏度指标的排列若用字母表示,可写成
$$S_1 > S_2 > S_3 > S_4.$$

但是,若上例中的单位变动成本小于单位贡献边际,则相应的因素灵敏度指标的排列就会改变为
$$S_1 > S_3 > S_2 > S_4.$$

同样还可以找到其他排列顺序。由此可见,因素灵敏度指标的排列并不是唯一的。尽管如此,利润灵敏度指标的排列还是有一定规律可循的。因为从利润灵敏度指标的计算公式可以看出,其排列顺序取决于各个因素的中间变量的大小。因而在企业正常盈利的条件下,利润灵敏度指标的排列有如下规律存在。

(1) 单价的灵敏度指标总是最高。
(2) 销售量的灵敏度指标不可能最低。
(3) 单价的灵敏度指标与单位变动成本的灵敏度指标之差等于销售量的灵敏度指标,即 $S_1 - S_2 = S_3$。
(4) 销售量的灵敏度指标与固定成本的灵敏度指标之差等于1%,即 $S_3 - S_4 = 1\%$。

4.5 本量利分析图

本量利分析图是将影响企业利润的成本、价格、销量、利润等诸因素集中在直角坐标平面内,以解析几何模型表示本量利之间关系的图像,也是直观形象地反映诸因素变动对利润的影响的一种本量利分析方法。也有人称之为保本图、利润图、盈亏转折图、损益平衡图或利润规划图。根据资料的多少和要求的不同,本量利分析图有多种表示方式。这些图不仅能反映出固定成本、变动成本、销售量、销售收入和保本点、亏损区和利润区,而且还可以反映贡献边际、安全边际以及相关范围,甚至可以提供单价、单位变动成本和单位贡献边际的水平。引入这种图示法的分析方法,有助于我们加深对本量利关系的了解。

4.5.1 传统式本量利分析图

最常见的图形是传统式本量利分析图,其特点是将固定成本置于变动成本之下,进而能

清楚地反映出固定成本不随业务量变动的成本特性，同时还揭示安全边际、保本点、利润三角区与亏损三角区的关系。在绘制传统式本量利分析图时，通常以纵轴表示销售收入、成本及利润，以横轴表示销售量、销售额等业务量。按坐标图横轴所代表的业务量不同又可将其分为数量式本量利分析图，也称标准本量利分析图，如图 4-8 所示，金额式本量利分析图，如图 4-9 所示。

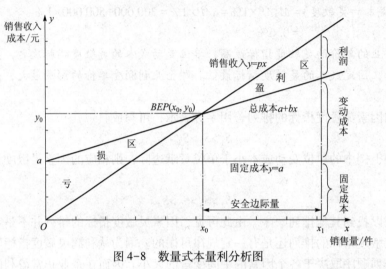

图 4-8　数量式本量利分析图

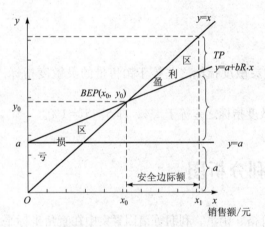

图 4-9　金额式本量利分析图

数量式本量利分析图的绘制程序如下。

（1）在坐标系上作销售收入线 $y=px$，即过原点作一条以单价 P 为斜率的直线。

（2）作固定成本线 $y=a$，即在纵轴上找到固定成本总额 a 那一点，通过该点作一条平行于横轴的直线。

（3）作总成本线 $y=a+bx$，即过 y 轴上的截距 a 点，作一条斜率为单位变动成本 b 的直线。

（4）销售收入线与总成本线相交之点 BEP（x_0，y_0）就是保本点，该点的横坐标值 x_0 就为保本点销售量，该点的纵坐标值 y_0 就为保本点销售额。

（5）在横轴上过实际或预计销售量 x_1 点作一条平行于 y 轴的虚线，则该虚线分别与固定成本线、总成本线、销售收入线相交，依次被截为三个线段。第一个线段的数值等于固定成本，第二个线段的数值等于当销售量为 x_1 时的变动成本，第三个线段的数值等于当销售量为 x_1 时的利润，x_0 与 x_1 之间的距离表示安全边际。

（6）由第三段虚线和盈亏临界点右方的销售收入线、总成本线所围成的三角区，称为盈利区；由盈亏临界点左方的销售收入线、总成本线和从原点 O 到截距 a 一段纵轴所围的三角区，称为亏损区。

从图 4-8 可见，利润的高低取决于销售收入与总成本之间的对比。销售收入的大小取决于销售数量和销售单价两个因素；总成本的大小则取决于变动成本和固定成本这两个因素。在进行数量式本量利分析图分析时，我们得到的一个启示就是：只要销售单价高于单位变动成本，固定成本就可以得到补偿。数量式本量利分析图直观、形象地描述了这种关系，具体表现在：

（1）在保本点不变的情况下，如果产品销售超过保本点一个单位的业务量，即可获得一个单位贡献边际的盈利，销售量越大，能实现的利润就越多；反之，若产品销售低于盈亏临界点一个单位的业务量，即亏损一个单位贡献边际的盈利，销售量越少，亏损额越大。

（2）在销售量不变的情况下，保本点越低，盈利区的三角形区域面积就会扩大，亏损区就会缩小，它反映了产品的盈利性有所提高，即能实现更多的盈利或减少亏损；反之，盈亏临界点越高，则反映了产品的盈利性有所降低，即能实现的盈利更少或亏损更大。

（3）在销售收入既定的条件下，保本点的高低取决于固定成本和单位变动成本的多少。固定成本越多，或单位变动成本越多，保本点越高；反之，保本点越低。

（4）在固定成本总额和单位变动成本既定的情况下，保本点的高低取决于单位售价的高低。单位售价提高，保本点降低；反之，保本点升高。

明确以上规律，根据企业具体的主、客观条件有预见性地采取相应措施，能对企业实现扭亏增盈起到极大的作用。

尽管此图的运用最为广泛，但其缺点还是难以克服的，即无法反映贡献边际与其他因素的关系。

金额式本量利分析图的横轴以销售额为单位，销售收入线与之夹角为 45°，销售收入线与总成本线相交处为保本点，反映的是销售收入线和总成本线与保本点等变量之间的关系，销售收入线记作 $y=x$，总成本线记作 $y=a+bR \cdot x$。该图主要用于多品种条件下的本量利分析。

4.5.2 贡献式本量利分析图

贡献式本量利分析图因其能直观地反映出贡献边际的大小而得名。该图的特点是将固定成本线置于变动成本线之上，总成本线是一条平行于变动成本线的直线，它反映了贡献边际与其他各因素的关系，如图 4-10 所示，其绘制步骤如下。

（1）建立直角坐标系，横轴表示产品销售量，纵轴表示成本或销售收入。
（2）以坐标原点为起点，以单位变动成本为斜率，绘制变动成本线。
（3）在纵轴上找出固定成本数值点，以单位变动成本为斜率，绘制总成本线。
（4）以坐标原点为起点，销售单价为斜率，绘制销售收入线。

贡献式本量利分析图与传统式本量利分析图一样，可以显示出保本点，即销售收入线与总成本线的交点；也能反映出任一销售量下的企业利润情况。

从图 4-10 中不难发现以下变化规律：
（1）销售收入线与变动成本线、总成本线相交的两个角相等，夹角的大小反映着贡献边际率的高低，直接影响着利润的增减变化，夹角越大，利润越高，反之，越低。

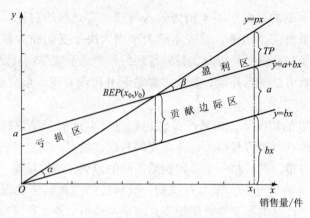

图 4-10 贡献式本量利分析图

（2）只要单价大于单位变动成本，则必然有贡献边际存在。

（3）贡献边际应当首先补偿固定成本，只有超额的部分才构成企业的利润。

贡献式本量利分析图与传统本量利分析图最大的区别，在于它能反映任一销售量下的贡献边际，而传统式本量利分析图则不能。由于销售收入与变动成本的差额为贡献边际，所以图 4-10 中销售收入线与变动成本线的垂直距离即为贡献边际。总成本线与变动成本线间的垂直距离为固定成本。在保本点左侧，贡献边际小于固定成本，所以为亏损区；在其右侧，贡献边际大于固定成本，所以为盈利区。因此，这种本量利分析图的优点是：可以表示贡献边际的数值，直观、有效地反映了贡献边际、固定成本及利润的关系，为企业经营决策提供有价值的会计信息。企业的销售收入随销售量成正比例增长，这些收入首先用于弥补产品自身的变动成本，剩余的是贡献边际。贡献边际随销售量增加而增加，当其达到固定成本值时（到达 BEP 点），企业处于盈亏临界状态；当贡献边际超过固定成本后，企业进入盈利状态，即图 4-10 中的盈利区。

【例 4-11】甲企业只生产一种产品，单位产品售价 10 元，单位产品变动成本 6 元，全月固定成本 1 000 元，全月预计销售量 500 件。据此作贡献式本量利分析图，如图 4-11 所示。

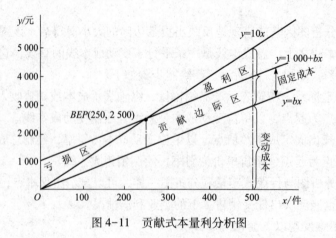

图 4-11 贡献式本量利分析图

本例中，单价 10 元大于单位变动成本 6 元，贡献边际总额为 $500 \times (10-6) = 2\,000$（元），先用于补偿固定成本 1 000 元，超额部分 2 000-1 000 = 1 000（元）为企业利润。保本量 1 000÷(10-6)=250(件)。

贡献式本量利分析图的主要特点是将固定成本置于变动成本之上，它强调的是贡献边际的构成及其形成过程。保本点的贡献边际刚好等于固定成本；超过保本点的贡献边际大于固定成本，也就实现了利润；而不足保本点的贡献边际小于固定成本，则表明发生了亏损。应该说，该方式更符合变动成本法的思路，也更符合盈亏临界点分析的思路。

4.5.3 量利式本量利分析图

量利式本量利分析图，是既能直接反映利润和销售量依存关系，又可以同时反映贡献边际水平的一种图形。该图需要利用平面直角坐标系的第一象限和第四象限，以 x 轴表示销售量，以 y 轴表示利润或贡献边际，其绘制方法如下。

（1）先画贡献边际线，即过原点画一条以单位贡献边际为斜率的直线。

（2）画出利润线，即按照固定成本的数值，在 y 轴上标出 $-a$ 的位置，过 $-a$ 画一条平行于贡献边际线的平行线。

（3）利润线与 x 轴的交点即为保本点。

（4）假设实际或预计销售量为 x_1，过 x_1 做虚线分别与利润线和贡献边际线相交，并被截成两段。第一段等于利润；第二段等于固定成本；两段之和为贡献边际。只要读出这些线段的长度。就可以得到在一定销售量的条件下企业可获得的贡献边际和利润。

从图 4-12 量利式本量利分析图中可以看到，在贡献边际指标大于零的条件下，当销售量为零时企业将发生最大的亏损额，其数额等于固定成本。此图还可以清楚地反映出业务量变动对贡献边际和利润的影响，但它的缺点是不能显示业务量对成本的影响。它的特点是将纵轴上的销售收入与成本因素略去，使坐标图上仅仅反映利润与销售数量之间的依存关系。

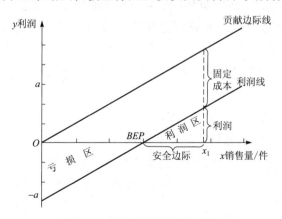

图 4-12　量利式本量利分析图

量利式本量利分析图是最简单的一种本量利分析图，它易被企业的管理人员所理解和接受。因为，它直接表达了销售量与利润之间的关系：当销售量为零时，企业的亏损就等于固定成本；随着销售量的增长，亏损逐渐减低，盈利逐渐增加。

4.6 多品种条件下的本量利分析

前述保本分析是以企业只产销一种产品为前提的。但企业往往是经营多种产品的,且每种产品的售价、单位变动成本、边际贡献以及边际贡献率等通常也是不相同的。同时,企业在进行经营筹划时,更多地是想从企业整体的角度来预测产品产销的保本点和实现目标利润的销售金额,而不仅仅是了解某一种产品的有关这方面的数据。由此,就有必要进行多种产品的保本分析。

4.6.1 多种产品保本分析的步骤

多品种条件下的本量利分析方法较多,在实务中应用较广泛的是加权平均贡献边际率法。加权平均贡献边际率法是指在掌握各种产品贡献边际率的基础上,按照各种产品销售额占全部产品销售收入总额的比重进行加权平均,据以确定综合贡献边际率,进而计算出综合保本点及其各产品的保本点的多品种本量利分析方法,此法的关键就在于求出各种产品的贡献边际率与各自的销售比重。

其具体计算步骤如下。

1. 全部产品的总销售金额

全部产品的总销售金额 = Σ每种产品的销售单价×该种产品的销售数量

2. 每种产品的销售比重

销售比重是指每种产品的销售金额占全部产品总销售金额的比重,计算公式如下。

每种产品的销售比重 = 每种产品的销售金额/全部产品的总销售金额

计算销售比重所需的数据可以根据历史资料或预测资料推算确定。

3. 加权贡献边际率总计

加权贡献边际率总计 = Σ每种产品的贡献边际率×该种产品的销售比重

4. 综合保本销售金额

综合保本销售金额 = 固定成本/加权贡献边际率总计

5. 每种产品的保本销售金额和保本销售数量

每种产品的保本销售金额 = 综合保本销售金额×每种产品的销售比重

每种产品的保本销售数量 = 每种产品的保本销售金额/该种产品的销售单价

下面举例说明以上步骤。

【例 4-12】甲公司明年将经销三种商品,其有关预测资料如表 4-3 所示。

表 4-3 甲公司三种商品预测

摘　　要	A 商品	B 商品	C 商品	全年
销售数量/件	800	400	700	

续表

摘　　要	A 商品	B 商品	C 商品	全年
销售单价/元	25	40	20	
单位变动成本/元	15	30	12	
固定成本总额/元				35 200
注：这里的单位变动成本是指商品的进货单价				

要求：根据表 4-3 的资料计算每种商品的保本销售金额和保本销售数量。

(1) 先通过一张计算表来计算加权贡献边际率总计，参见表 4-4。

表 4-4　加权贡献边际率计算表

摘　　要	A 商品	B 商品	C 商品	合计
销售数量/件	800	400	700	
销售单价/元	25	40	20	
单位变动成本/元	15	30	12	
单位贡献边际/元	10	10	8	
贡献边际率/%	40	25	40	
销售收入总计/元	20 000	16 000	14 000	50 000
销售比重/%	40	32	28	
加权贡献边际率/%	16	8	11.2	35.2

(2) 计算三种商品的综合保本销售金额。

综合保本销售金额 = 35 200÷35.2% = 100 000（元）

(3) 计算每种商品的保本销售金额和保本销售数量，参见表 4-5。

表 4-5　保本销售金额和保本销售数量的计算

项　　目	保本销售金额/元	保本销售数量/件
A 商品	100 000×40% = 40 000	40 000÷25 = 1 600
B 商品	100 000×32% = 32 000	32 000÷40 = 800
C 商品	100 000×28% = 28 000	28 000÷20 = 1 400

多种产品的加权贡献边际率也可通过另一种方法计算，参见表 4-6。

表 4-6　加权贡献边际率的计算

项　　目	A 商品	B 商品	C 商品	合计
销售数量/件	800	400	700	

续表

项　目	A商品	B商品	C商品	合计
销售单价/元	25	40	20	
单位变动成本/元	15	30	12	
贡献边际总额/元	8 000	4 000	5 600	17 600
销售收入总额/元	20 000	16 000	14 000	50 000
加权贡献边际率/%				35.2

要计算多种产品的综合保本销售金额，关键是要计算出多种产品的加权贡献边际率总计。

如果要计算多种产品的实现目标利润的综合销售金额和销售数量，只需要在计算多种产品保本销售金额的公式的基础上，考虑目标利润因素即可，计算公式为

实现目标利润的综合销售金额=（固定成本总额+目标利润）/加权贡献边际率.

4.6.2　产品品种结构变动对综合保本销售金额的影响

甲公司经销的三种商品总销售额为 35 200 元，三种商品的贡献边际率分别为：风衣 40%、皮鞋 25%、布鞋 40%。其中风衣和布鞋的获利程度稍高些，所以，公司决定调整商品的销售结构。调整前和调整后的有关数据如表 4-7 所示。

表 4-7　调整品种结构前后的有关数据表　　　　　　　　　　　　　　　%

调整品种结构前的有关数据				
项　目	A商品	B商品	C商品	合计
销售比重	40	32	28	
贡献边际率	40	25	40	
加权贡献边际率	16	8	11.2	35.2
调整品种结构后的有关数据				
项　目	A商品	B商品	C商品	合计
销售比重	50	10	40	
贡献边际率	40	25	40	
加权贡献边际率	20	2.5	16	38.5

根据调整品种结构后的加权贡献边际率总计数，计算企业的综合保本销售金额：

综合保本销售金额=35 200÷38.5%=91 429（元）

调整品种结构后的综合保本销售金额为 91 429 元，比调整前的 100 000 元（35 200÷35.2%）减少 8 571 元，减少幅度为 8.57%。公司综合保本销售金额减少说明公司销售商

品的盈利性增加。所以，在对市场进行充分调查研究的基础之上，确定合理的产品品种结构，对提高公司的经济效益具有十分重要的作用。

4.7 不确定情况下的本量利分析

在前面的论述中，我们都假设销售数量、销售单价、固定成本总额、单位变动成本和目标利润五个要素都是定数（即已知数）。但在实际生活中，上述五个要素是处在不断变化中的，同时五个要素又是相互关联的，任何一个要素发生变化，都会导致分析结果发生变化。这样，我们就有必要针对这些不确定情况，采用专门的方法，进行本量利分析。这就是不确定情况下的本量利分析。

不确定情况下的本量利分析又分为两种：一种是不确定情况下的保本分析；另一种是不确定情况下的目标利润分析。

4.7.1 不确定情况下的保本分析

保本分析分为单一产品保本分析和多种产品保本分析。为了便于说明，现仅以单一产品为例加以阐述。

进行单一产品的保本分析，需要取得三种数据，即销售单价、单位变动成本和固定成本总额。由于进行的是不确定情况下的保本分析，所以还需要对每种数据可能发生的金额及其概率进行估计。

不确定情况下的保本分析的基本步骤如下。

（1）对销售单价、单位变动成本和固定成本可能发生的金额及其每种金额的概率进行估计。

（2）对三个因素可能发生的金额及其概率进行搭配。

（3）计算出每一组合搭配下的保本点数量和联合概率。

（4）以联合概率为系数，计算出每一组合搭配下的保本量，然后将各组保本量加总，即可求得该种产品在不确定情况下的保本量。

【例4-13】甲公司产销A产品，该产品的销售单价、单位变动成本和固定成本总额的金额数据及其概率如表4-8所示。要求：计算A产品组合保本量。

表4-8 金额及概率表

项　　目	金额/元	概率
销售单价	20	0.7
	21	0.3
单位变动成本	16	0.8
	17	0.2

续表

项　　目	金额/元	概率
固定成本总额	40 000	0.6
	45 000	0.4

解：根据上述资料，可编制出不确定情况下的保本分析表，如表 4-9 所示。

表 4-9　不确定情况下的保本分析表

销售单价		单位变动成本		固定成本总额		联合概率	保本量/件	组合保本量/件
水平/元	概率	水平/元	概率	水平/元	概率			
①	②	③	④	⑤	⑥	⑦=②×④×⑥	⑧=⑤÷(①-③)	⑨=⑦×⑧
20	0.7	16	0.8	40 000	0.6	0.336	10 000	3 360
				45 000	0.4	0.224	11 250	2 520
		17	0.2	40 000	0.6	0.084	13 333	1 120
				45 000	0.4	0.056	15 000	840
21	0.3	16	0.8	40 000	0.6	0.144	8 000	1 152
				45 000	0.4	0.096	9 000	864
		17	0.2	40 000	0.6	0.036	8 000	288
				45 000	0.4	0.024	9 000	216
组合保本销售数量						1.000		10 360

表 4-9 的计算说明：以表中第一组数据为例，当产品的售价为 20 元，单位变动成本为 16 元，固定成本总额为 40 000 元时，保本销售数量的计算公式为

$$保本量 = 40\ 000 \div (20-16) = 10\ 000\ (件)$$

这种情况下出现的联合概率为：$0.7 \times 0.8 \times 0.6 = 0.336$

由此，得到该组合形式下的保本量为：$10\ 000 \times 0.336 = 3\ 360$（件）

答：A 产品组合保本量为 10 360 件。

4.7.2　不确定情况下的目标利润分析

不确定情况下的目标利润分析可以在保本分析的基础上进行。只要把保本分析表的有关

栏目稍加改变,即可根据有关数据,编制出不确定情况下的目标利润分析表。现仍根据【例4-13】的有关数据,设A产品的目标利润为10 000元。要求:计算A产品组合目标利润销售量。

解:根据上述资料,可编制出目标利润分析表,如表4-10所示。

表4-10 不确定情况下的保利分析表

销售单价		单位变动成本		固定成本总额		联合概率	目标利润销售量/件	组合目标利润销售量/件
水平/元	概率	水平/元	概率	水平/元	概率			
①	②	③	④	⑤	⑥	⑦=②×④×⑥	⑧=(⑤+10 000)÷(①-③)	⑨=⑦×⑧
20	0.7	16	0.8	40 000	0.6	0.336	12 500	4 200
				45 000	0.4	0.224	13 750	3 080
		17	0.2	40 000	0.6	0.084	16 667	1 400
				45 000	0.4	0.056	18 333	1 027
21	0.3	16	0.8	40 000	0.6	0.144	10 000	1 440
				45 000	0.4	0.096	11 000	1 056
		17	0.2	40 000	0.6	0.036	12 500	450
				45 000	0.4	0.024	13 750	330
组合保本销售数量						1.000		12 983

答:A产品组合目标利润销售量12 983件。

总之,要进行不确定情况下的保本分析和目标利润分析,关键是要估计出销售单价、单位变动成本和固定成本总额等各要素可能发生的金额及其概率。由于事先考虑到了各种因素可能出现的情况,并且采用比较科学的方法进行计算,因此,其计算结果更能接近未来的实际情况。但是,这种分析方法的基本点是对要素概率进行估计,由于是估计,因此仍带有一定的主观性。同时,当各要素出现多种可能情况时,其计算工作量是相当大的,如果再把多种产品的因素加进去,则计算难度更大,因此,实际操作时可借助于计算机。

本 章 小 结

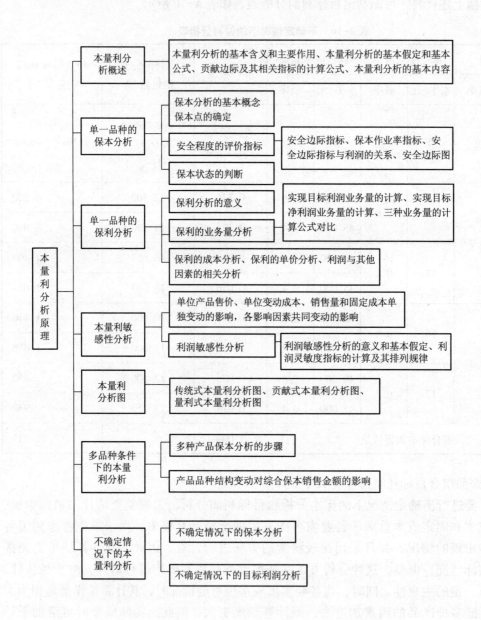

同 步 测 试

一、单项选择题

1. 本量利分析中假定产品成本是按（　　）计算的。
   A. 完全成本法　　　B. 变动成本法　　　C. 吸收成本法　　　D. 制造成本法
2. 盈亏分界点的贡献边际与固定成本的关系是（　　）。
   A. 贡献边际额可能等于、大于或小于固定成本
   B. 贡献边际额等于固定成本
   C. 贡献边际额大于固定成本
   D. 贡献边际额小于固定成本
3. 企业经营安全程度的判别指标一般是（　　）。
   A. 安全边际率　　　B. 保本量　　　C. 保本额　　　D. 安全边际
4. 某企业只生产一种产品，单位变动成本60元，当期固定成本总额6万元，单位产品售价100元，要使安全边际率达到50%，当期销售量应达到（　　）。
   A. 3 000件　　　B. 3 820件　　　C. 3 500件　　　D. 6 000件
5. 在进行保本和盈利分析时，保本量和保利量指标的计算公式的分母均为（　　）。
   A. 贡献边际率　　　B. 单位贡献边际　　　C. 固定成本　　　D. 所得税率
6. 亏损产品销售量变动会引起利润（　　）。
   A. 同方向变动　　　　　　　　　　　B. 同方向或反方向变动
   C. 反方向变动　　　　　　　　　　　D. 以上都不对
7. 单价单独变动时，会使安全边际（　　）。
   A. 反方向变动　　　B. 同方向变动　　　C. 不一定变动　　　D. 不变
8. 下列关于安全边际率与保本点作业率关系的表述正确的是（　　）。
   A. 安全边际率与保本点作业率之和等于1
   B. 安全边际率一定大于保本点作业率
   C. 安全边际率一定小于保本点作业率
   D. 以上都不对
9. 某公司计划生产甲、乙两种产品。计划甲产品销售2万件，每件售价5元，乙产品销售3万件，每件售价2元，甲产品变动成本为销售收入的65%，乙产品变动成本为销售收入的75%。为了实现利润2万元，固定成本总额应为（　　）。
   A. 30 000元　　　B. 70 000元　　　C. 50 000元　　　D. 60 000元
10. 某企业去年单位产品售价100元，单位变动成本60元，固定成本总额20万元，去年销售量1万件，则该企业去年的安全边际率和保本点作业率分别是（　　）。
    A. 50%和50%　　　B. 55%和45%　　　C. 65%和35%　　　D. 35%和65%
11. 某企业甲产品的单位产品售价为100元，单位变动成本60元，固定成本20万元，本月目标利润2万元，那么企业本月必须实现（　　）。

A. 销售量 5 500 件   B. 销售量 7 000 件
C. 销售量 6 000 件   D. 销售量 8 000 件

12. 某企业销售甲产品，每件售价 10 元，单位变动成本 6 元，固定成本总额 20 万元。要实现 20%的销售利润率（所得税前），应销售甲产品（　　）。

A. 90 000 件   B. 100 000 件   C. 80 000 件   D. 105 000 件

13. 根据本量利分析基本公式，利润、贡献边际总额和固定成本总额三者之间的关系是（　　）。

A. 贡献边际总额=利润-固定成本总额
B. 利润=贡献边际总额+固定成本总额
C. 贡献边际总额=固定成本总额-利润
D. 利润=贡献边际总额-固定成本总额

14. 下列各种变动能使保本点下降的是（　　）。

A. 单位变动成本上升   B. 单位产品售价上升
D. 销售量上升   C. 固定成本上升

15. 某公司原预测甲产品的有关数据如下：

单位售价　　　　6.00 元
销售额　　　　　600 000 元
变动成本总额　　400 000 元
固定成本总额　　150 000 元

现重新预测为，预计售价提高 20%，而销售量会减少 10%。假定该公司在甲产品的预测中综合考虑这两个因素的变化，预计甲产品的营业利润将是（　　）。

A. 96 000 元   B. 98 000 元   C. 100 000 元   D. 120 000 元

16. 当销售量不变和（　　）时，贡献边际增加。

A. 单位变动成本增加   B. 单位变动成本减少
C. 固定成本总额减少   D. 固定成本总额增加

17. 某公司正在考虑更换用于生产甲产品的设备。使用新设备会使年固定成本增加 200 000 元，但由于减少直接人工小时和提高直接材料的利用效率，可减少变动成本 15%。更换设备之前，该公司预计甲产品全年的销售额和成本如下：

销售额　　　　　1 500 000 元
变动成本总额　　销售额的 65%
固定成本总额　　300 000 元

假定该公司在年初实施上述更换设备的方案，甲产品全年的预计营业利润将增加（　　）。

A. 170 000 元   B. 171 250 元   C. 300 000 元   D. 200 000 元

18. 在预计销售额确定的情况下，（　　）直接决定安全边际额大小。

A. 销售量   B. 销售额   C. 保本点销售量   D. 保本点销售额

19. 如果以横轴表示产销量，纵轴表示成本和销售收入，作一直角坐标系，销售收入线与总成本线的交点对应的横坐标表示（　　）。

A. 盈亏分界点销售额 B. 盈亏分界点销售量
C. 安全边际额 D. 安全边际量

20. 销售数量单独变动，不受影响的因素是（ ）。
A. 盈亏分界点销售额 B. 安全边际额
C. 安全边际量 D. 盈亏分界点销售额和安全边际额

二、多项选择题

1. （ ）是本量利分析的基本假定。
A. 成本性态分析工作已经完成 B. 成本函数表现为线性方程
C. 产销品种结构稳定 D. 产销平衡

2. 贡献边际率等于（ ）。
A. 贡献边际/销售收入×100% B. 1-变动成本率
C. 贡献边际/销售量×100% D. 单位贡献边际/单价×100%

3. 安全边际率等于（ ）。
A. 安全边际量/现有或预计的销售量×100%
B. （现有或预计的销售量-保本量）/现有或预计的销售量×100%
C. （现有或预计的销售量-保本量）/现有或预计的销售额×100%
D. 安全边际额/现有或预计的销售额×100%

4. 保本量等于（ ）。
A. 固定成本×安全边际额/目标利润 B. 固定成本×安全边际量/目标利润
C. 固定成本/单位贡献边际 D. 固定成本/（单价-单位变动成本）

5. 利润等于（ ）。
A. 单位售价×销量-单位变动成本×销量-单位贡献边际×盈亏临界点销售量
B. 单位贡献边际×（销量-盈亏临界点销售量）
C. 贡献边际率×安全边际额
D. 单位贡献边际×安全边际销售量
E. 单位贡献边际/单位售价×单位售价×安全边际销售量
F. （单位售价-单位变动成本）×销量-单位贡献边际×盈亏临界点销售量

6. 单位产品售价单独变动会引起（ ）。
A. 单位贡献边际上升和贡献边际率上升
B. 保本点和保利点降低
C. 安全边际向同方向变动
D. 利润成正比例的变动

7. 下列两个比率之和等于1的有（ ）。
A. 安全边际率+保本点作业率 B. 安全边际率+贡献边际率
C. 贡献边际率+保本点作业率 D. 保本点作业率+变动成本率
E. 变动成本率+贡献边际率

8. 在其他因素不变的情况下，单位产品售价上升会导致（ ）。
A. 变动成本率上升 B. 保本点作业率上升

C. 变动成本率下降 D. 安全边际率上升
E. 贡献边际率上升 F. 安全边际率下降

9. 产品单位变动成本单独增加会导致（　　）。
A. 变动成本率上升 B. 利润上升
C. 安全边际率下降 D. 贡献边际率上升
E. 保本点销售量上升

10. 在固定成本总额既定的情况下，保本点的高低直接取决于（　　）。
A. 单位变动成本　　B. 单位售价　　C. 销售量　　D. 目标利润

实 训 项 目

【实训一】

（一）目的：练习贡献边际及其相关指标和安全边际及其相关指标的计算。

（二）资料：

某企业只生产甲产品，单价为 200 元/台，单位变动成本为 120 元/台，固定成本为 20 万元。2017 年生产经营能力为 2 万台。

（三）要求：

（1）计算单位贡献边际、贡献边际和贡献边际率；

（2）计算营业净利润；

（3）计算变动成本率；

（4）验证贡献边际率与变动成本率的关系；

（5）计算保本量和保本额；

（6）计算安全边际量、安全边际额、安全边际率和保本作业率；

（7）验证安全边际率和保本作业率的关系。

【实训二】

（一）目的：练习单一品种的保本分析和保利分析。

（二）资料：

甲公司估计 2017 年的营业成本为：固定成本 40 万元，单位变动成本 30 元。

（三）要求：

（1）确定单价 50 元时的保本销售额；

（2）确定单价 60 元时的保本销售额；

（3）如单价为 70 元，要获利 10 万元，此时的保利销售量是多少？

【实训三】

(一) 目的：练习单一品种的保本分析和保利分析。

(二) 资料：

乙公司产销一种产品，其 2017 年的销售额是 1 200 000 元，固定成本为 400 000 元，变动成本为 600 000 元。

(三) 要求：

(1) 公司的保本销售额是多少？
(2) 如果价格不变，而销量增加 20%，则利润会增加多少？
(3) 如果固定成本减少 10%，利润将增加多少？
(4) 如果变动成本减少 15%，利润将增加多少？

【实训四】

(一) 目的：练习多品种的保本分析和保利分析。

(二) 资料：

丙企业固定成本总额为 60 万元，目标利润为 15 万元。该企业同时生产 A、B、C 三种产品，三者之间产销关系稳定，预计今年的销量分别为 10 万件、5 万件和 6 万件；单价分别为 20 元、10 元和 25 元；单位变动成本分别为 14 元、6 元和 17 元。

(三) 要求：

(1) 计算该企业的保本销售额及各产品的保本销售量；
(2) 计算各产品的保利销售量。

【实训五】

(一) 目的：练习多品种的保本分析。

(二) 资料：

丁公司生产 A、B、C 三种产品。固定成本为 30 万元，在下一个经营期内，计划销售 A 产品 300 件，B 产品 200 件，C 产品 150 件，其他有关资料如表 4-11 所示。

表 4-11　三种产品单价及成本　　　　　　　　　　元

项目＼品种	A 产品	B 产品	C 产品
单价	20	25	30
单位变动成本	12	15	20

（三）要求：计算该公司的保本销售量。

【实训六】

（一）目的：练习安全边际率和贡献边际率。

（二）资料：

某化肥厂生产一种化肥，单价为500元，单位变动成本为300元，固定成本为60万元，共产销10 000吨。

（三）要求：

(1) 计算安全边际率、保本作业率和贡献边际率；

(2) 验证公式：销售利润率＝安全边际率×贡献边际率。

【实训七】

（一）目的：练习不确定情况下的本量利分析。

（二）资料：

某公司产销一种产品，该产品的销售单价、单位变动成本和固定成本总额的金额数据及其概率如表4-12所示。

表4-12　金额及概率表

项　　目	金额/元	概　　率
销售单价	50	0.8
	46	0.2
单位变动成本	30	0.6
	26	0.4
固定成本总额	60 000	0.6
	55 000	0.4

（三）要求：计算组合保本量。

【实训八】

（一）目的：练习本量利敏感性分析。

（二）资料：

某企业只产销一种产品，本年销售量为30 000件，每件售价为200元，单位变动成本为120元，固定成本总额1 200 000元，该企业拟使下年的利润在本年基础上增加18%。

（三）要求：据此计算各因素灵敏度指标，并分析敏感指标。

思考与练习

（1）本量利分析的基本含义是什么？进行本量利分析的意义何在？
（2）在建立和使用本量利分析有关数学模型和图式时，要以哪些基本假定为前提条件？
（3）本量利分析的基本内容有哪些？
（4）如何进行企业经营安全性的判定？
（5）何谓本量利敏感性分析？利润敏感性分析有何意义？
（6）如何进行多品种条件下的本量利分析？

第 5 章 预测分析

> **知识目标**
> （1）了解预测分析的意义和分类。理解预测分析的特点和基本原则。掌握预测分析的步骤。
> （2）了解销售预测及其意义。理解定性销售预测方法。掌握定量销售预测法。
> （3）理解目标利润预测分析的一般方法。掌握利润敏感性分析方法在利润预测中的应用和经营杠杆系数在利润预测中的应用。
> （4）了解成本预测的意义和成本预测的程序。掌握成本预测的方法。
> （5）理解根据预计的销售总额确定融资需求和根据预计的销售增加量确定融资需求。
>
> **技能目标**
> （1）能运用经营预测分析的基本原理和方法，考虑到企业经营预测的相关情况，对企业生产经营活动的未来发展趋势和状况进行预计和测算。
> （2）能熟练计算销售预测和利润预测指标，并运用经营预测指标进行预测分析。
> （3）能运用利润敏感性分析方法和经营杠杆系数，进行利润预测分析。

5.1 预测分析概述

5.1.1 预测分析的意义

所谓预测，就是根据过去的历史资料和现在所能取得的信息，运用所掌握的科学知识和管理人员的实践经验，按照事物的发展规律有目的地预计和推测未来的行为，即根据过去和现在预计未来，由已知推断未知的过程。

所谓经营预测，是指企业根据现有的经济条件和掌握的历史资料以及客观事物的内在联系，对生产经营活动的未来发展趋势和状况进行的预计和测算。管理会计中的预测分析，是指运用专门的方法进行经营预测的过程。

管理的重心在决策，决策的关键在预测，预测是为决策服务的，它是决策的基础。这是因为不论何种类型的决策，通常都是在信息量不足、不确定性较大、随机因素较多的条件下进行的，要控制和降低不确定性以及由此带来的风险，必须将预测看成是决策的先导。正确的决策往往依赖于科学的预测，因此人们把预测喻为探索未来之窗。但是预测并不能代替决策，因为预测分析要解决的是如何科学准确地预见或描述未来的问题，而决策的结论则直接支配未来的行动方案。

预测分析也要为规划服务，它所提供的许多数据最终被纳入预算，成为编制预算的基础。但预测分析可反复循环进行，并可根据需要选用不同方法，其信息只具有指导性，起参考作用；而计划或预算的程序则具有相对稳定性，其信息具有严肃性和强制性。预测既可在计划之前进行，也可在计划或预算的执行过程中进行，以指导修正计划或预算。

由于任何经济过程的发展趋势总有一定的规律，而现代数学方法和计算机技术可以帮助我们深刻理解经济过程的本质，并能使我们认识和掌握它的规律，这就为人们对经济过程的发展变化进行科学预测提供了可能。但由于社会经济的发展受多方面因素的影响，所以在预测分析中必须综合运用社会科学、自然科学等方面的成果，运用各种预测分析方法开展科学预测分析工作。

5.1.2 预测的分类

1. 按预测的期限范围分类

1）短期预测

短期预测是指对计划年度经济发展前景的预测。它是制订月度计划、季度计划、年度计划，明确规定一年以内经济活动具体任务的依据。

2）中期预测

中期预测是指对一年以上五年以下经济活动的预测。它的主要目的是检查中期计划的执行情况以及中期决策的经济效果，以便及时发现问题，纠正偏差。

3）长期预测

长期预测是指对五年以上的经济发展前景的预测。当企业考虑远景规划时，它为制定重大经济管理决策提供依据。比如进行固定资产投资项目预测时，要对该项目的投入资本、投产后未来现金流入、产品的成本及新增加的利润等进行长期预测。

2. 按预测的内容分类

1）销售预测

销售预测又叫产品需求预测，是指根据企业产品过去的经营状况及其他有关资料，对未来一定时期内销售数量（或金额）、销售状态及变化发展趋势的预计和推测。做好销售预测，可减少盲目生产，使企业的供应、生产、销售之间合理衔接，从而提高企业的经济效益。

2）利润预测

利润预测是指在销售预测的基础上，根据企业未来发展目标和其他相关资料，预计、推测或估算未来应当达到和可望实现的利润水平及其变动趋势的过程。它可为企业确定最优的利润目标提供依据。

3）成本预测

成本预测是指根据企业未来发展目标和有关资料，运用专门方法推测与估算未来成本水平及发展趋势的过程。成本预测包括多项内容，主要有目标成本预测和成本变动趋势预测。通过成本预测，可了解成本升降趋势，为编制成本计划提供依据。

4）资金预测

资金预测是指在销售预测、利润预测和成本预测的基础上，根据企业未来经营发展目标并考虑影响资金的各项因素，运用一定方法预计、推测企业未来一定时期内或一定项目所需要的资金数额、来源渠道、运用方向及其效果的过程。广义资金预测包括全部资金需用量及其来源预测、现金流量预测、资金分布预测和资金运用效果预测；狭义的资金预测是指资金需用量预测。通过资金预测可为企业编制资金计划提供依据。

5.1.3 预测分析的特点

1. 预见性

预测分析必须面向未来，着眼于预见未来经济的发展趋势和水平，没有预见性的预测不是科学的预测。尽管它要以占有大量历史资料为前提，但仅仅把工作范围局限于对历史资料的整理，停留在对过去情况的总结与说明上，而不管现实情况如何变化，绝不是预测，更谈不上科学预测。

2. 明确性

预测分析结果的表述必须清晰，不能模棱两可，似是而非，含混不清。预测结果不论正确与否，最终都应得到证明，根本无法验证其结果的预测不能算是科学的预测。

3. 相对性

预测分析必须事先明确规定某项预测对象的时间期限范围。预测可分为长期预测和短期预测、时点预测和时期预测。长期预测和时点预测的精确度比短期预测和时期预测的精确度要差些，而无限远期的预测没有多大实际意义。

4. 客观性

预测分析必须以客观准确的历史资料和合乎实际的经验为依据，充分考虑真实条件，不能主观臆断，凭空捏造，否则会使预测混同于臆测。

5. 可检验性

由于事物未来的发展存在不可避免的不确定性，因此预测中出现误差也在所难免。正确的预测不在于它能够避免出现误差，而在于能够通过误差的检验进行反馈，积极地调整预测程序和方法，尽量减少误差。

6. 灵活性

预测分析可灵活采用多种方法，不能指望有一种能适应任何情况、绝对成功的预测方法。选择预测方法，必须具体问题具体分析，应事先选择试点加以验证，只有选择简便易行、成本低、效率高的方法配套使用，才能起到事半功倍的作用。

5.1.4 预测的基本原则

1. 掌握丰富可靠的信息资料

预测分析必须要有丰富可靠的信息资料，才能准确地反映现象或过程的发展变化规律，才能取得准确数据和可靠的预测结果。

2. 预测分析的时间不宜太长

预测分析的外推时间越短越准确,因为在复杂多变的经济环境中,预测的时间越长,就会受到许多捉摸不定或意想不到的因素的影响,从而使预测的数值偏离实际。

3. 根据预测的经济过程与现象来选择预测方法

由于客观经济过程与经济现象是错综复杂的,因此预测的方法也是丰富多彩的。对所采用的预测方法应事先加以检验测试,通常应选用简便易行、成本较低、预测结果比较准确的方法。

4. 预测分析应充分估计预测的可能误差

预测是在一定的假定前提下对经济现象和经济过程所作的估计和推断。未来存在着各种不确定因素,误差在所难免,因此,必须对差异加以评价和分析,说明预测值的可信赖程度,从而控制误差,使预测结果更接近实际。

5.1.5 预测分析的步骤

预测是一项复杂的工作,必须有目的、有组织、有计划地进行,以保证预测的科学性和有效性。预测分析一般可按以下步骤进行。

1. 确定预测目标

首先必须搞清对什么进行预测,将达到什么目的,如预测销售量、预测成本等。只有目标明确,才能做到有的放矢。确定预测目标需要根据企业经营的总体目标来设计和选择。在预测目标确定的同时,还应根据预测的具体对象和内容确定预测的范围,并规定预测的期限。

2. 收集和整理资料

预测目标确定后,应着手围绕预测目标收集从过去到现在的必要的信息资料,包括经济的、技术的、市场的计划资料和实际资料等。同时在占有大量资料的基础上,还必须对收集的这些信息资料进行鉴别、加工、整理、归纳、分析,找出各因素之间的相互依存、相互制约的关系,并从中找出事物发展的规律,作为预测的依据。

3. 选择预测方法

预测的方法很多,每一种方法都有其特定的应用环境和要求,因此,我们在预测时,应根据不同的预测目标和占有资料情况,以及预测目标与影响因素之间的关系,选择采用不同的预测方法。对于那些可以建立数量模型的预测对象,应反复筛选比较,以确定最恰当的定量预测方法;对于那些缺乏定量资料无法开展定量分析的预测对象,应当结合以往经验选择最佳的定性预测方法,以确保预测结果有较高的精确度。

4. 作出预测结论

利用预测方法对影响预测目标的各个方面进行具体的计算、分析和比较,得出定量分析或定性分析的预测结果,作出预测结论,从而揭示事物的变化趋势。

5. 检查验证,修正预测值

通过检查前期预测结论是否符合当前实际,找出误差,并分析产生差异的原因,来验证预测方法是否科学有效，预测结论是否准确，以便将预测值及时加以修正。

6. 报告预测结论

最终要以一定形式通过一定程序将修正过的预测结论向企业的有关领导报告。

5.1.6 预测的基本方法

系统的、准确的会计信息及其他有关资料，是开展预测工作的必要条件，经济规律的客观性及其可认识性是预测方法论的基础。预测具体方法的选择受预测对象、目的、时间以及精确程度等因素的影响。基本方法可归纳为定量方法和定性方法两大类。

1. 定量预测法

定量分析法，又称数量分析法，是指在完整掌握与预测对象有关的各种要素定量资料的基础上，运用现代数学方法进行数据处理，据以建立能够反映有关变量之间规律性联系的各类经济预测的数学模型的方法体系。定量预测按照具体方式不同，可分为趋势外推预测法和因果预测法两种类型。

1）趋势外推预测法

趋势外推预测法是根据某项指标过去的、按时间顺序排列的数据，运用一定的数学方法进行加工、计算，借以预测未来发展趋势的预测方法。也就是将时间作为制约预测对象变化的自变量，把未来作为历史的自然延续，属于按事物自身发展趋势进行预测的一类动态预测方法，亦称为时间序列预测法。它的实质就是应用事物发展的连续性原理和数量统计的方法来预测事物发展的趋势。属于这种方法的有算术平均法、移动平均法、趋势平均法、加权平均法、平滑指数法和修正的时间序列回归分析法等。

2）因果预测法

因果预测法是根据某项指标与其他有关指标之间的相互依存、相互制约的规律性联系，建立相应的因果数学模型来进行预测的方法。也就是根据变量之间存在的因果函数关系，按预测因素（即非时间自变量）的未来变动趋势来推测预测对象（即因变量）未来水平的一类相关预测方法。它的实质就是通过事物发展的因果关系来推测事物发展的趋势。因果预测法一般是根据所掌握的资料，找出所要预测的变量与它相关联的变量之间的关系。一般把预测对象作为因变量 y，把影响预测对象变化的变量作为自变量 x，如果函数关系为线性，可以用回归直线法建立预测模型；如果影响预测对象变化的变量有一个以上时，可建立多元线性回归预测模型。属于这类方法的有本量利分析法、投入产出法、回归分析法和经济计量法等。

2. 定性预测法

定性分析法又称非数量分析法，是指由有关方面的专业人员根据个人经验和知识，结合预测对象的特点进行综合分析，对事物的未来状况和发展趋势做出推测的一类预测方法。这种方法主要是由熟悉企业情况的人员或业务专家，应用自己的专业知识和经验，对过去和现在发生的问题进行分析，从中找出规律，然后再通过召开座谈会或发出征求意见书等各种形式综合分析，作为预测未来的依据。适用于缺乏完备的历史资料或有关变量间缺乏明显的数量关系等条件下的预测。也称为判断分析法或集合意见法。定性预测法包括典型调查法、全面调查法、直接调查法、间接调查法、专家集合意见法等。

在实际预测工作中，预测人员应根据具体情况把定量分析法和定性分析法结合起来加以应用，才能收到良好效果，因为它们并非相互排斥，而是相辅相成的。定量分析法虽然较精确，但许多非计量因素无法考虑。即使对一个具有完备历史资料的企业进行预测，除运用定量分析法建立经济预测模型，进行数学推导外，还应充分考虑国家方针政策、经济发展趋势、竞争对手的动态、投资者的意向等难以或不能归纳在数学模型之内的许多非计量因素的影响，才能使预测结果更加接近客观实际，准确性更高。因此，在预测工作中应将二者结合应用，相互取长补短，以提高预测分析的准确度和可信度。

5.2 销 售 预 测

5.2.1 销售预测的意义

销售预测是根据企业产品过去的经营状况和其他资料，对未来时期销售量的增减变动趋势作出的判断和推测。在整个企业经营预测系统中销售预测处于先导地位，它对于指导利润预测、成本预测和资金预测，进行长短期决策，安排经营计划，组织生产等都起着重要的作用。

影响销售的因素很多，一般可分为外部和内部两类。影响销售的外部因素有：① 当前市场环境；② 企业的市场占有率；③ 经济发展趋势；④ 竞争对手情况等。内部因素有：① 产品的价格；② 产品的功能和质量；③ 企业提供的配套服务；④ 企业的生产能力；⑤ 各种广告手段的应用；⑥ 推销的方法等。预测时应区分轻重缓急并综合地考虑这些因素，选择适当的方法进行预测。

销售预测的方法有很多种，归纳起来有两大类：定性销售预测方法和定量销售预测方法。下面就这两种方法加以介绍。

5.2.2 定性销售预测方法

定性销售预测主要是借助有关专业人员的政策水平、知识技能、实践经验和综合分析能力，在调查研究的基础上，对企业产品的市场销售量的发展趋势作出判断和预测。这种方法通常在缺乏完备、系统的信息资料或者影响销售量的有关因素难以定量化的情况下采用。定性销售预测法具体包括全面调查法、典型调查法、专家集合意见法及推销员判断法等。

1. 全面调查法

全面调查法是对涉及同一产品的所有销售对象进行逐一调查，经综合分析整理以后，推测该产品在未来一定时期内产品销售变动的总体情况。采用全面调查法可以取得比较完整、可靠的资料，但工作量较大，耗费较多，所需时间较长。全面调查法主要适用于对某些使用范围和用户有限的专用产品进行预测。

2. 典型调查法

典型调查法就是对某些产品，通过对一些重要用户需求情况的调查，推算市场需求量及其发展趋势。其主要内容包括对产品的数量需求、用户的购买能力、生活方式、季节变化要求，通过典型调查，进行科学的整理分析，然后得出正确的销售预测。典型调查的对象要尽量体现出普遍性和代表性，以提高预测效果。

3. 专家集合意见法

它是由见识广博、知识丰富的经济专家根据他们多年的实践经验和判断能力对特定产品的未来销售量进行判断和预测的一种方法。这里的专家一般指企业的高层决策者、销售部门负责人、经销商和其他外界的专家，不包括顾客和推销员。这种方法预测的结果容易受少数权威人士意见的左右，或碍于情面而难于说出事实的真相，故采用这种方法一定要从企业的整体利益出发，不必受他人影响和约束。

4. 推销员判断法

它是由企业的推销人员根据他们的调查，将各个顾客或各类顾客对特定预测对象的销售预测值填入卡片或表格，然后由销售部门经理对此进行综合分析以完成预测销售任务的一种方法，又称意见汇集法。此法的原理是：基层销售人员最熟悉市场，能直接倾听顾客的意见，因而能够提供直接反映顾客要求的信息。

定性分析法的特点是以经验为基础，简便易行，但缺乏具有说服力的数学依据，而且预测的主观因素较多，偏差的可能性较大，因此主要在资料不完备、客观上无法用定量分析时采用。

5.2.3 定量销售预测法

定量销售预测主要是根据产品销售的实际历史资料，运用特定的方法确定销售中有关因素之间的数量关系及其变化规律，然后据以测算未来的产品销售情况。定量销售预测通常在具有系统、完备的历史观察数据，或者影响未来的销售量发生变动的有关因素可以量化的情况下采用。

定量销售预测常用的方法有移动平均法、加权移动平均法、趋势平均法、指数平滑法及直线回归分析法等。

1. 移动平均法

移动平均法是指在掌握 n 期销售量的基础上，按照事先确定的期数 $\left(\text{记作 } m, m < \dfrac{n}{2}\right)$ 逐期分段计算 m 期算术平均数，并以最后一个 m 期平均数作为未来 $n+1$ 期预测销售量的一种方法。所谓"移动"是指预测值随着时间的不断推移，计算的平均值也在不断向后顺延。此法假定预测值主要受最近 m 期销售业务量的影响。此法的计算公式是

$$\overline{Q}(\text{预测销售量}) = \text{最后 } m \text{ 期算术平均销售量}$$

$$= \frac{\text{最后移动期销售业务量之和}}{m}$$

$$=\frac{Q_{n-m+1}+Q_{n-m+2}+\cdots+Q_{n-1}+Q_n}{m}. \tag{5-1}$$

【例 5-1】 某企业生产一种产品，2017 年 1～12 月销量资料如表 5-1 所示。要求按移动平均法预测 2018 年 1 月份的销售量（假定 $m=5$）。

表 5-1 销售资料

月份	1	2	3	4	5	6	7	8	9	10	11	12
销量 Q/吨	30	29	31	30	32	33	31	34	34	32	35	36

解： 依式（5-1），利用最后 5 期销售量资料，得

1 月份预测销售量 =（34+34+32+35+36）÷5 = 34.2（吨）

答： 1 月份预测销售量为 34.2 吨。

但统计学家认为这样计算的平均值只反映预测期前期的销售水平，还应在此基础上，按趋势值进行修正。趋势值 b 的计算公式为

$$\text{趋势值 } b = \text{最后移动期的平均值} - \text{上一个移动期的平均值}. \tag{5-2}$$

修正的移动平均法按以下公式进行预测：

$$\overline{Q}(\text{预计期销售业务量}) = \text{最后 } m \text{ 期算术平均销售量} + \text{趋势值 } b \tag{5-3}$$

【例 5-2】 仍按表 5-1 所示资料，要求用修正的移动平均法预测来年 1 月份的销售量（假定 $m=5$）。

解： 因为【例 5-1】中的最后移动期的平均值为 34.2，上一个移动期的平均值 =（31+34+34+32+35）÷5 = 33.2，所以 b = 34.2-33.2 = 1。

1 月份预测销售量 = 34.2+1 = 35.2（吨）

答： 按修正的移动平均法计算的来年 1 月份预测销售量为 35.2 吨。

移动平均法考虑到远近期销售量对预测量影响程度不同，但只考虑 n 期数据中的最后 m 期资料，缺乏代表性。此法适于销售量略有波动的产品销售量预测。

2. 加权移动平均法

加权移动平均法是根据过去若干期的销售量（或销售额）按其距计划期的远近分别进行加权，计算其加权平均数，并据以作为计划期的销售预测数的一种方法。计算公式为

$\overline{Q}$（计划期销售预测数）= 各期销售分别乘其权数之和/各期权数之和

$$=\frac{\sum wx}{\sum w}. \tag{5-4}$$

式中，w 代表权数；x 代表销售量（或销售额）。

【例 5-3】 仍按表 5-1 所示资料，要求采用加权移动平均法预测来年 1 月份销售量。

解： 按照距预测期的远近不同，令权数 w 分别为 1，2，3，根据计算公式预测来年 1 月份预测销售量如下：

1 月份预测销售量 = $\dfrac{\sum wx}{\sum w}$ =（32×1+35×2+36×3）÷（1+2+3）= 35（吨）

为简化计算,也可令 $\sum w = 1$(如令 w_1 为 0.2,w_2 为 0.3,w_3 为 0.5),则计划期销售预测数的公式改写为

$$\text{计划期销售预测值} \bar{Q} = \sum wx$$

$$1\text{月份预测销售量} = \frac{\sum wx}{\sum w} = 32 \times 0.2 + 35 \times 0.3 + 36 \times 0.5 = 34.9 \text{(吨)}$$

但统计学家认为这一方法只代表计划期前一期的实际销售水平,为了反映近期的销售发展趋势,应在上述公式的基础上再加上每月的变动趋势值 b,才能作为计划期销售预测值,那么其计算公式应为

$$\text{计划期销售预测值} = \sum wx + b \text{ 或 } \frac{\sum wx}{\sum w} + b.$$

上式中,

$b = $(本季度每月平均实际销售额 - 上季度每月平均实际销售额)÷3.

仍按表 5-1 所示资料为例,按加权移动平均法预测来年 1 月份预测销售量。

因为: 三季度每月平均销售量 $= (31 + 34 + 34) \div 3 = 33$(吨)

四季度每月平均销售量 $= (32 + 35 + 36) \div 3 \approx 34.33$(吨)

所以:变动趋势值 $b = (34.33 - 33) \div 3 = 0.44$

若令 w_1 为 0.2,w_2 为 0.3,w_3 为 0.5,$\sum w = 1$。则

$$1\text{月份预测销售量} = \frac{\sum wx}{\sum w} + b = 32 \times 0.2 + 35 \times 0.3 + 36 \times 0.5 + 0.44$$

$$= 35.44 \text{(吨)}$$

可见,这种方法考虑到近期的销售发展趋势,同时又根据时期的远近分别加权,从而消除了各个月份销售差异的平均化,故其预测结果比较接近计划期的实际情况。

3. 趋势平均法

趋势平均法是指在按移动平均法计算若干期时间序列移动平均值的基础上,进一步计算趋势值的移动平均值,进而利用特定基期销售量移动平均值和趋势值移动平均值来预测未来销售量的一种方法。计算公式为

$\bar{Q}$(预测销售量)= 基期销售量移动平均值 +

基期趋势值移动平均值 × 基期与预测期的时间间隔

$$= \bar{A} + \bar{t} \cdot n \tag{5-5}$$

式中,$\bar{A}$ 为五期平均值;n 为距离预测时间的期数;$\bar{t}$ 为趋势平均值。

【例 5-4】仍按表 5-1 所示资料,要求采用趋势平均法预测来年 1 月份预测销售量。

解:依题意计算各期销售量移动平均值、趋势值和趋势值移动平均值,其结果如表 5-2 所示。

表 5-2 趋势平均法计算表

月　份	实际销售数/吨	五期移动平均值/吨	变动趋势值/吨	三期趋势值移动平均值/吨
1	30			
2	29			
3	31	30.4		
4	30	31.0	+0.6	
5	32	31.4	+0.4	+0.53
6	33	32.0	+0.6	+0.60
7	31	32.8	+0.8	+0.47
8	34	32.8	0	+0.40
9	34	33.2	+0.4	+0.47
10	32	34.2	+1.0	
11	35			
12	36			
计划期 1 月份	35.61			

该企业计划期 1 月份的销售预测值计算如下：

$$1 \text{ 月份预测值} = \bar{A} + \bar{t} \cdot n = 34.2 + 0.47 \times 3 = 35.61 \text{（吨）}$$

34.2 是最后一个五期平均数；3 是最后一个五期平均数所在月份距预测期的月份数；0.47 是最后一个三期趋势平均数。

趋势平均法的优点在于既考虑了销售量的移动平均数，又考虑了趋势值的移动平均数，其缺点是过于复杂。

4. 指数平滑法

指数平滑法是指在综合考虑有关前期预测销售量和实际销售量信息的基础上，利用事先确定的平滑指数预测未来销售量的一种方法。其计算公式是

$\bar{Q}$ (预计期销售量) = 平滑指数 × 前期实际销售量 + (1 - 平滑指数) ×

前期预测销售量

$$= a \cdot Q_{t-1} + (1-a) \cdot \bar{Q}_{t-1} \tag{5-6}$$

a 表示平滑指数，这是一个经验数据，其取值范围通常在 0.3~0.7。平滑指数具有修匀实际数所包含的偶然因素对预测值的影响的作用，平滑指数取值越大，则近期实际数对预测结果的影响就越大；平滑指数取值越小，则近期实际数对预测结果的影响就越小。因此，进行近期预测或销量波动较大时的预测，应采用较大的平滑指数；进行长期预测或销量波动较小时的预测，可采用较小的平滑指数。

【例 5-5】 2017 年 12 月，计算的预测销售量为 32 吨，当月实际销售量为 33 吨，设平滑

指数 $a=0.3$。要求用平滑指数法预测 2018 年 1 月份的销售量。

解：依题意按式（5-6），可求得

$$2018 \text{ 年 } 1 \text{ 月份的销售量} = 0.3 \times 33 + (1-0.3) \times 32 = 32.3 \text{（吨）}$$

答：2018 年 1 月份按平滑指数法预测的销售量约为 32.3 吨。

从平滑指数法的预测公式和实例可看出，该法的实质是在已知前期预测销售量和实际销售量的基础上，分别以平滑指数和（1-平滑指数）为权数的一种特殊加权平均法。该法比较灵活，适用范围较广，但在选择平滑指数时，存在一定的随意性。

5. 直线回归分析法

直线回归分析法就是根据过去各期的实际销售额，求出一条趋势变动直线，并使此直线上各点到实际值的对应点之间的距离为最小。用这条回归直线预测未来销售情况的方法叫直线回归分析法。

运用直线回归分析法进行预测时，首先应将过去一定时期的历史资料按时间序列在坐标上作图，如果能大致形成一条直线，则说明这个变量是时间的函数，它们之间基本上存在着线性联系，然后再建立直线回归方程

$$y = a + bx \tag{5-7}$$

式中，x 代表自变量；y 代表因变量；a 代表纵轴截距；b 代表直线斜率。

式中 a、b 的值计算公式是

$$a = \frac{\sum y - b \sum x}{n}, \tag{5-8}$$

$$b = \frac{n \sum xy - \sum x \cdot \sum y}{n \sum x^2 - (\sum x)^2}. \tag{5-9}$$

采用直线回归分析法进行销售预测时，因为 x 代表时间的间隔期，间隔时间是相等的，所以可以简化计算，设法使 $\sum x = 0$。若实际观测期为奇数，则取 x 的间隔期为 1，将 $x=0$ 置于所有观测期的中间，其余上下均以 1 递增或递减；若实际观测期为偶数，则取 x 的间隔期为 2，将 $x=+1$ 与 $x=-1$ 置于所有观测期的中间两期，其余上下均以 2 递增或递减。因为 $\sum x = 0$，所以 a 与 b 的计算公式便简化为

$$a = \frac{\sum y}{n}, \tag{5-10}$$

$$b = \frac{\sum xy}{\sum x^2}. \tag{5-11}$$

【例 5-6】某企业 2012—2017 年某产品的实际销售额如表 5-3 所示。

表 5-3 某产品销售情况

年　度	2012	2013	2014	2015	2016	2017
实际销售额/万元	100	108	114	120	132	140

根据以上资料，采用直线回归分析法预测 2018 年某产品的销售额。

（1）时间序列期数为偶数。

根据已知的资料进行加工整理，如表 5-4 所示。

表 5-4 直线回归分析表

年　份	间隔期 x	销售额 y	xy	x^2
2012	−5	100	−500	25
2013	−3	108	−324	9
2014	−1	114	−114	1
2015	+1	120	+120	1
2016	+3	132	+396	9
2017	+5	140	+700	25
$n=6$	$\sum x = 0$	$\sum y = 714$	$\sum xy = 278$	$\sum x^2 = 70$

将表中最后一行资料代入 a、b 的计算公式

$$a = \frac{\sum y}{n} = \frac{714}{6} = 119$$

$$b = \frac{\sum xy}{\sum x^2} = \frac{278}{70} = 3.97$$

故回归直线方程为

$$y = 119 + 3.97x.$$

2018 年的 x 值为 7（5+2），则

2018 年销售预测值 $y = 119 + 3.97 \times 7 = 146.79$（万元）

（2）时间序列期数为奇数。

将 2013—2017 年实际销售额资料进行加工整理，如表 5-5 所示。

表 5-5 直线回归分析表

年　份	间隔期 x	销售额 y	xy	x^2
2013	−2	108	−216	4
2014	−1	114	−114	1
2015	0	120	0	0
2016	+1	132	+132	1
2017	+2	140	+280	4
$n=5$	$\sum x = 0$	$\sum y = 614$	$\sum xy = 82$	$\sum x^2 = 10$

将表中最后一行资料代入 a、b 的计算公式

$$a = \frac{\sum y}{n} = \frac{614}{5} = 122.8$$

$$b = \frac{\sum xy}{\sum x^2} = \frac{82}{10} = 8.2$$

故回归直线为

$$y = 122.8 + 8.2x.$$

2018 年的 x 值为 3(2+1)，则

2018 年销售预测值 = 122.8 + 8.2×3 = 147.4（万元）

5.3 利润预测

5.3.1 目标利润预测分析的一般方法

所谓目标利润是指企业在未来一段期间内，经过努力应该达到的最优化利润控制目标。它是企业未来经营必须考虑的重要战略目标之一。

目标利润的预测步骤大致如下：

1. 调查研究，确定利润率标准

在调查研究的基础上，了解和掌握企业历史上利润率最高水平以及当前同业或社会平均的利润率水平，从中选择某项先进合理的利润率作为预测基础。可供选择的利润率主要有销售利润率、产值利润率和资金利润率。利润率标准不宜定得过高或偏低，否则会挫伤企业各方面的积极性和主动性。

2. 计算目标利润基数

将选定的利润率标准与企业预期应达到的有关业务量及资金指标相乘，便可测算出目标利润基数。公式是

$$目标利润基数 = 有关利润率标准 \times 相关指标. \qquad (5-12)$$

式中的相关指标取决于利润率指标的内容，可以分别是预计销售额、预计工业总产值或预计资金平均占用额。

3. 确定目标利润修正值

目标利润修正值是对目标利润基数的调整额。一般可先将目标利润基数与测算利润（即按传统方式预测出来的利润额）进行比较分析，并按本量利分析的原理分项测算为实现目标利润基数而应采取的各项措施，即分别计算各因素的期望值，并分析其可能性。若期望与可能相差较大，则适当修改目标利润，确定目标利润修正值。这个过程可反复测算多次，直至各项因素期望值均具有现实可能性为止。

4. 最终下达目标利润、分解落实纳入预算体系

最终下达的目标利润应该为目标利润基数与修正值的代数和。它应反映或能适应预算期企业可望实现的生产经营能力、技术质量保证、物资供应、人力配备、资金流转水平以及市

场环境等约束条件。按调整措施修订后的诸因素测算的期望利润应与目标利润口径一致。公式是

$$最终下达的目标利润 = 目标利润基数 + 目标利润修正值. \qquad (5-13)$$

目标利润一经确定就应立即纳入预算执行体系，层层分解落实，以此作为采取相应措施的依据。

【例 5-7】 某企业目标利润预测分析实例。

已知： 甲企业只经营一种产品，单价 120 元/件，单位变动成本 75 元/件，固定成本 380 000 元，2017 年实现销售 11 000 件，利润 115 000 元。企业按同行业先进的资金利润率预测 2018 年企业的目标利润基数。已知资金利润率为 18%，预计企业资金占用额为 900 000 元。

解： 2018 年目标利润基数 = 900 000×18% = 162 000（元）。

按本量利分析原理，可计算出 2018 年为实现 162 000 元利润应采取的单项措施（即在考虑某一因素变动时，假定其他因素不变）如下。

(1) 实现目标利润的销售量为 12 044 件[(162 000+380 000)÷(120-75)]，需要增加销量 1 044 件(12 044-11 000)，增长率为 9.5%(1 044÷11 000)。

(2) 实现目标利润的单位变动成本为 70.72 元/件[120-(380 000+162 000)÷11 000]，需要降低单位变动成本 4.28 元(75-70.72)，降低率为 5.71%(4.28÷75)。

(3) 实现目标利润的固定成本为 333 000 元[(120-75)×11 000-162 000]，需要压缩固定成本开支 47 000 元(380 000-333 000)，降低率为 12.37%(47 000÷380 000)。

(4) 实现目标利润的单价为 124.27 元/件[75+(380 000+162 000)÷11 000]，需要提高单价 4.27 元(124.27-120)，增长率为 3.56%(4.27÷120)。

可见，企业只要采取以上任何一项单项措施均可保证目标利润实现。若假定由于种种原因上述任何一项措施也无法实现，那么，还必须考虑采取综合措施。假定企业可考虑采取下列综合措施（计算过程略）。

(1) 为提高产品质量，追加 3% 的单位变动成本投入，可使售价提高 5%。则此时实现目标利润的销量期望值为 11 118 件。

(2) 假定该产品价格弹性较大，降低价格 8%，可使市场容量增长 40%。若企业生产能力尚有潜力，可以满足市场需要，企业只要销售 15 400 件，就可实现目标利润。

(3) 在市场容量不变的条件下，若追加 6 000 元约束性固定成本投入，可以提高自动化水平，提高人工效率，降低材料消耗。只要单位变动成本期望值达到 70.18 元/件，企业也能实现目标利润。

但是上述综合措施所要求的条件假定仍然无法实现，经过反复测算比较，企业确定的目标利润基数与可能实现利润的测算数之间仍有一段差距（假定为 12 000 元），目标太高，难以实现，可将目标利润修正值定为 15 000 元。则最终确定下达的目标利润预测值应为

$$162\ 000 - 15\ 000 = 147\ 000（元）.$$

5.3.2 利润敏感性分析方法在利润预测中的应用

影响利润的因素很多，各因素的利润灵敏度不同，人们对它们的重视程度也就应有所

区别。对敏感性高的因素，应当给予更多的关注，对敏感性低的因素则不必作为分析的重点。

利润敏感性分析的主要任务是计算有关因素的利润灵敏度指标，揭示利润与因素之间的相对关系，并利用灵敏度指标进行利润预测。

1. 测算任一因素以任意幅度单独变动对利润的影响程度

当影响利润的任一因素（假设为第 i 个因素）以任意幅度和任意方向单独变动（假设变动率为 $K_i = D_i\%$，D_i 为因素变动百分点）时，可以利用事先测算出来的因素利润灵敏度指标 S_i 很方便地预测出来这种变动将对利润产生什么影响。公式如下：

K_0(某因素变动使利润变动的百分比) = $(-1)^{1+i}$ × 该因素变动的百分点 × 该因素灵敏度指标

$$= (-1)^{1+i} \cdot D_i \cdot S_i \quad i=1,2,3,4 \quad (5-14)$$

【例5-8】已知有关因素的利润灵敏度指标如【例4-10】的计算结果所示，假定企业的单价和单位变动成本分别上升了5%。

要求计算这两个因素单独变动后对利润带来的影响。

解：依题意

$S_1 = 4\%, K_1 = +5\%, D_1 = +5$，则

$$K_0 = (-1)^{1+1} \times (+5) \times 4\% = 20\%$$

又 $S_2 = 2.4\%, K_2 = +5\%, D_1 = +5$，则

$$K_0 = (-1)^{1+2} \times (+5) \times 2.4\% = -12\%$$

答：当单价和单位变动成本分别上升5%时，利润将分别上升20%和降低12%。

2. 测算多个因素以任意幅度同时变动对利润的影响程度

当影响利润的任意因素（假设为第 i 个因素）以任意幅度和任意方向同时变动（假设变动率为 $K_i = D_i\%$，D_i 为因素变动百分点）时，我们可以利用事先测算出来的因素利润灵敏度指标 S_i 很方便地预测出这种变动将对利润产生什么影响。公式如下：

$$K_0(\text{多个因素同时变动后使利润变动的百分比}) = \left(D_1 + D_3 + \frac{D_1 \cdot D_3}{100}\right) \cdot S_1 - \left(D_2 + D_3 + \frac{D_2 \cdot D_3}{100}\right) \cdot S_2 - D_4 \cdot S_4 \quad (5-15)$$

【例5-9】已知有关因素的利润灵敏度指标如【例4-10】的计算结果所示，假定企业的单价上升了5%，单位变动成本降低了3%，销售量上升了3%，固定成本上升了2%。

要求计算这四个因素同时变动后对利润带来的影响。

解：依题意

$$S_1 = 4\%,\ S_2 = 2.4\%,\ S_4 = 0.6\%$$
$$K_1 = +5\%, K_2 = -3\%, K_3 = +3\%, K_4 = +2\%$$
$$D_1 = +5, D_2 = -3, D_3 = +3, D_4 = +2$$

则 $K_0 = (5 + 3 + 5 \times 3 \div 100) \times 4\% - [(-3) + 3 + (-3) \times 3 \div 100] \times 2.4\% - 2 \times 0.6\%$

= 32.6% + 0.22% − 1.2% = 31.62%

答：当上述四个因素同时变动时，利润将增长31.62%。

3. 测算为实现既定的目标利润变动率应采取的单项措施

如果已知目标利润比基期利润增长百分比 K_0，则为实现目标利润变动率而应采取的单项措施的计算公式如下：

$$K_i\text{（某因素为实现既定目标利润变动率而应当变动的百分比）}$$

$$= (-1)^{1+i} \times \frac{\text{目标利润变动率}}{\text{该因素灵敏度}} \times 1\%$$

$$= (-1)^{1+i} \times \frac{K_0}{S_i} \times 1\% \qquad i = 1,2,3,4 \tag{5-16}$$

【例 5-10】 已知有关因素的利润灵敏度指标如【例 4-10】的计算结果所示，假定目标利润比基期利润增长了50%。

要求计算为实现该目标利润变动率应采取的单项措施。

解：依题意

$K_0 = +50\%, S_1 = 4\%, S_2 = 2.4\%, S_3 = 1.6\%, S_4 = 0.6\%$，则

$$K_1（\text{单价的变动率}) = (-1)^{1+1} \times 50\% \div 4\% \times 1\% = 12.5\%$$

$$K_2（\text{单位变动成本的变动率}) = (-1)^{1+2} \times 50\% \div 2.4\% \times 1\% = -20.83\%$$

$$K_3（\text{销量的变动率}) = (-1)^{1+3} \times 50\% \div 1.6\% \times 1\% = 31.25\%$$

$$K_4（\text{固定成本的变动率}) = (-1)^{1+4} \times 50\% \div 0.6\% \times 1\% = -83.33\%$$

答：企业只要采取以下任何一个单项措施就可以完成利润增长任务，即单价增长12.5%、单位变动成本降低20.83%、销量增长31.25%、固定成本降低83.33%。

4. 测算为实现既定的目标利润变动率应采取的综合措施

利用利润灵敏度指标测算为实现既定的目标利润变动率而采取的综合措施，比测定单项措施麻烦得多，但更具有实际意义。为达到这个目标，需要反复测算多个因素同时变动对利润的影响程度。

经过反复测算，可最终确定能保证目标利润变动率的综合措施（若目标利润率太高可设法予以修正），并分解落实。

【例 5-11】 已知有关因素的利润灵敏度指标如【例 4-10】的计算结果所示，假定目标利润变动率为+60%。

要求计算为实现该目标利润变动率应采取的综合措施。

解：（假定由于物价上涨，使单位变动成本增长1%，经测算单价的增长率可达到4%，可设法降低固定成本总额4%，市场容量和企业的生产能力均无限制，具体分析过程略）

依题意，按式（5-16）计算：

$$S_1 = 4\%, S_2 = 2.4\%, S_3 = 1.6\%, S_4 = 0.6\%$$

$$K_0 = +60\%, K_1 = +4\%, K_2 = +1\%, K_3 = 0, K_4 = -4\%$$

$$D_1 = +4, D_2 = +1, D_3 = 0, D_4 = -4$$

则　　K'_0(多个因素同时变动后使利润变动的百分比)=
　　　　[4+0+(4×0)÷100]×4%-[1+0+(1×0)÷100]×
　　　　2.4%-(-4)×0.6%=16%

则　　K''_0(剩余目标利润变动率)= $K_0 - K'_0$ = 60%-16% = 44%

同样按式（5-16）计算：

K_3(为实现剩余目标利润变动率 K''_0 的销售量变动率)=
　　　　$(-1)^{1+3}$×44%÷1.6%×1%
　　　　=27.5%

答：在单位变动成本增长1%的情况下，为实现该目标利润变动率应采取以下综合措施：使单价增长4%，降低固定成本4%，增加产销量27.5%。

5.3.3 经营杠杆系数在利润预测中的应用

1. 经营杠杆的含义

在其他因素不变的条件下，销售业务量一定程度的变动会使利润以更大幅度变动，人们将这种利润变动率大于业务量变动率的特殊现象称为企业具有经营杠杆效应。从物理学的角度看，利用杠杆原理，可以用较小的力量移动较大的物体。产生经营杠杆效应的原因在于，当产销业务量变动时，因固定成本的存在而使得单位固定成本呈反比例变动，从而带来单位利润相对变化，导致利润的变动率总是大于产销量的变动率。在利润预测中，若只有销售业务量一项因素变动时，可以利用经营杠杆系数进行预测。

2. 经营杠杆系数及其计算

经营杠杆系数又被译作经营杠杆率（简记为 DOL），是指在一定业务量基础上，利润的变动率相当于产销业务量变动率的倍数，其理论公式是

$$DOL(经营杠杆系数) = 利润变动率/产销业务量变动率 = K_0/K_3 \qquad (5-17)$$

【例5-12】已知某企业连续3年的有关资料如表5-6所示。

要求计算第二年和第三年的经营杠杆系数。

表5-6　某企业连续三年有关资料

项目＼时期	第一年	第二年	第三年
单位贡献边际/元	50	50	50
销售量/元	10 000	20 000	30 000
贡献边际/元	500 000	1 000 000	1 500 000
固定成本/元	300 000	300 000	300 000
利润/元	200 000	700 000	1 200 000

解：

K_0(第二年的利润变动率) = (700 000 - 200 000) / 200 000 = +250%

K_0(第三年的利润变动率) = (1 200 000 - 700 000) / 700 000 ≈ +71%

K_3(第二年的销售变动率) = (20 000 - 10 000) / 10 000 = +100%

K_3(第三年的销售变动率) = (30 000 - 20 000) / 20 000 = +50%

DOL(第二年的经营杠杆系数) = 250% / 100% = 2.5

DOL(第三年的经营杠杆系数) = 71% / 50% = 1.42

答： 这两年的经营杠杆系数分别为 2.5 和 1.42。

按以上理论公式计算经营杠杆系数，必须掌握利润变动率和产销量变动率。这就不便于利用经营杠杆系数进行预测。为了事先能够确定经营杠杆系数，在实践中可按以下简化公式计算：

$$DOL(\text{经营杠杆系数}) = \frac{\text{基期贡献边际}}{\text{基期利润}} = \frac{cm \cdot x}{P}. \quad (5-18)$$

公式证明：

因为 $DOL = K_0 / K_3 = (\Delta P / P) / K_3 = \Delta P / (P \cdot K_3)$

当 x 变动时，$\Delta P = K_3 \cdot cm \cdot x$，代入上式得

$$DOL = (K_3 \cdot cm \cdot x) / (P \cdot K_3) = (cm \cdot x) / P$$

【例 5-13】 仍按上例资料。

要求用简化公式计算并验证第二年和第三年的经营杠杆系数，预测第四年的经营杠杆系数。

解：

DOL(第二年的经营杠杆系数) = 500 000 / 200 000 = 2.5

DOL(第三年的经营杠杆系数) = 1 000 000 / 700 000 ≈ 1.42

DOL(第四年的经营杠杆系数) = 1 500 000 / 1 200 000 = 1.25

答： 按简化公式计算的第二年和第三年的经营杠杆系数与按理论公式计算的结果完全相同；第四年的经营杠杆系数为 1.25。

3. 经营杠杆系数的变动规律

由式（5-17）和式（5-18）可见经营杠杆系数的变动规律如下：

（1）在盈利的条件下，分子（$cm \cdot x$）大于分母 P，所以经营杠杆系数恒大于 1。

（2）在前后期单价、单位变动成本和固定成本不变的情况下，产销量越大，经营杠杆系数越小；产销量越小，经营杠杆系数越大。所以，产销量的变动与经营杠杆系数的变动方向相反。

（3）由于成本指标的变动与利润指标的变动方向相反，因此，成本指标的变动与经营杠杆系数的变动方向相同。

（4）由于单价指标的变动与销售收入指标的变动方向相同，因此，单价指标的变动与经营杠杆系数的变动方向相反。

（5）在同一产销量水平上，经营杠杆系数越大，利润变动幅度就越大，从而风险也就越大。

(6) 经营杠杆系数 DOL 与销量的利润灵敏度 S_3 可以互相推算,两者关系是

$$DOL = 100 \times S_3, \quad (5\text{-}19)$$

$$S_3 = DOL \times 1\%. \quad (5\text{-}20)$$

4. 经营杠杆系数在利润预测中的应用

1) 预测产销业务量变动对利润的影响程度

在已知经营杠杆系数 DOL、基数利润 P 和产销变动率 K_3 的情况下,可按下列公式预测未来利润变动率 K_0 和利润预测额 P_1:

$$K_0(未来利润变动率) = 产销变动率 \times 经营杠杆系数 = K_3 \cdot DOL \quad (5\text{-}21)$$

$$\begin{aligned} P_1(预测利润) &= 基期利润 \times (1+产销变动率 \times 经营杠杆系数) \\ &= P \cdot (1 + K_3 \cdot DOL) \end{aligned} \quad (5\text{-}22)$$

【例 5-14】 已知甲公司 2017 年利润为 200 000 元,2018 年的经营杠杆系数为 1.4,销售量变动率为 15%。

要求计算 2018 年利润变动率和利润预测额。

解:

$$K_0(2018 年利润变动率) = 15\% \times 1.4 = 21\%$$

$$P_1(2018 年预测利润) = 200\ 000 \times (1+21\%) = 242\ 000 \ (元)$$

答: 2018 年利润变动率为 21%,2018 年预测利润为 242 000 元。

2) 预测为实现目标利润的产销变动率

已知经营杠杆系数 DOL、基数利润 P 和目标利润 P_1 或目标利润变动率 K_0 的情况下,可按下列公式预测产销变动率 K_3:

$$\begin{aligned} K_3(产销变动率) &= (目标利润 - 基期利润)/(基期利润 \times 经营杠杆系数) \\ &= (P_1 - P)/(P \cdot DOL) \end{aligned} \quad (5\text{-}23)$$

或

$$\begin{aligned} K_3(产销变动率) &= 目标利润变动率/经营杠杆系数 \\ &= K_0/DOL \end{aligned} \quad (5\text{-}24)$$

【例 5-15】 已知甲公司 2017 年利润为 200 000 元,2018 年的经营杠杆系数为 1.4,目标利润为 300 000 元,2018 年目标利润变动率为 50%。

要求测算为确保 2018 年目标利润的实现,其销售量变动率应为多少。

解: K_3(销售量变动率) = (300 000 - 200 000)/(200 000 × 1.4) = 35.71%

答: 为确保 2018 年目标利润的实现,销售量必须增长 35.71%。

5.4 成 本 预 测

5.4.1 成本预测的意义

成本预测是根据企业未来的发展目标和现实条件,参考其他资料,利用专门方法对企业一定时期的一定产品或某个项目未来成本水平及其发展趋势所进行的推测与估算。搞好成本

预测，对于加强成本管理、挖掘降低成本的潜力、提高经济效益以及正确进行生产经营决策，都具有十分重要的意义，具体体现在以下三个方面。

首先，成本预测既是全面加强企业成本管理的首要环节，也是正确编制产品成本计划的前提条件。

其次，成本预测为企业挖掘降低成本的潜力、提高经济效益指明方向。

再次，成本预测是企业管理当局正确进行生产经营决策的依据。

5.4.2 成本预测的程序

成本预测通常按以下步骤进行。

1. 提出目标成本草案

所谓目标成本是指在确保实现目标利润的前提下，企业在成本方面应达到的目标。它规定着企业未来降低成本的努力方向，一般具有效益性、可控性、目的性与先进性的特点。目标成本的提出与测定应经过反复测算才能完成。一般可采用两种方法进行预测。

（1）按目标利润进行预测。这种方法以事先确定的目标利润为前提，通过市场调查，根据销售预测和国内外同类企业的情报资料，考虑具有竞争能力的价格水平，按照预计销售收入扣除目标利润就可得到所需的目标成本。

$$目标成本 = 预计单价 \times 预测销售量 - 目标利润$$
$$= 预计销售收入 - 目标利润 \tag{5-25}$$

【例 5-16】 假定甲企业生产 A 产品，该产品的全年预计销售收入为 200 000 元，目标利润为 26 000 元。

要求预测甲企业该产品的目标成本。

解：目标成本 = 200 000 - 26 000 = 174 000（元）

答：该企业的目标成本为 174 000 元。

按这种方法可以使目标成本与目标利润的水平衔接起来。但它无法直接确定目标固定成本和目标单位变动成本指标，还需在此基础上继续分析。

（2）以先进的成本水平作为目标成本。确定目标成本还可以从本企业的历史最好的成本水平或国内外同类产品先进水平中选择标准，也可以按照上年实际水平扣减成本降低率作为目标成本。这种方法可以直接确定单位目标成本，但无法与目标利润联系起来。

2. 预测成本的发展趋势

目标成本提出后，企业还需要利用有关总成本模型预测总成本发展趋势，以检验在现有条件下实现目标成本的可能性与现实性。预测总成本的内容包括两个方面，首先是预测一定时期内各项成本费用的总体水平和结构，其次是预测在组织一定销售量时的有关成本水平。

3. 修订目标成本

通过检查预测结论是否符合当前实际，找出误差，分析产生差异的原因，并适当修正目标，使之尽量符合客观实际。

5.4.3 成本预测的方法

1. 因素预测法

因素预测法是以基年实际产品成本为基础,预计各成本项目在未来一定时期内将受哪些因素的影响及影响程度,预测计划期产品单位成本及总成本的方法。

影响产品单位成本水平变动的因素很多,下面从不同的成本项目分别预计其变动对产品单位成本的影响。

1)直接材料成本变动对单位产品成本的影响

产品成本中所消耗的直接材料包括原材料、辅助材料、燃料等,这种消耗成本水平由耗用数量和材料价格组成。所以,如果计划期单位产品材料耗用量与单价有变动,就会影响计划期产品单位成本和总成本。这种变化我们可以用下列公式进行计算:

$$y=c(1-am). \tag{5-26}$$

式中,y 为计划期产品单位成本;c 为基期产品单位成本;a 为某因素在基期成本所占比例;m 为在计划期内该因素上升或下降的比例。

【例 5-17】 甲企业生产 A 产品,上年单位成本 400 元,其中直接材料 300 元,计划年度经过工艺改革后,降低了生产产品的材料消耗,预计单位产品材料费用可节约 15%。在其他影响成本因素不变的情况下,预测计划年度该产品的单位成本。

解:根据公式,直接材料成本发生变动后,

$y(产品单位成本) = 400×(1-300÷400×15%)$
$= 400×(1-75%×15%) = 355$(元)

答:预测计划年度该产品的单位成本为 355 元。

【例 5-18】 甲企业本月生产 B 产品,上年单位成本 600 元,其中直接材料所占比重为 65%,预计计划年度原材料提价 25%。企业为了消除不利影响,准备改革原有的加工工艺,预计可使企业降低材料耗用量 25%。在其他影响成本因素不变的情况下,预测 B 产品计划年度的单位产品成本。

解:单位产品成本 $y = 600×\{1-65%×[1-(1+25%)×(1-25%)]\}$
$≈ 575.63$(元)

答:预测 B 产品计划年度的单位产品成本为 575.63 元。

2)直接人工成本水平的变动对单位产品成本的影响

单位产品成本中的直接人工成本取决于工人的平均工资和生产工人劳动生产率的高低。如果工资的增长幅度小于劳动生产率的增长幅度,产品成本就会降低;如果工资的增长幅度大于劳动生产率的增长幅度,产品成本就会上升。

【例 5-19】 甲企业生产 C 产品,基期单位产品直接人工 15 元,工资平均增长 10%,劳动生产率增长 15%。据此测算计划期由于工资水平及劳动生产率变动对单位产品成本的影响。

解:计划期产品单位成本降低额 $= 15×[1-(1+10%)÷(1+15%)] ≈ 0.65$(元)

答:计算表明,由于工资的增长幅度小于劳动生产率的增长幅度而使单位成本降低

0.65 元。

3）变动制造费用的变动对单位产品成本的影响

【例 5-20】 甲企业生产 D 产品，基期单位产品中制造费用占 25%，计划期因加强管理而使变动制造费用降低 5%，据此测算计划年度单位产品成本降低率。

解：计划年度单位产品成本降低率 = 25%×5% = 1.25%

答：计算表明，由于变动制造费用降低而使单位成本降低了 1.25%。

4）固定制造费用的变动对单位产品成本的影响

一个企业的固定成本总额在相关范围内保持不变，所以，随着产量的增加，单位产品分摊的固定成本份额将相应减少；当产量减少时，分摊到单位产品成本的固定成本就相应地增加。所以，我们将固定性制造费用变动和产量变动对单位产品成本的影响结合在一起预测。

【例 5-21】 甲企业生产 E 产品，基年的单位成本中固定成本 10 元，计划年度比基年的固定成本总额增加 15%，基年 E 产品产量为 300 件，计划期预测 E 产品产量为 480 件。预测由于产量增加，固定成本总额增加，单位产品成本降低。

$$单位产品成本降低额 = 10×[1-(1+15\%)÷(1+60\%)] ≈ 2.81 （元）$$

答：计算表明，由于产量增加的幅度大于固定成本总额增加的幅度，使单位产品成本降低 2.81 元。

影响单位产品成本水平变化的因素有多种，可能其中一个因素发生变动，也可能是其中的几个因素同时发生变动，因为因素之间是并列关系，所以预测分析结果也是并列关系即为相加关系。

2. 高低点预测法

根据一定时期历史资料中最高、最低产量下成本差额与最高、最低产量的差额进行对比，求出单位变动成本 b，然后再求得固定成本总额 a，最后即可根据计划期预计产量来预测计划期的产品总成本。其具体计算公式如下：

$$y = a + bx,$$

$$b = \frac{y_{高} - y_{低}}{x_{高} - x_{低}}, \tag{5-27}$$

$$a = y_{高} - bx_{高} \text{ 或 } y_{低} - bx_{低}. \tag{5-28}$$

求出 a、b 值后，再代入计划期的总成本方程式即可预测出计划期的产品总成本和单位成本。

$$预测计划期产品总成本 \; y_i = a + bx_i$$

$$预测计划期产品单位成本 = \frac{y_i}{x_i}$$

【例 5-22】 甲企业生产 A 产品的有关的历史资料如表 5-7 所示。计划年度内计划生产该产品 10 000 台。试用高低点法预测计划年度内 A 产品总成本水平。

表 5-7 产量、成本表

项 目	高点	低点
产量/台	20 000	15 000
总成本/元	9 000 000	7 000 000

$$b=(9\,000\,000-7\,000\,000)\div(20\,000-15\,000)=400\text{（元）}$$
$$a=9\,000\,000-400\times20\,000=1\,000\,000\text{（元）}$$

预计计划年度总成本 $=a+bx$
$$=1\,000\,000+400\times10\,000$$
$$=5\,000\,000\text{（元）}$$

计划期产品单位成本 $=5\,000\,000\div10\,000=500$（元）

答：预测计划年度内 A 产品总成本为 5 000 000 元，计划期产品单位成本为 500 元。

高低点法简单易行，在产品成本的变动趋势比较稳定的条件下，采用此法比较适宜，如果各期变动幅度较大，则不适宜采用。

3. 加权平均预测法

加权平均法是指以过去若干时期的固定成本总额和单位变动成本的历史资料，按其距离计划期的远近分别进行加权的预测产品总成本和单位成本的方法。

【例 5-23】某企业最近三年生产乙产品的成本资料如表 5-8 所示。

表 5-8 产品成本表　　　　　　　　　　　　　　元

年　份	固定成本总额 a	单位变动成本 b
2015	200 000	240
2016	220 000	220
2017	240 000	200

假设各年的加权权数分别为 0.2，0.3，0.5。

要求预测 2018 年度企业生产 2 200 件产品的成本总额及其单位成本。

预测 2018 年度产品总成本 $=\sum aw+\sum bw\cdot x=200\,000\times0.2+220\,000\times0.3+240\,000\times0.5+2\,200\times(240\times0.2+220\times0.3+200\times0.5)=696\,800$（元）

预测 2018 年度产品单位成本 $=696\,800\div2\,200\approx316.73$（元）

答：预测 2018 年度企业生产 2 200 件产品的成本总额为 696 800 元，其单位成本为 316.73 元。

5.5　筹　资　预　测

资金预测是会计预测的一项重要内容。保证资金供应，合理组织资金运用，提高资金利用效果，既是企业正常经营的前提，又是企业的奋斗目标之一。开展资金需要量及来源预测、现金流量预测、资金运动状况预测和投资效果的预测，是资金预测的重要内容。本节只介绍资金需要量预测，其余内容将在以后各章中分别介绍。

资金需要量预测，是在销售预测的基础上进行的。它是根据企业资金占用的历史资料和其他相关因素的变动来推测分析企业在未来一定时期内对资金的需要量。筹资预测过程，实际上也是一个提出不同筹资方案，对各筹资预测方案进行分析比较，使企业筹资的资本成本更低的一个过程。

关于资金需要量预测，我国财务管理已形成了一套方法体系，这里着重介绍西方的销售百分比预测法。所谓销售百分比法就是根据资产、负债各个项目与销售收入总额之间的依存关系，按照销售额的增长情况来预测需要追加多少资金的方法。此法是以未来销售收入变动的百分比为主要参数，考虑随销量变动的资产负债项目及其他因素对资金的影响而预测未来需要追加的资金量的一种定量方法。这种方法在西方国家颇为盛行。

该方法的基本思路是：

首先是假定资产、权益与销售收入之间存在稳定的百分比关系。

其次是根据预计的销售额和相应的百分比预计资产、权益。

再次是利用会计等式确定融资需求。

销售百分比法的计算一般有两种方法，即根据预计的销售总额确定融资需求和根据预计的销售增加量确定融资需求。

5.5.1 根据销售总额确定融资需求

基本步骤如下。

1. 根据历史数据确定销售百分比

通过对历史数据进行分析，找出资产、权益各项目与销售收入之间的依存关系。不同企业销售额变动引起资产、权益变化的项目及比率不同，需要根据历史资料进行判断。一般的规律是：

（1）资产类项目，如周转中的货币资金、正常的应收账款和存货等流动资产项目，一般都会因销售额的增长而相应地增加。而固定资产是否增加，则需视固定资产是否已被充分利用而定。若尚未充分利用，则可进一步挖掘其利用潜力，即可产销更多的产品；若对固定资产的利用已达到饱和状态，则增加销售就需要扩充固定资产。至于长期投资和无形资产等项目，一般不随销售额的增长而增加。

（2）权益类项目，如应付账款、应交税金和其他应付款等流动负债项目，通常会因销售的增长而相应增加。至于长期负债和股东权益等项目，则不随销售的增长而增加。（应付票据项目不同的企业会有差异）

将有关的资产、权益项目占销售额的百分比计算出来，表明每一元销售额占用的资产、权益金额。

2. 预测销售额

根据近几年的销售状况和对未来前景的展望，预测企业销售额的增长幅度。

3. 计算预计销售额下的资产和负债及留存收益增加额

根据公式"资产（负债）=预计销售额×各项目销售百分比"，计算出资产总额和负债总额。留存收益项目，通常可作为内部资金来源。当企业的税后利润大于股利时，超出部分计入留存收益。

留存收益的具体计算公式为

留存收益增加额 = 预计销售额 × 销售净利率 × (1 - 股利支付率).

为了预测的简便起见,通常使用上年的销售净利率与股利支付率,计算留存收益的增加额。

4. 计算外部融资需求

根据销售增长后对资产、负债的影响以及股东权益的变化,计算出企业对外的融资需求。计算公式为

外部融资需求量 = 预计总资产 − 预计总负债 − 预计股东权益(原股东权益 + 留存收益增加额). (5-29)

计算计划期内所需追加资金量考虑以下几方面的内容。

(1) 由于计划期间销售额增加而追加的资金量。它是根据增长的销售额按销售百分比计算的。

(2) 计划期提取的折旧未使用的余额。它是应提取的折旧额减去计划期用于更新改造后剩余的金额。

(3) 计划期的留存收益。即留存收益增加额。

(4) 计划期的零星资金需要量。

【例 5-24】甲公司在基期的销售收入实际数为 900 万元;获得税后净利 50 万元,并发放了股利 30 万元,而且基年的厂房设备的利用率已达饱和状态。该公司基期 2017 年 12 月 31 日的简略资产负债表如表 5-9 所示。

表 5-9 甲公司资产负债表

2017 年 12 月 31 日   万元

资　产	金额	权　益	金额
现金	3	应付账款	40
应收账款	90	应交税金	25
存货	100	长期负债	215
厂房设备(净额)	252	普通股股本	200
无形资产	55	留存收益	20
资产合计	500	权益合计	500

若甲公司计划期销售收入总额将增至 1 100 万元,并仍按基期股利发放率支付股利;折旧提取数为 5 万元,其中 70% 用于更新改造现有厂房设备;假定零星资金需要量为 60 万元。

要求预测计划期追加资金的需要量。

解:(1) 分析资产负债敏感性项目,如表 5-10 所示。

表 5-10 甲公司资产负债表
2017 年 12 月 31 日

资产	百分比/%	权益	百分比/%
现金	0.33	应付账款	4.44
应收账款	10.00	应交税金	2.78
存货	11.11	长期负债	（不适用）
厂房设备（净额）	28.00	普通股股本	（不适用）
无形资产　（不适用）		留存收益	（不适用）
资产合计	49.44	权益合计	7.22

（2）计算销售规模扩大后公司的总资产、总负债和总权益。

$$总资产 = 1\,100 \times 49.44\% + 55 = 598.84（万元）$$
$$总负债 = 1\,100 \times 7.22\% + 215 = 294.42（万元）$$
$$所有者权益 = 200 + 20 + 1\,100 \times 50 \div 900 \times [1-(30 \div 50)]$$
$$\approx 244.44（万元）$$

（3）根据内部资金来源和资金的零星支出情况，计算计划期外部融资额。

$$外部融资额 = 598.84 - 294.42 - 244.44 - 5 \times (1-70\%) + 60$$
$$\approx 118.48（万元）$$

答：预测计划期追加资金的需要量为 118.48 万元。

5.5.2　根据销售增加量确定融资需求

这是一种较为简便的方法。它仅根据销售增长对资产、权益的影响变动计算所需增加的筹资额，其计算公式为

$$外部融资需求 = 资产增加 - 负债增加 - 留存收益增加. \tag{5-30}$$

【例 5-25】以【例 5-24】资料为例，根据增加量计算外部融资额。

$$外部融资额 = (1\,100-900) \times 49.44\% - (1\,100-900) \times 7.22\% - 1\,100 \times 50 \div$$
$$900 \times [1-(30 \div 50)] - 5 \times (1-70\%) + 60 \approx 118.50（万元）$$

或

$$外部融资额 = [(3+90+100+252)-(40+25)] \times (1\,100-900) \div$$
$$900 - 1\,100 \times 50 \div 900 \times [1-(30 \div 50)] - 5 \times (1-70\%) + 60$$
$$\approx 118.50（万元）$$

本 章 小 结

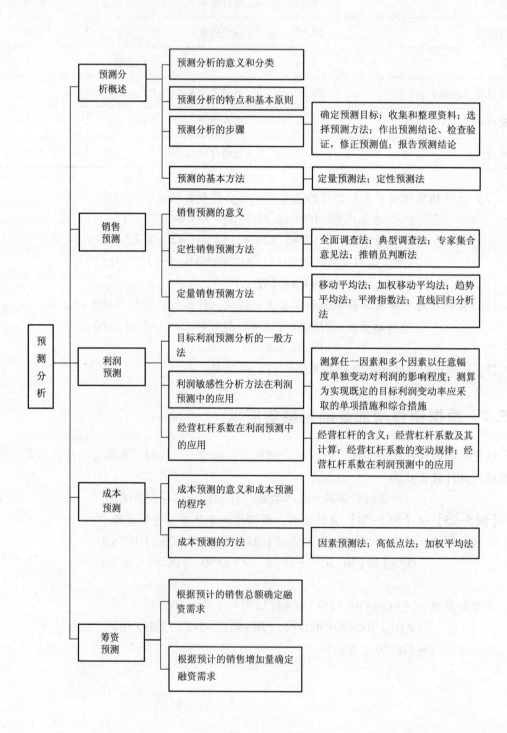

同 步 测 试

一、单项选择题

1. 预测分析的内容不包括（　　）。
   A. 销售预测　　　　　　　　　　　B. 利润预测
   C. 资金需要量预测　　　　　　　　D. 所得税预测

2. 预测分析方法按其性质可分为定量分析法和（　　）。
   A. 算术平均法　　B. 定性分析法　　C. 回归分析法　　D. 指数平滑法

3. 某企业计划期预计销售产品 5 000 件，单位产品销售成本为 20 元，销售成本利润率为 5%，则计划期产品销售利润额为（　　）元。
   A. 8 000　　　　　B. 4 500　　　　　C. 10 000　　　　D. 5 000

4. 如果某种产品的专属固定成本增加，而单位变动成本和售价不变，那么贡献边际和保本销售量将发生（　　）。
   A. 贡献边际增加，保本销售量减少　　B. 贡献边际减少，保本销售量增加
   C. 贡献边际不变，保本销售量增加　　D. 贡献边际不变，保本销售量不变

5. 已知甲公司 2017 年利润为 40 万元，2018 年的经营杠杆系数为 1.5，2018 年目标利润变动率为 60%。为确保 2018 年目标利润的实现，其销售量变动率应为（　　）。
   A. 40%　　　　　B. 35%　　　　　C. 30%　　　　　D. 45%

6. 已知甲公司 2017 年利润为 201 000 元，2018 年的经营杠杆系数为 1.5，销售量变动率为 30%。2018 年利润变动率为（　　）。
   A. 40%　　　　　B. 45%　　　　　C. 30%　　　　　D. 50%

7. 已知甲公司产销 A 产品，2016 年销售量 60 万件，利润 2 万元，2017 年销售量 80 万件，利润 3 万元，2017 年的经营杠杆系数为（　　）。
   A. 1.5　　　　　B. 1.8　　　　　C. 2.0　　　　　D. 1.4

8. （　　）是在预测过程中根据过去和现在预计未来，以及根据已知推测未知所采用的各种科学的专门分析方法。
   A. 本量利分析　　B. 判断分析　　C. 预测分析　　D. 决策分析

9. 在利润预测的敏感性分析中，对企业目标利润敏感性最大的因素是（　　）。
   A. 销售单价　　B. 单位变动成本　　C. 销售量　　D. 固定成本总额

10. 以下方法中（　　）属于定量预测分析法。
    A. 决策分析　　　　　　　　　　　B. 趋势外推预测法
    C. 判断分析　　　　　　　　　　　D. 专家意见法

二、多项选择题

1. 定性销售预测方法有（　　）。
   A. 全面调查法　　　　　　　　　　B. 专家集合意见法
   C. 推销员判断法　　　　　　　　　D. 典型调查法

2. 定量销售预测法有（　　　）。
A. 移动平均法　　　　　　　　　　B. 加权移动平均法
C. 趋势平均法　　　　　　　　　　D. 趋势外推预测法

3. 属于预测分析的特点有（　　　）。
A. 预见性　　　　　　　　　　　　B. 明确性
C. 相对性　　　　　　　　　　　　D. 可检验性
E. 灵活性　　　　　　　　　　　　F. 客观性

4. 预测分析按预测的内容分类有（　　　）。
A. 销售预测　　　B. 利润预测　　　C. 成本预测　　　D. 资金预测

5. 预测分析应掌握的基本原则有（　　　）。
A. 掌握丰富可靠的信息资料
B. 根据预测的经济过程与现象来选择预测方法
C. 预测分析的时间不宜太长
D. 预测分析应充分估计预测的可能误差

6. 预测分析的步骤有（　　　）。
A. 确定预测目标　　　　　　　　　B. 收集和整理资料
C. 选择预测方法　　　　　　　　　D. 作出预测结论
E. 检查验证，修正预测值　　　　　F. 报告预测结论

7. 目标利润的预测步骤大致如下（　　　）。
A. 调查研究，确定利润率标准　　　B. 计算目标利润基数
C. 选择预测方法　　　　　　　　　D. 确定目标利润修正值
E. 最终下达目标利润、分解落实纳入预算体系

8. 经营杠杆系数的变动规律（　　　）。
A. 在盈利的条件下，经营杠杆系数恒大于1
B. 产销量的变动与经营杠杆系数的变动方向相同
C. 成本指标的变动与经营杠杆系数的变动方向相同
D. 单价指标的变动与经营杠杆系数的变动方向相反

9. 经营杠杆系数在利润预测中的应用有（　　　）。
A. 预测产销业务量变动后的利润额
B. 预测产销业务量变动后的利润变动率
C. 预测为实现目标利润的产销变动率
D. 经营杠杆的变动率

10. 经营杠杆系数的计算公式有（　　　）。
A. 利润变动率÷产销业务量变动率　　B. 计划期贡献边际÷计划期利润
C. 基期贡献边际÷基期利润　　　　　D. 产销业务量变动率÷利润变动率

实 训 项 目

【实训一】

(一) 目的：练习经营杠杆系数在利润预测中的应用。

(二) 资料：

已知某企业连续 3 年的有关资料如表 5-11 所示。

表 5-11 三年相关资料表　　　　　　　　　　　　　　　　　　　元

时期 项目	2015 年	2016 年	2017 年
单位贡献边际	100	110	105
销售量	20 000	22 000	23 000
固定成本	1 500 000	1 400 000	1 300 000

(三) 要求：

(1) 计算 2016 年和 2017 年的经营杠杆系数。

(2) 预测 2018 年的经营杠杆系数。

(3) 若 2018 年销售量变动率为 25%，计算 2018 年利润变动率和利润预测额。

(4) 若 2018 年目标利润变动率为 30%，计算 2018 年销售量变动率。

【实训二】

(一) 目的：练习定量销售预测方法。

(二) 资料：

某企业生产一种产品，2017 年 1～12 月份销售资料如表 5-12 所示。

表 5-12　销售资料　　　　　　　　　　　　　　　　　　　　　吨

月份	1	2	3	4	5	6	7	8	9	10	11	12
销量 Q_t	100	105	108	108	110	110	112	113	112	115	115	116

(三) 要求：

(1) 按移动平均法预测 2018 年 1 月份的销售量（假定 $m=5$）。

(2) 采用加权移动平均法预测 2018 年 1 月份的预测销售量。

(3) 采用趋势平均法预测 2018 年 1 月份的预测销售量。

思考与练习

(1) 预测分析的含义是什么？进行预测分析的意义何在？
(2) 预测分析有何特点？进行预测分析时要掌握哪些基本原则？
(3) 预测分析一般要经过哪些步骤？
(4) 预测分析有哪些基本方法？
(5) 何谓经营杠杆系数？如何应用经营杠杆系数进行利润预测？
(6) 何谓利润敏感性分析？如何应用利润敏感性分析方法进行利润预测？

第 6 章
短期经营决策分析

> ▶ **知识目标**
> (1) 理解短期经营决策的含义,明确短期经营决策的一般程序。
> (2) 理解并掌握短期经营决策应考虑的成本概念,掌握相关成本和非相关成本。
> (3) 熟练掌握短期经营决策分析常用的各种方法。
> (4) 明确各种类型产品生产决策分析的基本原理,并熟练掌握其决策分析方法。
> (5) 明确产品定价和调价决策分析的基本原理,并掌握其决策分析方法。
>
> ▶ **技能目标**
> (1) 能够运用短期经营决策分析常用的各种方法,对产品生产决策所涉及的问题进行决策分析,解决企业中生产什么、生产多少和如何生产等方面的实际问题。
> (2) 能够运用产品定价和调价决策分析的基本原理,解决企业中怎样科学定价、如何合理调价等方面的实际问题。

6.1 短期经营决策概述

现代管理学认为,管理的重心在经营,经营的重心在决策。决策的正确与否,往往关系到一个企业的兴盛衰亡,因此,在科学预测的基础上,利用会计信息进行决策分析,是管理会计的核心内容之一。

6.1.1 企业经营决策的意义

决策是指企业管理者在现实条件下,为了达到预期的经营目标,通过预测及对比分析,在两个以上的可行方案中选择最佳方案的行为过程。

决策是事先做出的抉择,正确的经营决策是企业正确进行生产经营活动的前提和基础。决策是否正确,不仅直接影响企业的经济效益,而且关系到企业的盛衰成败,从这个意义上说,决策是企业经营管理的核心问题。一个管理者每天都会采取许多行动,也就是说每天都会做出许多决策,有正确的决策,也有错误的决策。决策者的职位越高,他做出的决策就越重要,影响的范围越大、程度越深。企业管理者的决策失误,会影响企业的经营活动,导致财务状况恶化，甚至危及企业的生存。

现代管理学认为，企业的经营管理过程实际上就是决策的过程。一个组织的全部管理活动都是集团活动，决策过程就成为组织中许多集团和个人共同参与的活动：制订计划的过程是决策；在两个以上备选方案中选择其中一个也是决策；组织的设计、部门的分割、决策权的分配等是组织方面的决策；实际业绩与预算的比较和考核、控制方法的选择等是控制方面的决策。

6.1.2 企业经营决策的分类

企业的经营决策涉及面较宽，为了掌握各类决策的不同特点，以便正确进行决策分析，有必要从不同的角度，对企业经营决策进行分类。从管理会计的角度出发，企业的经营决策可做如下分类。

1. 按决策的重要程度分类

（1）战略决策。它是指确定企业的发展方向，使其适应外部环境变化的决策。具体地讲，就是对企业总目标以及为实现总目标而获得、使用和配置各种资源的抉择过程。它解决的是一些事关全局的重大问题，如新产品研究和开发的决策、生产规模扩大或缩小的决策等。

（2）战术决策。它是指与达到确定目标的手段和方法有关的决策，其重点是如何组织企业内部力量，如降低产品成本的决策和调整采购地点的决策。

2. 按决策受益期时间长短划分

（1）长期决策。这类决策又称为投资决策，是指对企业经济效益的影响时间在一年以上的决策，一般都涉及企业的发展方向及规模等重大问题，如厂房、设备的新建与更新，新产品开发，设计方案选择与工艺改革，企业剩余资金投向等。这类决策一般都具有使用资金量大、对企业发展影响时间长的特点。

（2）短期决策。这类决策又称为日常经营决策，是指对企业经济效益的影响在一年以内的决策，决策的主要目的是使企业的现有资源得到最充分的利用。经营决策一般不涉及对长期资产的投资，所需资金一般靠内部筹措。短期决策的内容与企业日常生产经营活动密切相关，包括企业的销售决策、生产决策、成本决策、定价决策等。

3. 按决策条件的确定程度划分

（1）确定型决策。它是指影响决策的相关因素的未来状况是确定的，决策的结果也是确定的和已知的一种决策类型。它可以运用常规决策方法进行确切测算，并可以用具体的数字反映出方案的经济效益。管理会计决策分析中大部分都是确定型决策。

（2）风险型决策。它是指影响决策的相关因素的未来状况不能确切肯定，但该因素可能存在几种结果，每一种结果出现的概率是已知的一种决策类型。比如，决策者在做销售决策时可能对计划期的销售量不能完全确定，只知道计划期的销量可能为 100 件、200 件、300 件、400 件，其概率分别是 0.5、0.3、0.2、0.1。在这种情况下，决策者可以通过计算销售量期望值大小来进行决策。由于决策是依据可能的而不是确定的因素来进行判断的，因此对方案的选取带有一定的风险。

(3) 不确定型决策。它是指影响决策的相关因素的未来状况完全不能确定，或者虽然知道它们存在几种可能的结果，但不知道各种结果出现的概率是多少的一种决策类型。如管理者在进行销售决策时，计划期的销量可能为 100 件、200 件、300 件、400 件，但不知道每种销售量的概率是多少，这种决策就完全取决于决策者的经验和判断能力。

4. 按决策本身的不同性质进行分类

(1) 采纳与否决策。它是指只需要对一个备选方案做出选择的决策，也称接受与否决策、单一方案决策。例如亏损产品是否停产的决策，是否接受加工订货的决策等。

(2) 互斥选择决策。它是指在一定的决策条件下，存在着几个相互排斥的备选方案，通过对比分析，最终选择最优方案而排斥其他方案的决策。例如零部件是自制还是外购的决策，联产品是否进一步加工的决策等。

(3) 最优组合决策。它是指几个备选方案可以并举，在其资源总量受到一定限制的情况下，如何将这些方案进行优化组合，使其综合经济效益达到最优的决策。例如在几种约束条件下生产不同产品的最优组合决策，在资本总量一定的情况下不同投资项目的最优组合决策等。

除上述分类方法外，还有一些其他分类方法。如按决策问题是否重复出现可分为重复性决策和一次性决策；按决策部门的层次划分可分为高层决策、中层决策、基层决策；按管理会计职能划分可分为规划决策、控制决策、组织决策，等等。管理会计一般采用按受益时间长短分类的标准，着重分析短期经营决策和长期投资决策。

6.1.3 短期经营决策的含义

1. 短期经营决策的定义

短期经营决策是指决策结果只会影响或决定企业近期（一年或一个经营周期）经营实践的方向、方法和策略，侧重于生产经营、资金、成本、利润等方面，对如何充分利用企业现有资源和经营环境，以取得尽可能大的经济效益而实施的决策。

2. 短期经营决策的内容

短期经营决策的具体内容较多，概括地说主要包括生产决策和定价决策两大类。

生产决策是指短期（如一年）内，在生产领域中，围绕是否生产、生产什么、怎样生产以及生产多少等方面问题而展开的决策。包括新产品开发的决策分析、亏损产品的决策分析、产品直接出售或进一步加工的决策分析、零部件自制或外购的决策分析、资源限制条件下产量的决策分析、生产工艺技术方案的决策分析、生产能力充分利用的决策分析、设备购建或租赁的决策分析、是否接受特殊价格追加订货的决策等。

定价决策是指短期（如一年）内，在流通领域中，围绕如何确定销售产品价格水平的问题而展开的决策。这种决策经常采用的方法包括利润最大化定价法、完全成本加成定价法、变动成本加成定价法等。

3. 短期经营决策的特点

由于短期经营决策主要涉及企业的日常经营活动，因此，与长期投资决策相比具有如下特点。

（1）它是企业的战术性决策。短期经营决策的内容主要是现有生产能力和资源的有效利用，通常不涉及企业生产能力的扩大问题，影响决策的有关因素的变化情况通常是确定的或基本确定的，许多决策问题如产品生产、材料采购耗用等都是重复性的。因此，短期经营决策是一种战术性决策。

（2）决策者通常是企业中下层管理人员。由于短期经营决策是一种战术性决策，所涉及的是日常经营管理方面的事务，所以，这类决策通常由企业内部中下层管理部门进行。

4. 短期经营决策的假设

短期经营决策的基本假设包括：

（1）决策方案不涉及追加长期项目的投资；
（2）经营问题已经明确，决策目标基本形成；
（3）所需预测资料齐全；
（4）各种备选方案均具有技术可行性；
（5）只有单一方案和互斥方案两种决策形式；
（6）凡涉及市场购销的决策，均以市场上具备提供材料或吸收有关产品的能力为前提；
（7）销量、价格、成本等变量均在相关范围内波动；
（8）各期产销平衡。

6.1.4 短期经营决策的一般程序

正确的决策取决于四个基本要素：明确的决策目标、正确的决策原则、优秀的决策者和科学的决策程序。其中，前三个要素贯穿于决策全过程并融合在决策基本程序的有关步骤之中。

按照科学的决策程序进行决策是决策者进行科学有效决策的保证。企业的决策过程实质上是一个提出问题、分析问题和解决问题的过程，可以概括为以下几个步骤。

1. 确定决策目标

确定决策的目标，是进行决策的前提。它是在调查现实市场和收集大量信息的基础上提出的，确定决策的目标就是要弄清楚这项决策究竟要解决什么问题。

决策的目标是决策的出发点和归宿。它一般应具备三个特征：① 目标具体、明确，不能含混不清；② 目标成果可以计量，以使多种方案的选择有明确的依据；③ 目标的实现在主、客观上具有现实可能性。

2. 拟订若干可行的备选方案

最优方案是在若干备选方案中选出的，因此，在进行决策时，要提出各种可供选择的方案，以便进行比较，从中选择最优方案。应该注意：每个备选方案都要实事求是，要务必使现有资源得到最合理、最充分的利用。同时，所提出的方案必须是技术上先进、经济上合理的方案，而且要有备选方案，因为没有备选方案就谈不上择优。

3. 收集各备选方案的有关信息

拟订备选方案后要有针对性地收集可计量的有关预期成本和预期收入以及其他资料。对于收集到的各种资料，还要进行深入的调查分析，要去粗取精，去伪存真，使其转化为对决策有用的信息。

4. 考虑不可计量因素的影响

与备选方案相关的因素，除了可计量因素外，还有一些是难以或不能用数量形式来计量的因素，如社会环境、生态环境、国家方针政策、企业信誉等。决策时必须对这些不可计量因素加以考虑，并尽可能以可计量因素加以权衡。很多情况下，某个方案在定量分析时可能是最佳的，但考虑到不可计量因素后，原来的结论可能发生改变。

5. 选择最优方案

从若干个可达到同一目标的可行方案中选定一个最优方案是决策的核心问题。它是计算、比较、分析、评价和判断的过程。在方案选优时，应遵循如下决策的基本原则。

(1) 全面考虑、综合评价的原则。对不同的方案进行优选时，既要从经济上考虑合理性，又要从技术上考虑先进性，同时要考虑该方案的社会效益；既要考虑企业的内部条件，又要考虑企业的外部因素影响；既要重视可计量因素的影响，又要注意不可计量因素的影响。总之，要从经济、技术、社会效益三个方面来综合评价。不同的方案在这三方面是不统一和不平衡的。因此，必须进行全面分析，在对不同方案综合评价的基础上进行对比与优选。

(2) 决策方案最优化原则。传统观念认为，"以最小的代价获得最大的收益"是经营的核心问题，"最优决策"是决策的最高原则。美国管理学家西蒙教授认为，如果要求选择最优方案，必须满足四个前提：① 决策者对全部可行方案及其未来执行结果能全面掌握。② 必须要确实存在着全面的最优方案。③ 决策者要有充裕的人力、物力和时间。④ 全部因素和目标都能量化，以便采用数量方法加工。但在实际经济生活中同时满足这些前提条件是很困难的，所谓的"最优方案"，实际上只是"相对最优"的方案。

6. 在执行决策的过程中进行信息反馈，及时修正决策方案

尽管在进行决策时要力求做到可靠、合理、正确，但是由于现实中存在着大量的不确定因素，在预测中难以完全预料到，因而在决策的执行过程中，往往由于客观情况发生变化或主观判断失误而影响决策效果。为此，在执行决策的过程中，要及时进行信息反馈，不断对原有方案进行修正或提出新的决策目标。这在控制论中称为反馈环节，在决策理论中称为决策的动态过程。

6.2　短期经营决策应考虑的成本概念

企业经营决策的目标有经济、技术和社会三个方面，进行择优可计量的因素主要是经济效益。经济效益的体现是多方面的，比如产量、劳动生产率、成本、资金周转、产品质量、盈利等，都可以反映出方案经济效益的好坏。但成本是经济效益的一个关键因素，它是一个综合性的经济指标，企业所有工作的成绩与缺点、成功与失误都会反映到成本指标上来，而成本的高低最终又会体现到利润中去。因此，决策方案的未来成本和未来利润就成为评价不同方案经济效益大小的依据。

管理会计为了满足经营决策的需要，建立了若干新的成本概念，除前面涉及的固定成本

与变动成本之外，还包括其他一些概念。这些成本概念主要是为了决策分析的需要而建立的，是适用于特定目的、特定条件和特定环境的成本概念。现将决策分析使用的成本概念简要介绍如下。

6.2.1　差量成本

广义的差量成本是指可供选择的不同方案之间预计总成本上的差额，与差量成本相联系的一个概念是差量收入，不同方案在收入上的差量称为差量收入。

狭义的差量成本又称增量成本，是指不同产量水平所形成的成本差别。差量成本与变动成本有一定的区别和联系。如在产量的相关范围内，不同产量水平下的差量成本就是不同产量水平下的变动成本之差，即差量成本与变动成本取得了一致；但是，当产量超过相关范围时，不同产量水平下的差量成本包括固定成本和变动成本两部分。

6.2.2　沉没成本

它是指过去已经发生或由过去的决策所引起、现在的决策不能加以改变的、并已经支付过款项的成本。例如，某企业过去购置了一台设备，原价20 000元，累计折旧5 000元，随着技术的进步，这台设备已经过时，在考虑更新设备的决策中，这台设备原始支出中无法收回的账面净值15 000元就属于沉没成本，因为现在的决策不能改变这个事实。如果这台机器有残值或可出售并带来少量收入，则这部分少量收入与残值就不属沉没成本，因为对决策来说它是可以利用的部分，是与未来决策有关的，它不应包括在沉没成本当中。

6.2.3　边际成本

边际成本是指成本对产量无限小变化的变动部分，即由产量无限小变化所引起的成本变动程度。这是从数学的角度来讲的。但在微观的现实经济生活中，产量的变动最小只能小到一个单位实物产量，若小到一个单位实物产量以下（如1/10、1/100个单位实物产量）就没有意义了。因而，边际成本的实际计量，就是产量增加或减少一个单位实物产量所引起的总成本变动，而这个成本变动就是单位变动成本。也可以说，边际成本是指总产量中，生产最后一个产品所发生的成本增加额，或从总产量中减少最后一个产品生产所造成的成本减少额。因此，也可以把由产量变动引起的差量成本看做边际成本这个理论概念的实际表现形式。在相关范围内，每增加一个单位产品的差量成本，就是单位产品的变动成本。因此，在相关范围内，增加一个单位产品生产的变动成本就是边际成本，也是差量成本，在这种情况下，这三个成本概念的含义是一致的。但边际成本不会在任何情况下都与差量成本、变动成本一致。当超过相关范围时，由于产量变动引起固定成本或变动成本的变动，使差量成本与变动成本不一致，从而导致边际成本与单位变动成本不一致。

此外，通过数学推导论证，边际成本还和平均成本之间存在一个重要关系，即当某种产品的平均成本与边际成本相等时，平均成本最低。边际成本和边际收入之间也有一个重要关系，即当某种产品的边际收入与边际成本相等时，也就是边际贡献净增额为零时，企业实现最多的利润。这两个规律性的关系对企业经营决策和提高经济效益具有重要指导意义。

6.2.4 机会成本

从若干备选方案中选择并实施其中某一方案，必然会同时放弃实施次优方案，由于实施某一方案而放弃次优方案所能获得的利益，称为机会成本。机会成本也可理解为由于放弃某一次要方案而损失的"潜在利益"。如某厂甲产品的生产需要 A 部件，该部件可以利用剩余生产能力生产也可以外购。如果外购 A 部件，该厂的剩余生产能力就可以出租，每年可以获得租金收入 5 000 元。对于企业而言 5 000 元的租金收入就是它选择自制 A 部件的机会成本。因为，当它选择自制时相应地就放弃了外购，选择自制的"所得"是以放弃外购的"潜在收益"5 000 元为代价的。

机会成本并非现实已发生的成本支出，因此不必在财务会计的账簿中进行记录，但在决策分析评价中必须认真考虑，否则可能做出错误的抉择。运用机会成本的概念，有利于对被选择方案是否具有最优性进行全面评价。

还有一类成本称为应付成本，亦称"视同成本"或"估计成本"，它是机会成本的一种表现形式。例如，企业要购买生产设备，有多种方案可供选择，应对各种可供选择方案进行正确分析对比，以选择最优方案，不论企业为此所用的资金是自有的还是外借的，都必须把利息作为机会成本看待。企业自有资金的应计利息就是应付成本的一种形式。

6.2.5 现金支出成本

现金支出成本又称为付现成本，是指决策执行当期需用现金或存款支付的成本。应注意的是，现金支出成本是指在决策付诸实施的决策执行期限内，以现金支付的成本。它与过去的以现金支出并已入账的成本是有区别的。不同方案在未来决策期内的付现成本往往不尽相同，为了适应企业付现能力，有时管理当局宁可选择现金支出成本低的方案来取代经济效益最优的方案，以适应其决策期的现金支付能力。如某企业需要及时更换一条生产线，否则企业将损失 40 万元。现有关部门联系到甲、乙两家供应商，甲供应商可以按 65 万元提供该套设备，但货款必须立即付清；乙供应商可以按 70 万元供应该套设备，交货时只需先支付货款的 15%，其余的 85%在未来 8 个月内付清。当时，企业的现金余额为 15 万元，一个月内无法筹集到更多的现金。基于这种情况，决策者的最终选择是从乙供应商那里购置设备。尽管从乙供应商那里购置设备的总成本高于从甲供应商那里购置设备的总成本 5 万元，但其现金支出成本较低，企业目前的支付能力能够承受。这样既能避免损失，又能够利用提前恢复生产所获得的收益补偿多支出的购置成本。

6.2.6 重置成本

重置成本又称现时成本或现时重置成本，是指在现行条件下重新购置或建造一项全新资产所发生的成本。在物价变动较为频繁时期，以历史成本作为计算依据，往往造成名盈实亏，无法重新买回与补偿原有资产，因此，当我们进行有关资产的决策分析时，必须考虑资产重置成本而不是历史成本。如某企业现拥有一台设备，2 年前以 50 万元的成本购进，而该种设备的现行市价为 70 万元。当企业考虑变卖这台设备时，是以 50 万元作为变价处理的计价基础还是以 70 万元作为变价处理的计价基础呢？无疑，企业会明智地选择后者，因为只有这样，才可以用卖出这台设备的所得换回同种设备。

6.2.7　专属成本与共同成本

专属成本是指与特定的产品、作业、部门相联系的成本，没有这些产品、作业或部门，就不会发生这些成本。例如，为了满足一批特殊订货而发生的专用工、模具费开支，就是该批订货的专属成本。一般而言，一种产品（或部门）的专属成本应由该种产品（或部门）的收入直接补偿。因此，专属成本通常是决策者进行决策分析时，与其相关的收入进行对比的成本。

共同成本是指与几种产品、作业、部门有关的，应由它们共同负担的成本。例如，在一条生产线上生产 A、B、C 三种产品，则该套生产线的折旧费构成了该三种产品的共同成本。共同成本应由相关的若干产品或部门共同分摊。对于其中的某一产品或某个部门而言，其分摊多少与分摊与否并不会改变共同成本总额，更进一步讲，无论这一产品的产量是多少或这一部门的业务量是多少，共同成本总额都保持不变，它不因某一产品的停产而不发生，也不因这一产品产量的增加而增加。所以，共同成本通常是不对决策分析产生影响的成本。在方案分析比较中，专属成本是相关成本，是选择方案的增量成本，属于差量成本。共同成本是相对固定的，不是增量成本，一般无须包括在差量成本中进行分析计算。

6.2.8　可避免成本与不可避免成本

可避免成本是指通过某项决策行动可以改变其数额的成本。也就是指那些成本发生与否取决于决策者是否选择某种决策的成本。例如，企业固定成本中的酌量性固定成本，如广告费、培训费等，对开拓经营业务是有益的，但它并非绝对不可缺少的，并且支付数额的多少要根据企业具体财务状况，由决策者具体控制。因此，这些成本属于可避免成本。

不可避免成本是同可避免成本相对应的成本概念，它是指不能通过某项决策行动改变其数额的成本，不可避免成本是不随决策人意志而改变的。例如，现在的固定资产折旧费、已租赁房屋和机器设备的租金等，是企业过去决策的结果，除非把这些固定资产处理掉，否则它们的数额是不能变更的。因此，这些成本称为不可避免成本。

6.2.9　可延缓成本与不可延缓成本

可延缓成本是指在决策方案已经决定采用并准备实施的前提下，由于企业财力有限，虽与方案直接相联系，但可以推迟执行并且不会影响全局的成本。例如，新建企业可以推迟的环境绿化工程、职工福利设施，以及设计考究、耗资较大的厂门、厂区道路等项目的开支等就属于可延缓成本。

不可延缓成本则与此相反，如某一方案一经选定，即使企业财力有限、资金短缺，也不能推迟这部分成本的开支，必须立即付诸实施，否则会给企业经济效益造成严重损失。与此类方案联系的成本就属于不可延缓成本。这样区分的目的是便于在企业财力有限的情况下区分轻重缓急，以便最充分地运用企业有限的财力，提高资金运用效果。

6.2.10　相关成本与非相关成本

以上所介绍的成本概念，按与决策的相关性划分，可分为两类。一类是相关成本，差量成本、边际成本、机会成本、付现成本、重置成本、可避免成本、可延缓与不可延缓成本都属这一类；另一类是非相关成本，如不可避免成本、沉没成本、共同成本等，以及在不同的方案对比中相同项目数额相等的未来成本都属于非相关成本。

相关成本是指与决策相关联，进行决策分析时必须认真加以考虑的未来的各种成本。这类成本通常因决策的产生而产生，因决策的改变而改变，它们从根本上影响和决定着决策方案的取舍，并且这类成本都是目前尚未发生或支付的成本。

非相关成本是指已经发生或者虽未发生，但与决策没有关联，进行决策分析时不必考虑的成本。这类成本通常对决策没有影响作用，不因决策的产生而产生，也不因决策的改变而改变。

由于决策分析实际上是确定决策的各备选方案之间的差异，因此，对于决策的各备选方案中项目相同、金额相等的未来成本，无论其是否因决策的产生而产生，均可视为非相关成本。进行决策分析时，准确地划分相关成本与非相关成本对决策分析的结果至关重要，决策分析实际上就是将决策的各备选方案的相关收入与其相关成本进行对比，确定各备选方案的获利性。将非相关成本作为相关成本考虑或者忽略某些相关成本，都必然会影响决策的准确性，甚至得出与正确结论完全相反的选择。

6.3　短期经营决策分析常用的方法

短期经营决策分析的方法很多，按决策性质、决策内容和取得资料的不同进行划分，可以分为定性分析法和定量分析法两大类。管理会计着重采用定量分析法，在进行定量分析时，由于决策所涉及的变量因素的预测结果的确定性程度不同，因而定量分析法又分为确定型决策分析方法和非确定型决策分析方法。

6.3.1　确定型决策分析方法

在确定型经营决策类型中，各种相关因素可能出现的结果是已知的，采取某一方案只会有一种确定的结果。确定型决策分析方法包括差量分析法、贡献边际分析法、本量利分析法、边际分析法和线性规划法等。

1. 差量分析法

差量分析法就是对不同备选方案所预期的收入、成本、利润之间的差额进行充分的分析、比较后,从中选择最优方案的决策方法。

差量是指各种不同的备选方案之间的差异,具体分为差量收入、差量成本和差量利润。差量收入是一个备选方案的预期收入与另一个备选方案的预期收入的差异数;差量成本是一个备选方案的预期成本与另一个备选方案的预期成本的差异数;差量利润是差量收入与差量成本的差额。可以用公式表示如下:

$$差量收入=甲方案的收入-乙方案的收入,$$
$$差量成本=甲方案的成本-乙方案的成本,$$
$$差量利润=差量收入-差量成本.$$

以上公式只要差量收入大于差量成本,即差量利润为正数,就说明甲方案优于乙方案;相反,如果差量收入小于差量成本,即差量利润为负数,则说明乙方案优于甲方案。

差量分析法的决策程序一般可以分为:

(1) 计算备选方案的差量收入;
(2) 计算备选方案的差量成本;
(3) 计算备选方案的差量利润;
(4) 比较、选择执行方案。

应该注意的是:计算差量收入与计算差量成本的方案的排列顺序必须保持一致。

【例 6-1】 甲工厂使用同一台设备,可生产 A 产品,亦可生产 B 产品。该设备的最大生产量为 50 000 工时,生产 A 产品每件需 25 工时,生产 B 产品每件需 12.5 工时。两种产品的销售单价、单位变动成本和固定成本总额资料如表 6-1 所示。

表 6-1 产品资料表   元

摘 要	A 产品	B 产品
销售单价	25	40
单位变动成本	14	30
固定成本总额	70 000	

要求根据表 6-1,采用差量分析法分析生产哪种产品较为有利。

解: 由于无论生产 A 产品还是 B 产品,固定成本总额 70 000 元都是不变的,所以,在决策分析中,70 000 元属非相关成本,决策分析时不必考虑。

(1) 按设备最大生产量,分别计算 A 产品和 B 产品的最大产量。

A 产品的最大产量=最大生产量工时/A 产品每件工时=50 000÷25=2 000(件)

B 产品的最大产量=最大生产量工时/B 产品每件工时=50 000÷12.5=4 000(件)

(2) 分别计算两方案的差量收入、差量成本和差量利润并进行比较。

$$差量收入=2\ 000×25-4\ 000×40$$
$$=-110\ 000(元)$$

$$\text{差量成本} = 2\,000 \times 14 - 4\,000 \times 30$$
$$= -92\,000\ (\text{元})$$
$$\text{差量利润} = -110\,000 - (-92\,000)$$
$$= -18\,000\ (\text{元})$$

（3）评价。计算结果为负差量利润 18 000 元，说明差量收入小于差量成本，即后一方案（生产 B 产品）比前一个方案（生产 A 产品）较优，因此，应选择生产 B 产品。

2. 贡献边际分析法

贡献边际分析法是指在固定成本不变的情况下，通过对比不同备选方案所提供的贡献边际的多少进行选优的一种方法。例如，亏损产品是否停产的决策、新产品开发的决策等都可以运用贡献边际分析法。

必须指出的是，这里所说的贡献边际，是指各种产品所提供的贡献边际总额，或者每人工小时、机器小时所提供的贡献边际。尽管单位产品贡献边际是反映产品赢利能力的重要指标，但在评价各备选方案时，绝对不能以单位产品贡献边际的大小作为选优的依据。这一点是显而易见的。

【例 6-2】甲企业现有生产能力 60 000 机器小时，目前的生产能力利用程度为 90%，剩余的生产能力可以用来开发新产品 A，每件工时定额 4 小时；也可以用来生产 B 产品，每件工时定额 5 小时。预计有关销售价格和成本资料如表 6-2 所示。

表 6-2　销售价格及成本　　　　　　　　　　　　　　　　元

产品名称	A 产品	B 产品
销售单价	45	55
单位变动成本	27	35
单位贡献边际	18	20

要求根据表 6-2 作出该企业利用剩余生产能力开发哪种新产品较为有利的决策。

解： 我们可以根据贡献边际分析法编制计算表如表 6-3 所示。

表 6-3　计算表

摘　要	A 产品	B 产品
销售单价/元	45	55
单位变动成本/元	27	35
单位贡献边际/元	18	20
单位产品所需定额工时/小时	4	5
单位定额工时提供的贡献边际/（元·时$^{-1}$）	18÷4=4.5	20÷5=4
剩余生产能力所提供的贡献边际总额/元	6 000×4.5=27 000	6 000×4=24 000

从表 6-3 的计算结果来看，尽管 B 产品的单位贡献边际比 A 产品高 2 元，但生产 A 产品单位工时创造的贡献边际比 B 产品多 0.5 元，该设备剩余生产能力 6 000 工时多创造 3 000 元的贡献边际总额，所以应选择生产 A 产品。

3. 本量利分析法

本量利分析法是根据各个备选方案的成本、业务量、利润三者之间的相互依存关系来确定在什么情况下何种方案最优的决策分析方法。

本量利分析法的关键在于确定"成本分界点"或"成本平衡点"。所谓"成本分界点"就是两个备选方案预期成本相同情况下的业务量。找到了成本分界点，就可以确定在什么业务量范围内，哪个方案最优。

【例 6-3】甲企业生产 P 产品，每年需要 A 零件 5 000 个。过去 A 零件一直外购，外购单价为 26 元。现在该企业尚有部分剩余生产能力可以生产 A 零件。据预测，每件 A 零件的直接材料、直接人工及变动制造费用为 18 元，但每年需增加专属固定成本 20 000 元。问该企业应自制还是外购 A 零件。

解： 设全年需要 x 个 A 零件，x 为自制和外购方案的成本平衡点，则

$$y_1(外购方案的预期成本) = 26x$$

$$y_2(自制方案的预期成本) = 20\ 000 + 18x$$

当外购方案与自制方案的成本相等时，即 $y_1 = y_2$ 时，得

$$26x = 20\ 000 + 18x$$

$$x = 20\ 000 \div (26 - 18) = 2\ 500\ （件）$$

若 $x = 2\ 500$ 件，则 $y_1 = y_2$，两个方案的成本相等，均可行；

若 $x > 2\ 500$ 件，则 $y_1 > y_2$，自制方案为优；

若 $x < 2\ 500$ 件，则 $y_1 < y_2$，外购方案为优。

因为该企业每年需要 A 零件 5 000 个，大于成本平衡点，所以自制方案为优。

从上述例子可以看出，如果自制 A 零件，则每个 A 零件分摊的专属固定成本会随着产量的增减成反比例变动。很显然，产量超过某个限度，自制 A 零件的方案更有利；反之，如果产量低于这个限度，则外购 A 零件的方案更有利。因此，该项决策分析的关键点是先确定这个限度的产量，即确定"成本分界点"。

4. 边际分析法

边际分析法是运用边际分析原理，寻找方案最优值以进行方案决策的决策分析方法。在现实生产经营活动中，销售收入、总成本与业务量一般都表现为多元曲线函数关系。短期经营决策的目标是当期利润最大化，因此，收入和成本曲线总是存在着极值（极大值或极小值）。在数学上，当曲线的一阶导数为零时，曲线就达到一个转折点。利用这个原理，就可以分析当业务量再增加一件时的成本变动额和收入变动额，从而找出最大利润时的最优业务量，这种原理称为边际分析原理。

在边际分析原理中，进行决策所依据的边际分析结论有如下两点。

（1）当边际成本等于平均成本时，平均成本最低。

（2）当边际成本等于边际收入，边际利润为零时，利润总额最大。

在上述结论中，进行边际分析的关键是确定曲线函数关系式，即

$$y = a + b_1 x + b_2 x^2 + \cdots + b_m x^m.$$

在现实中，上述模型很少有 $m \geq 4$ 的情况，一般只假设 $m = 2$ 或 $m = 3$。当 $m = 3$ 时，上述模型为

$$y = a + b_1 x + b_2 x^2 + b_3 x^3. \tag{6-1}$$

对于上式中各个系数 a、b_1、b_2、b_3，仍可以采用混合成本分解中回归直线法的最小二乘法原理予以测算。即有联立方程式

$$\begin{cases} \sum y = na + b_1 \sum x + b_2 \sum x^2 + b_3 \sum x^3, \\ \sum xy = a \sum x + b_1 \sum x^2 + b_2 \sum x^3 + b_3 \sum x^4, \\ \sum x^2 y = a \sum x^2 + b_1 \sum x^3 + b_2 \sum x^4 + b_3 \sum x^5, \\ \sum x^3 y = a \sum x^3 + b_1 \sum x^4 + b_2 \sum x^5 + b_3 \sum x^6. \end{cases} \tag{6-2}$$

【例 6-4】 某厂 2017 年 1～6 月有关销售量与利润资料如表 6-4 所示。

表 6-4　回归方程计算表

月份	销售量 x/件	利润 y/元	x^2	x^3	x^4	xy	$x^2 y$
1	40	-1 500	1 600	64 000	2 560 000	-60 000	-2 400 000
2	50	-500	2 500	125 000	6 250 000	-25 000	-1 250 000
3	90	4 000	8 100	729 000	65 610 000	360 000	32 400 000
4	130	5 500	16 900	2 197 000	285 610 000	715 000	92 950 000
5	160	5 000	25 600	4 096 000	655 360 000	800 000	128 000 000
6	180	3 000	32 400	5 832 000	1 049 760 000	540 000	97 200 000
Σ	650	15 500	87 100	13 043 000	2 065 150 000	2 330 000	346 900 000

在表 6-4 中，利润先随销售量逐步上升，达到一定程度后又逐渐下降，表现为一种抛物线状态，可以判断利润曲线为一个二次方程曲线。因此在式（6-1）中令 $b_3 = 0$，并将表 6-4 中其他数据代入式（6-2）得出

$$\begin{cases} 15\ 500 = 6a + 650 b_1 + 87\ 100 b_2 \\ 2\ 330\ 000 = 650 a + 87\ 100 b_1 + 13\ 043\ 000 b_2 \\ 346\ 900\ 000 = 87\ 100 a + 13\ 043\ 000 b_1 + 2\ 065\ 150\ 000 b_2 \end{cases}$$

解方程组，得

$$a \approx -9\ 658.33,\ b_1 \approx 233.6,\ b_2 \approx -0.9$$
$$y = -9\ 658.33 + 233.6x - 0.9x^2 \tag{6-3}$$

在式（6-3）中，当 $y' = 0$ 时，y 取得极大值。

令

$$y' = 233.6 - 0.9 \times 2x = 0$$

得

$$x \approx 129 \text{（件）}$$

因此，当销售量为 129 件时，利润最大，此时最大利润为

$$y_{\max} = -9\,658.33 + 233.6 \times 129 - 0.9 \times 129^2 = 5\,499.17 \text{（元）}$$

5. 线性规划法

线性规划法是管理科学中的运筹学方法，专门用来对具有线性联系的极值问题进行分析，以便在有若干约束条件的情况下，对合理组织人力、物力、财力做出最优组合决策，使企业的有限资源得到最佳运用。线性规划问题具有以下特点。

（1）有目标函数。决策的目标在于追求目标函数的最大值或最小值。

（2）有若干约束条件。在追求目标函数极值的同时，必须受若干条件的限制。

（3）目标函数和约束条件函数，应具有直线式的线性关系。

线性规划法主要采用单纯图形法求解，在只有两个约束变量时，一般采用直观的图解法，管理会计中也主要采用图解法。

【例 6-5】某工厂拟生产 A、B 两种产品，该厂生产能量为 360 工时，库存材料可供使用的总数量为 240 千克。另外，A 产品在市场上的销售无限制，B 产品在市场上每月最多只能销售 30 件。A、B 两种产品有关数据如表 6-5 所示。工厂应如何安排 A、B 两种产品的生产，才能获得最大边际贡献？

表 6-5　产品资料表

产品名称	单位生产工时/工时	单位材料耗量/千克	单位边际贡献/元
A 产品	6	6	90
B 产品	9	3	80

解：首先，确定目标函数与约束条件，并用代数式表示。

设下月应生产 A 产品 x_1 件，B 产品 x_2 件，两种产品贡献边际额为 S。根据已知条件可建立如下数学模型

$$\text{约束条件}\begin{cases} 6x_1 + 9x_2 \leqslant 360 \\ 6x_1 + 3x_2 \leqslant 240 \\ x_2 \leqslant 30 \\ x_1, x_2 \geqslant 0 \end{cases}$$

$$\text{目标函数}\quad S = 90x_1 + 80x_2$$

其次，将约束条件方程式在坐标图中标出，以确定可行解区域。如在图 6-1 中，同时满足上述约束条件的可行解区域为多边形 ABCDO。多边形 ABCDO 内任何一点所对应的坐标点都满足上述条件，构成多组可行的组合方案。

最后，确定目标函数最大解的最优可行解。从数学中的凸集原理可知，目标函数的极值一定在凸集顶点上，因此只要比较凸多边形各顶点的目标函数值就能找到最优解。图 6-1 中，各顶点的坐标分别计算列入表 6-6，具体如表 6-6 所示。

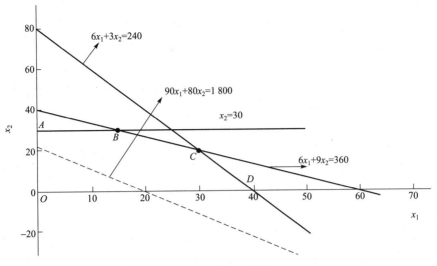

图 6-1 线性规划图

表 6-6 凸多边形各顶点产品贡献边际额计算表   元

角 点	A 产品 x_1	B 产品 x_2	贡献边际额 $S=90x_1+80x_2$
O	0	0	0
A	0	30	$S_A = 90\times0+80\times30 = 2\,400$
B	15	30	$S_B = 90\times15+80\times30 = 3\,750$
C	30	20	$S_C = 90\times30+80\times20 = 4\,300$
D	40	0	$S_D = 90\times40+80\times0 = 3\,600$

由表 6-6 计算可知，C 点即最优解，此时，A 产品生产 30 件，B 产品生产 20 件，此组合下最大的贡献边际额为

$$S_{\max} = 90\times30+80\times20 = 4\,300\text{（元）}$$

另一种解法是利用目标函数图形求最优解。将目标函数 $S=90x_1+80x_2$ 整理为

$$x_2 = \frac{S}{80} - \frac{90}{80}x_1.$$

该方程在坐标图中表现为斜率为 $-9/8$、纵截距为 $S/80$ 的平行线组，平行线距原点越远，S 越大，距原点越近，S 越小。如令 $S=1\,800$，则 $S=90x_1+80x_2=1\,800$ 的直线在图 6-1 中如虚线所示。在可行解 $ABCDO$ 区域内与虚线平行并使 S 最大的平行线交于 C 点，C 点即最优解。此时，A 产品生产 30 件，B 产品生产 20 件，此组合下最大的边际贡献额为

$$S_{\max} = 90\times30+80\times20 = 4\,300\text{（元）}$$

6.3.2 非确定型决策分析方法

非确定型决策分析类型包括风险性和不确定性决策分析。风险性决策分析的问题是指决策过程中存在两种以上无法确定未来状况的因素，但各种状况下可能的概率大致可以判断的

决策问题，主要决策分析方法是决策树法。不确定性决策分析的问题是指决策过程中存在两种以上无法确定未来状况的因素，并且各种状况可能的概率也无法判断的决策分析问题，主要决策分析方法是小中取大法、大中取小法、最大后悔值最小化法等。

1. 决策树法

决策树法是风险型问题的主要决策分析方法，又称为概率分析法。决策树法以网络形式把决策的各个方案分布在决策树图形上，并以定量比较各个方案的实施结果，以选择最优方案。其基本要点是：

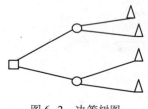

图 6-2 决策树图

（1）绘制决策树图形。决策树图形是决策者对某个决策问题未来发展情况的可能性和可能结果所作出的预测在图纸上的反映，所画图形因其决策分析思路为树枝状而得名，如图 6-2 所示。

图中，□表示决策节点，从决策节点引出的分枝叫方案分枝；○表示机会节点，或称自然状态节点，从它引出的分枝叫概率分枝，表示可能出现的自然状态数；△表示结果节点，反映每一行动方案在相应自然状态下可能的结果。

（2）计算期望值。期望值是各方案下各种可能结果的数值与其相应的概率可能性乘积之总和。

（3）剪枝。从右到左在每个决策节点中，对各方案的分枝进行比较，剪去期望值较差的分枝，最后留下的分枝就是最优方案。

【例 6-6】某企业准备更新一台设备。旧设备每生产一批需负担修理费 2 000 元，新设备购置需投入 50 000 元，每生产一批需分担折旧费和修理费 3 000 元。每批生产量 15 000 件，单位产品废品损失 5 元，新旧设备的废品率及其出现的概率和损失资料如表 6-7 所示。要求对该设备是否要更新进行决策。

表 6-7 新旧设备的废品率及其出现的概率和损失资料

	废品率/%	6	10	15
旧设备	废品损失/元	4 500	7 500	11 250
	概率	0.5	0.3	0.2
	废品率/%	4	8	12
新设备	废品损失/元	3 000	6 000	9 000
	概率	0.6	0.3	0.1

解：根据表 6-7 的资料，可绘制决策树形图，如图 6-3 所示。

从树的末端往回算，先算出每个机会节点的期望值，填入○内

旧设备的费用和损失期望值 = 4 500×0.5 + 7 500×0.3 + 11 250×0.2 + 2 000
= 8 750（元）

新设备的费用和损失期望值 = 3 000×0.6 + 6 000×0.3 + 9 000×0.1 + 3 000
= 7 500（元）

比较机会节点值，新设备的费用和损失期望值7 500元低于旧设备的费用和损失期望值8 750元。故应将更新设备方案作为最优方案，损失期望值为7 500元，填入□内。

2. 小中取大法

小中取大法是从各种决策方案的收益（利润）值出发，在各方案不同状态下最小收益值的基础上，选择最大收益值的决策方法。其特点是从不利情况出发，找出最坏的可能中最好的方案，因此也称为悲观准则。

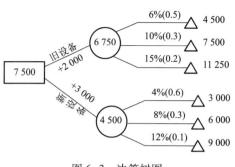

图6-3 决策树图

【例6-7】某企业在计划年度可生产A、B、C三种产品。根据销售、生产等部门的预测资料，在销路好坏不同的情况下，三种产品预计可获得的贡献边际总额如表6-8所示，要求根据预测资料，作出生产哪种产品的决策。

表6-8 各种产品的利润或亏损表 元

产品	收益值/元		
	销路好	销路一般	销路不好
A	55 000	40 000	28 000
B	60 000	42 000	30 000
C	65 000	30 000	15 000

解：依题意编制分析表，如表6-9所示。

表6-9 各种产品的利润或亏损表 元

产品	收益值/元			
	销路好	销路一般	销路不好	最小的收益值
A	55 000	40 000	28 000	28 000
B	60 000	42 000	30 000	30 000
C	65 000	30 000	15 000	15 000
小中取大				30 000
最优决策方案				生产B产品

由于不论生产哪种产品，最小收益值都在第三栏（销路不好）中，而最小收益值中，最大的是生产B产品可获得贡献边际总额30 000元，因此，生产B产品的方案为最优方案。

3. 大中取小法

大中取小法是从各种决策方案的支出（损失）值出发，在各方案各种状态下最大支出（损失）值的基础上，选择最小支出（损失）值的决策分析方法。这种方法与小中取大法相同，也是从最差的情况出发，找出最坏的可能中支出或损失最小的方案。只不过小中取大法着眼于收益利润，大中取小法着眼于支出损失。因此，该法也称为稳健准则。

【例 6-8】 某企业对一台旧设备是否选择更新或租入进行决策。用旧设备生产产品最大报废率为 3%，一般报废率为 2%，最小报废率为 1%；用新设备生产产品最大报废率为 2%，一般报废率为 1%，最小报废率为 0.5%；用租入半新设备生产产品最大报废率为 2.5%，一般报废率为 1.8%，最小报废率为 0.8%。旧设备每月应负担修理费 3 000 元，新设备每月应负担折旧费和修理费 4 000 元，租入半新设备每月应负担租金及修理费 3 000 元。每月生产 A 产品 30 000 件，每件 5 元。要求对一台旧设备是否选择更新或租入进行决策分析。

解：依题意编制分析，如表 6-10 所示。

表 6-10　设备决策分析表　　　　　　　　　　　　　　　元

行动方案	各种状态下的废品损失及其他费用			最大支出值
	最大	一般	最小	
旧设备	7 500	6 000	4 500	7 500
购新设备	7 000	5 500	4 550	7 000
租设备	6 750	5 700	4 200	6 750
大中取小				6 750
最优决策方案				租设备

由于不论继续采用旧设备，还是选择更新或租入设备最大支出值都列在第三栏中，而最大支出值中最小的支出值是租入设备生产 A 产品，因此，租入设备的方案为最优方案。

4. 最大后悔值最小化法

最大后悔值最小化法是找出同一状态下最大收益值方案与所选方案收益值的后悔值（或最小支出值与所选方案支出值的后悔值），然后从各方案在各状态下的最大后悔值中选择最小后悔值方案作为最优决策方案。当某种状态出现后，事后知道哪种方案最优，而当初并未采取这个方案，就会感到后悔。因此，从其原理出发，该法又称为遗憾准则。

【例 6-9】 从【例 6-8】中，首先找出对应于各状态下的最小支出值。如表 6-10 所列，最大时的最小支出值为租设备，其废品损失及其他费用为 6 750 元；一般时的最小支出值为购新设备，其废品损失及其他费用为 5 500 元；最小时的最小支出值为租设备，其废品损失及其他费用为 4 200 元。然后，把每种状态下各项支出值与最小支出值相减，求出后悔值，如表 6-11 所示。

表 6-11　设备决策分析表　　　　　　　　　　　　　　　元

行动方案	各种状态下后悔损失值			最大后悔值
	最大	一般	最小	
旧设备	750	500	300	750
购新设备	250	0	550	550
租设备	0	200	0	200
最小的最大后悔值				200
最优决策方案				租设备

最大后悔值最小化法实际是从最坏的可能性出发,去争取好的结果,以求损失最小。这种思路符合人们对事物判断的一般逻辑推理,故较为稳妥,又不过于保守。

6.4 产品生产决策分析

产品生产决策分析是企业短期经营决策分析的重要环节和内容。企业所面临的短期经营决策问题,大多数都是产品生产决策问题。产品生产决策所涉及的问题大体包括三个方面,即:生产什么?生产多少?如何生产?主要解决产品生产、生产数量、生产方式等问题。

6.4.1 新产品开发的决策分析

1. 不追加专属成本时的决策分析

当各备选方案只是利用现有剩余生产能力,而不涉及追加专属成本时,各备选方案的原有固定成本都是相同的,属于无关成本。在进行决策分析时,只需计算各方案的贡献边际就可以进行决策,因此,这种情况一般采用贡献边际分析法。

【例6-10】甲公司原设计生产能力为120 000机器小时,但实际开工率只有原生产能力的60%,现准备将剩余生产能力用来开发新产品A或B。有关资料如表6-12所示。

要求对该公司开发何种新产品较为有利进行决策分析。

表6-12 甲公司有关资料

项　　目	新产品A(预计)	新产品B(预计)
定额工时/(机器小时·件$^{-1}$)	50	40
销售单价/(元·件$^{-1}$)	50	48
单位变动成本/(元·件$^{-1}$)	40	38
固定成本总额/元	30 000	30 000

解: 采用贡献边际分析法。根据有关资料,编制贡献边际分析表,如表6-13所示。

表6-13 贡献边际分析表

项　　目	新产品A	新产品B
剩余生产能力/机器小时	120 000×(1-60%)= 48 000	
定额工时/(机器小时·件$^{-1}$)	50	40
最大产量/件	48 000÷50=960	48 000÷40=1 200
销售单价/(元·件$^{-1}$)	50	48
单位变动成本/(元·件$^{-1}$)	40	38
单位贡献边际/(元·件$^{-1}$)	50-40=10	48-38=10
贡献边际总额/元	960×10=9 600	1 200×10=12 000

计算表明，开发新产品B比开发新产品A多获贡献边际总额2 400元，因此，开发新产品B更为有利。

2. 追加专属成本时的决策分析

当产品开发的品种决策方案中涉及追加专属成本时，就无法直接利用贡献边际总额指标来评价各方案的优劣，此时可以采用剩余贡献边际指标，即贡献边际总额扣除专属成本后的余额进行评价，或者用差量分析法进行评价。

【例6-11】在【例6-10】条件基础上，假设甲公司制造新产品A需支付专属固定成本1 500元，制造新产品B需支付专属固定成本5 000元。

要求对该公司开发何种新产品较为有利进行决策分析。

解：采用贡献边际分析法。根据有关资料，编制贡献边际分析表如表6-14所示。

表6-14 贡献边际分析表

项目	新产品A	新产品B
剩余生产能力/机器小时	120 000×(1−60%)=48 000	
定额工时/（机器小时·件$^{-1}$）	50	40
最大产量/件	48 000÷50=960	48 000÷40=1 200
销售单价/（元·件$^{-1}$）	50	48
单位变动成本/（元·件$^{-1}$）	40	38
单位贡献边际/（元·件$^{-1}$）	50−40=10	48−38=10
贡献边际总额/元	960×10=9 600	1 200×10=12 000
专属固定成本/元	1 500	5 000
剩余贡献边际总额/元	8 100	7 000

计算表明，考虑了专属固定成本以后，新产品A的剩余贡献边际总额较新产品B的贡献边际总额多1 100（8 100−7 000）元，故开发新产品A较为有利。

本例也可以采用差量分析法进行决策，其计算分析过程如表6-15所示。

表6-15 差量分析表　　　　　　　　　　　　元

方案 项目	开发新产品A	开发新产品B	差异额
相关收入	48 000	57 600	−9 600
相关成本合计	39 900	50 600	−10 700
其中增量成本	38 400	45 600	
其中专属成本	1 500	5 000	
差量利润			+1 100

计算表明，考虑了专属固定成本以后，新产品A的差量收入−9 600元较新产品B的差

量成本-10 700元多1 100[-9 600-(-10 700)]元，故开发新产品A较为有利。

6.4.2 亏损产品的决策分析

从事多种产品生产的企业，在其财务会计完全成本法资料中可能会显示某种产品亏损。当该亏损产品的生产能力不能转产其他产品时，应否停产这种亏损产品呢？如果仅仅根据财务会计的完全成本法资料，出现亏损就决定停产，这可能是一个错误的决策。

一般而论，不管现有产品是否停产或转产，企业的固定成本总是不变的。如果亏损产品为整个企业提供了贡献边际，则停产该产品就降低了整个企业的贡献边际总额，也降低了整个企业弥补固定成本的能力。是否应该停产或转产亏损产品，关键在于该产品提供的贡献边际总额。

1. 生产能力无法转移时，亏损产品是否停产的决策

所谓生产能力无法转移，是指当亏损产品停产以后，闲置下来的生产能力无法被用于其他方面，既不能转产，也不能将有关设备对外出租。在这种情况下，只要亏损产品的贡献边际大于零就不应该停产，而应该继续生产。为什么亏损产品的贡献边际大于零就不应该停产呢？这是因为停产亏损产品，只能减少其变动成本，并不能减少其固定成本，如果继续生产亏损产品，亏损产品提供的贡献边际就可以补偿一部分固定成本，而停产亏损产品不但不会减少亏损，反而会扩大亏损。

【例6-12】甲公司产销A、B、C三种产品，其中A、B两种产品盈利，C产品亏损，有关资料如表6-16所示。

表6-16 A、B、C三种产品利润表资料　　　　　　　　　　　　　　　　　　万元

项目		品种 A产品	B产品	C产品	合计
销售收入		8 000	7 000	4 500	19 500
生产成本	直接材料	1 400	800	900	3 100
	直接人工	800	700	800	2 300
	变动制造费用	600	600	700	1 900
	固定制造费用	1 600	1 000	1 100	3 700
非生产成本	变动推销管理费用	1 200	900	1 100	3 200
	固定推销管理费用	800	600	300	1 700
成本总额		6 400	4 600	4 900	15 900
利润		1 600	2 400	-400	3 600

假定C产品停产后生产能力无法转移，请分析评价C产品应否停产。

解：根据资料可以知道，C产品亏损400万元。为正确决策，必须首先计算C产品的贡献边际。

C 产品贡献边际=4 500-(900+800+700+1 100)=1 000（万元）

　　C 产品创造的贡献边际是 1 000 万元，而其分摊的固定成本是 1 400 万元，所以亏损 400 万元。但如果 C 产品停产后，就不能提供 1 000 万元的贡献边际，而它原来分摊的 1 400 万元固定成本就只能由 A、B 两种产品负担了，将使该企业利润减少 1 000 万元。换句话说，不管 C 产品是否生产，该企业 5 400 万元的固定成本都要发生，只不过是由三种产品分摊还是两种产品分摊。所以在生产能力不能转移的条件下，C 产品不应停产，而应该继续生产。

　　2. 生产能力可以转移时，亏损产品是否停产的决策分析

　　如果亏损产品停产以后，闲置下来的生产能力可以转移，如转产其他产品，或将设备对外出租。此时就必须考虑继续生产亏损产品的机会成本因素，并在对比分析可供备选方案后进行决策。

　　【例 6-13】以【例 6-12】资料为例，假设生产 C 产品的设备可以转产 D 产品，也可以将此设备出租，每年可获租金 900 万元。转产 D 产品的具体资料如表 6-17 所示。

表 6-17　预测 D 产品资料　　　　　　　　　　万元

项　　目	金　　额
销售收入	6 000
变动生产成本	3 200
变动推销管理费用	800

　　要求对继续生产 C 产品、转产 D 产品和对外出租三个方案进行决策分析。

　　解：计算 D 产品贡献边际

D 产品贡献边际=6 000-(3 200+800)=2 000（万元）

　　继续生产 C 产品的贡献边际是 1 000 万元，转产 D 产品的贡献边际是 2 000 万元，设备对外出租的租金是 900 万元，通过比较，转产 D 产品的效益最好，所以，应停产 C 产品而转产 D 产品。

6.4.3　产品直接出售或进一步加工的决策分析

　　在工业企业中，有些产品经过若干加工程序成为半成品后，既可直接出售，又可进一步加工成最终产成品后出售。完工产品的售价要高于半成品，但继续加工，则要追加一定的变动成本和固定成本。对这类问题，一般可采用差量分析法进行决策分析。但应注意：

　　第一，半成品在进一步加工前所发生的全部成本，无论是变动成本还是固定成本，在决策分析时，都属非相关成本，无须加以考虑。

　　第二，决策的关键是看半成品进一步加工增加的收入是否超过进一步加工中追加的成本。若增加收入大于追加成本，则以进一步加工为优；若增加收入小于追加成本，则应当立即出售，不应再加工。

　　【例 6-14】某公司每年生产甲半成品 6 000 件，甲半成品单位变动成本 6 元，固定成本 15 000 元，销售单价 11 元。如果把甲半成品进一步深加工为甲产成品，销售单价可提高到

18元，但需追加单位变动成本3元，追加固定成本15 000元，若不进一步加工，可将追加固定成本的资金进行债券投资，每年可获投资收益3 000元。

要求做出甲半成品直接出售或深加工的决策分析。

解：采用差量分析法进行决策分析，如表6-18所示。

表6-18　差量分析表　　　　　　　　　　　　　　　　　　　元

方案 项目	深加工为甲产成品	直接出售甲半成品	差异额
相关收入	6 000×18＝108 000	6 000×11＝66 000	42 000
相关成本	36 000	0	36 000
其中增量成本	6 000×3＝18 000	0	
其中专属成本	15 000	0	
其中机会成本	3 000	0	
差量利润			6 000

通过计算分析可知，深加工甲产成品与直接出售甲半成品的差量利润为6 000元，即深加工比直接出售获得利润多6 000元，所以应深加工后出售。

6.4.4　零部件自制或外购的决策分析

企业生产所需要的零部件，既可以用本企业的设备、技术加工制造，也可以从市场上购进。有时企业由于业务的扩展或技术力量、设备能力的限制，会停止某种或某几种零部件的生产，改为外购，如若增加设备，也可以自行制造；有时企业的生产能力有剩余，为充分利用生产能力，可以将原外购的零部件改为自制，或者将剩余设备出租，所需零件仍然可以外购等。现分别就不同情况予以介绍。

1. 自制方案不需要增加固定成本的决策分析

【例6-15】假定某洗衣厂每年需要微型电动机35 000台，如果向外购买，市场批发价为120元。该厂现有剩余生产能力，可以自制，并且可达到外购的质量。经会计部门核算，每台电动机的自制成本为140元，其单位产品成本构成如表6-19所示。

表6-19　电动机单位产品成本资料　　　　　　　　　　　　　　　元

项　　目	金　　额
直接材料	90
直接人工	15
变动制造费用	10
固定制造费用	25
合计	140

要求进行该厂微型电动机应自制还是外购的决策分析。

解：由于该厂有剩余的生产能力可以利用，它原来的固定成本不会因自制而增加，也不会因外购而减少，所以，微型电动机的自制成本内不应包括固定制造费用。可用差量分析法计算，如表6-20所示。

表6-20　差量分析表　　　　　　　　　　　　　　　　　　　　　　　　　元

项目＼方案	自　制	外　购	差异额
相关收入	0	0	0
相关成本	4 025 000	4 200 000	−175 000
其中变动成本	35 000×115=4 025 000	35 000×120=4 200 000	
差量利润			+175 000

两种方案的收入相等，但自制比外购节约175 000元成本。故应选择自制方案。

本例题也可用自制方案与外购方案的单位变动成本相比较进行决策分析。自制方案的单位变动成本为115元，比外购单价120元节约5元。故应选择自制方案。

2. 生产设备可以出租的决策分析

企业如果利用多余的生产设备从事其他经营活动，可以为企业带来一定的收益；而如果选择自制，就会丧失这部分收益。这部分丧失的收益应作为自制方案的机会成本，在决策分析时加以考虑。

【例6-16】 仍用【例6-15】的资料，假定该厂如果不自己生产微电机，可将设备租给外厂，每月可获租金收入15 000元。在这种情况下，微电机应自制还是外购？

解：在这种情况下，若决定自制，则将放弃外购方案可获得的潜在利润（即每年的租金收入），所以应将租金收入作为自制方案的机会成本考虑。据此可进行差量分析，如表6-21所示。

表6-21　差量分析表　　　　　　　　　　　　　　　　　　　　　　　　　元

项目＼方案	自　制	外　购	差异额
相关收入	0	0	0
相关成本	4 205 000	4 200 000	+5 000
其中变动成本	35 000×115=4 025 000	35 000×120=4 200 000	
其中机会成本	15 000×12=180 000		
差量利润			−5 000

计算结果表明，考虑机会成本后，外购方案比自制方案节约成本5 000元，所以应选择外购方案。

3. 自制方案需要增加专属固定成本的决策分析

假定企业的生产能力没有剩余，企业所需的零部件若自制，需要增加固定资产投入，即增加专属固定成本（即扩充厂房、增加有关设备的折旧费等）。此时在决策分析过程中应将专属成本考虑在内。

【例 6-17】 仍用【例 6-15】的资料，假定该厂自制微型电动机时，每年要增加专属固定成本 170 000 元。要求进行微型电动机应自制还是外购的决策分析。

解： 在这种情况下，若决定自制，应将每年要增加专属固定成本 170 000 元考虑在内。据此可进行差量分析，如表 6-22 所示。

表 6-22 差量分析表　　　　　　　　　　元

方案 项目	自　制	外　购	差异额
相关收入	0	0	0
相关成本	4 195 000	4 200 000	-5 000
其中变动成本	35 000×115=4 025 000	35 000×120=4 200 000	
其中专属成本	170 000		
差量利润			+5 000

计算结果表明，考虑专属成本后，自制方案比外购方案节约成本 5 000 元，所以应选择自制方案。

4. 企业生产所需要的零部件不确定时的决策分析

【例 6-18】 仍用【例 6-15】的资料，假定该洗衣厂自制微型电动机时，每年要增加专属固定成本 170 000 元。每年企业生产所需要的微型电动机多少台不确定。

要求进行微型电动机应自制还是外购的决策分析。

解： 在这种情况下，可采用本量利分析法，求出自制与外购的成本平衡点，然后进行决策。设 x 为微型电动机自制与外购的成本分界点。根据资料可得出

$$115x + 170\ 000 = 120x$$

$$x = 34\ 000\ (台)$$

计算表明，自制和外购两方案的成本分界点是微型电动机年需用量 34 000 台。当该企业微型电动机年需用量在 34 000 台时，自制方案和外购方案的成本是相等的。由于外购方案的固定成本较低，所以当微型电动机年需用量在 34 000 台以下时，外购方案总成本较低，应选择外购。自制方案的固定成本较高，但其单位变动成本较低，所以当微型电动机年需用量在 34 000 台以上时，自制方案总成本较低，应选择自制。

5. 外购方案有价格优惠的决策分析

【例 6-19】 仍用【例 6-15】的资料，假定该洗衣厂自制微型电动机时，每年企业生产所需要的微型电动机多少台不确定。如果外购，采购量小于 20 000 台，每台价格为 140 元；超过 20 000 台，每台价格为 120 元。如果该厂自己组织生产，每台需开支变动成本 115 元，并每年要开支专属固定成本 160 000 元。

要求进行微型电动机应自制还是外购的决策分析。

解： 在这种情况下，可采用本量利分析法，求出分数量阶段的自制与外购的成本平衡点，然后进行决策。设 x_1 为 20 000 台以内外购或自制成本平衡点，设 x_2 为 20 000 台以上外购或自制成本平衡点。根据资料可得出

$$115x_1 + 160\ 000 = 140x_1$$
$$115x_2 + 160\ 000 = 120x_2$$
$$x_1 = 6\ 400（台），x_2 = 32\ 000（台）$$

根据以上计算，可编制自制或外购方案选择表，如表 6-23 所示。

表 6-23 自制或外购方案选择表

年采购量 x/台	自制或外购方案选择
$x < 6\ 400$	外购
$6\ 400 \leqslant x < 20\ 000$	自制
$20\ 000 \leqslant x < 32\ 000$	外购
$x \geqslant 32\ 000$	自制

6.4.5 资源限制条件下产量的决策分析

任何企业所能控制的资源总是有限的。如果多种产品受一种资源的限制，则应使该资源的单耗取得最大的效益，其决策目标是单位资源的贡献边际最大或单位资源的利润最大。如果多种产品受多种资源的限制，则应通过线性规划法加以决策，其决策目标是企业贡献边际总额或利润总额最大。

【例 6-20】 甲工厂目前生产 A 产品 3 000 件，固定成本 160 000 元。由于该产品目前亏损 40 000 元，因此，想利用同一设备和同种材料转产生产 B、C、D 三种产品中的任意一种。材料最大供应量为目前 A 产品 3 000 件的生产耗用量，材料单价为 6 元/千克，其余资料如表 6-24 所示。

表 6-24 甲公司产品资料表

产 品	A	B	C	D
材料单耗/（千克·件$^{-1}$）	16	10	18	20
销售单价/元	220	200	300	320
单位材料费用/元	96	60	108	120
单位人工费用/元	28	16	24	28
单位变动费用/元	55	40	50	60
单位贡献边际/元	41	84	118	112
固定成本/元	160 000			
单位材料贡献边际/（元·千克$^{-1}$）	2.56	8.4	6.56	5.6

要求就以下各不相关情况作出甲产品转产的决策分析。

(1) 各产品市场销售量无限制。

(2) A产品最大销量为3 000件，B产品最大销量为1 400件，C产品最大销量为1 000件，D产品最大销量为900件。

解：依题意对甲产品转产的决策分析。

(1) 由于目前A产品已经提供123 000元（3 000×41）的贡献边际，而固定成本保持不变，因此，所转产的产品只要能提供大于123 000元的贡献边际额即可。

由于材料最大供应量为目前A产品生产3 000件的耗用即48 000千克(3 000件×16千克/件)，材料供应量受到了限制，因此，应转产单位材料贡献边际较高的产品。根据表6-24的资料，B产品单位材料的贡献边际额最高，达到8.4元/千克，故应转产生产B产品。此时

$$B产品最大产量=48\ 000÷10=4\ 800（件）$$
$$B产品提供的贡献边际=4\ 800×84=403\ 200（元）$$

(2) 如果各产品在市场上的销售量有限制，则应按各产品单位材料贡献边际额的大小确定产品生产顺序。根据表6-24中的数据，各产品的单位材料贡献边际最大的是B产品，其次为C产品，然后为D产品，最后为A产品。这样，先生产B产品1 400件，共耗用材料14 000千克；再生产C产品1 000件，共耗用材料18 000千克。B、C两种产品总共耗用材料32 000千克，剩余材料16 000千克可生产D产品800件，尚未超过D产品的市场容量。这样

$$B产品贡献边际=1\ 400件×84=117\ 600（元）$$
$$C产品贡献边际=1\ 000件×118=118\ 000（元）$$
$$D产品贡献边际=800件×112=89\ 600（元）$$
$$合计为325\ 200（元）$$

【例6-21】甲公司生产A、B两种产品，由于能源供应紧张，因此每月电耗不能超过5 000度。为了尽量利用生产能力，规定开工台时不得低于2 000台时。为了确保整个公司利润的完成，要求两种产品每月至少盈利20 000元。两种产品单位指标如表6-25所示。

要求对两种产品的生产量进行合理安排的决策分析，实现每月总成本最低。

表6-25 甲公司两种产品单位指标表

产品	单位电耗 /（度·件$^{-1}$）	单位台时消耗 /（台时·件$^{-1}$）	单位盈利 /（元·件$^{-1}$）	单位成本 /（元·件$^{-1}$）
A	8	2	50	40
B	6	10	45	60

解：两种产品受多种资源条件限制，应当使用线性规划的图解法进行决策分析。设A产品的产量为x_1件，B产品产量为x_2件，企业的总成本为T，则有

$$\text{约束条件} \begin{cases} 8x_1 + 6x_2 \leq 5\ 000 \\ 2x_1 + 10x_2 \geq 2\ 000 \\ 50x_1 + 45x_2 \geq 20\ 000 \\ x_1,\ x_2 \geq 0 \end{cases}$$

$$\text{目标函数} \quad T_{\min} = 40x_1 + 60x_2$$

将上述约束条件在坐标图上标出,如图6-4所示。

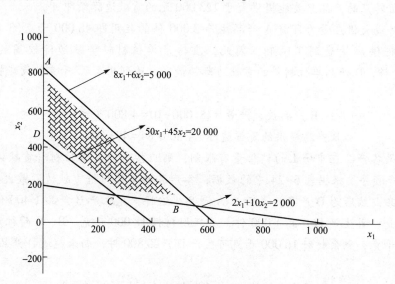

图6-4 线性规划图

在图中,ABCD 区域为可行解区域,各顶点的坐标分别为 $A(0,833)$、$B(559,88)$、$C(270,146)$、$D(0,444)$。因此相应的成本值为

$$T_A = 40 \times 0 + 60 \times 833 = 49\ 980\ (\text{元})$$
$$T_B = 40 \times 559 + 60 \times 88 = 27\ 640\ (\text{元})$$
$$T_C = 40 \times 270 + 60 \times 146 = 19\ 560\ (\text{元}) \quad (\text{极小值})$$
$$T_D = 40 \times 0 + 60 \times 444 = 26\ 640\ (\text{元})$$

因此,能使总成本 T 最小的可行解为 C 点,即最优产量组合为 A 产品生产 270 件,B 产品生产 146 件,此时最小总成本为 19 560 元。

6.4.6 生产工艺技术方案的决策分析

生产企业有时可采用不同的工艺技术进行产品生产,如同一种产品既可以采用半机械化生产,又可以采用机械化生产或自动化生产。一般来说,生产设备越先进,固定成本就越高,但由于技术先进生产效率高,生产产品的单位变动成本就越低。反之,固定成本低,但生产产品的单位变动成本就相应较高。

在进行生产工艺技术方案的决策分析时,要根据生产规模的大小来选择工艺技术方案。一般来说,当生产规模较小时,可选择生产效率相对较低、固定成本较低的工艺技术方案;

当生产规模较大时,则应选择生产效率较高、固定成本较高的工艺技术方案。在选择决策方法时,要以生产产品的数量是否确定为依据。

1. 生产产品的年产量已确定的决策分析

【例 6-22】 某企业每年生产甲产品 2 000 件,有 A、B、C 三种设备可供选择使用,有关资料如表 6-26 所示。

表 6-26 成本资料　　　　　　　　　　　　　　　元

项目＼设备	A 设备	B 设备	C 设备
年专属固定成本	30 000	40 000	36 000
单位变动成本	190	150	170

要求做出选择何种设备生产甲产品的决策分析。

解: 生产甲产品的年产量是确定的,所以可采用相关成本分析法进行决策分析。

使用 A 设备的年相关成本 = 30 000 + 2 000 × 190 = 410 000(元)
使用 B 设备的年相关成本 = 40 000 + 2 000 × 150 = 340 000(元)
使用 C 设备的年相关成本 = 36 000 + 2 000 × 170 = 376 000(元)

使用 B 设备生产的成本最低,所以应选择 B 设备生产甲产品。

2. 生产产品的年产量不确定的决策分析

【例 6-23】 某企业有两套闲置设备,A 设备每年折旧费 30 000 元,B 设备每年折旧费 20 000 元。现在准备生产甲产品,若用 A 设备生产,则需支付一次性改装费 35 000 元,若用 B 设备生产,则需添置一台辅助设备计 25 000 元。用 A 设备生产甲产品的单位变动成本 50 元,用 B 设备生产甲产品的单位变动成本 60 元。

要求对该企业选择何种设备生产甲产品进行决策分析。

解: 由于生产甲产品的年产量不确定,所以可采用成本分界点法进行决策分析。

设 A、B 设备的成本分界点业务量为 x,则有

$$35\ 000 + 50x = 25\ 000 + 60x$$

$$x = (35\ 000 - 25\ 000) / (60 - 50) = 1\ 000\ (件)$$

上述计算表明,A、B 设备的成本分界点业务量是 1 000 件。当甲产品的产量在 1 000 件时,A、B 两种设备的使用成本是相等的,当甲产品的产量在 1 000 件以下时,应选择 B 设备生产(因 B 设备固定成本较低),当甲产品的产量在 1 000 件以上时,应选择 A 设备生产(因 A 设备固定成本较高)。

【例 6-24】 某厂在生产 A 产品时,可以用普通铣床、万能铣床或数控铣床三种设备进行加工,这三种铣床加工该产品的有关成本资料如表 6-27 所示。

表 6-27 产品的有关成本资料　　　　　　　　　　　　元

机床名称	每个 A 产品加工费	每批 A 产品的调整准备费
普通铣床	16	600

机床名称	每个 A 产品加工费	每批 A 产品的调整准备费
万能铣床	12	1 000
数控铣床	10	1 500

要求对采用哪种设备生产 A 产品进行决策分析。

解： 设 x_1 为普通铣床与万能铣床的成本分界点；x_2 为万能铣床与数控铣床的成本分界点；x_3 为普通铣床与数控铣床的成本分界点，则有如下方程

$$\begin{cases} 600+16x_1 = 1\ 000+12x_1 \\ 1\ 000+12x_2 = 1\ 500+10x_2 \\ 1\ 500+10x_3 = 600+16x_3 \end{cases}$$

解之得 $\begin{cases} x_1 = 100（个） \\ x_2 = 250（个） \\ x_3 = 150（个） \end{cases}$

根据以上计算可知：当 A 产品加工批量小于 100 个时，采用普通铣床成本最低；当 A 产品加工批量大于 100 个小于 250 个时，采用万能铣床的成本最低；若 A 产品加工批量超过 250 个，则采用数控铣床成本最低。

6.4.7 生产能力充分利用的决策分析

企业在同时生产几种产品的情况下，各种产品的生产量要受企业生产能力的限制，同时企业还要考虑产品的赢利能力，这就需要采用线性规划法对各产品生产数量进行规划，使现有生产能力得到最充分的利用。

【例 6-25】 甲厂生产 A、B 两种产品，每种产品都要经过锻造、加工、装配三个车间，各车间最大生产能力及单位产品需要的加工时间和赢利能力如表 6-28 所示。

要求就以下各不相关情况作出决策分析，使企业贡献边际最大。

(1) 如何安排各种产品的产量，才能使生产能力得到充分利用？

(2) 若各车间生产能力不生产 A、B 产品而对外提供劳务，每一工时提供纯收入分别为：锻造车间 2 元/工时，加工车间 1 元/工时，装配车间 3 元/工时，问：如何安排两种产品的产量，才能充分利用生产能力？

表 6-28 产品及生产能力资料表

项目	车间	锻造/工时	加工/工时	装配/工时	单位贡献边际/元
单位产品工时消耗	A	21	40	16	210
	B	24	36	30	320
最大能力工时		800	1 420	900	—

解：设 A 产品产量为 x 件，B 产品产量为 y 件，贡献边际总额为 S。

(1) 生产能力无法转移时，要使生产能力得到充分利用的决策分析。根据上述资料有

$$\text{约束条件} \begin{cases} 21x+24y \leqslant 800 \\ 40x+36y \leqslant 1\,420 \\ 16x+30y \leqslant 900 \\ x, y \geqslant 0 \end{cases}$$

目标函数　$S_{\max} = 210x + 320y$

将上述约束条件在坐标图上标出，如图 6-5 所示。

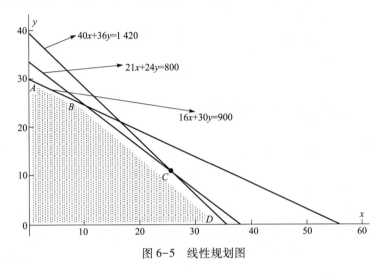

图 6-5　线性规划图

在图中，ABCD 区域为可行解区域，各顶点的坐标分别为 $A(0,30)$、$B(9.75,24.80)$、$C(25.89,10.68)$、$D(35.5,0)$。各顶点相应的贡献边际为

$S_A = 210 \times 0 + 320 \times 30 = 9\,600$（元）

$S_B = 210 \times 9.75 + 320 \times 24.80 = 9\,983.50$（元）（极大值）

$S_C = 210 \times 25.89 + 320 \times 10.68 = 8\,854.50$（元）

$S_D = 210 \times 35.5 + 300 \times 0 = 7\,455$（元）

可见，能使贡献边际最大的可行解为 B 点，取整后，即最优安排为 A 产品生产 9 件，B 产品生产 24 件，此时最大贡献边际约为 9 753.10 元。

(2) 在各车间生产能力可以对外出租的情况下，还应当考虑租金收入。依题意，对于可行解 A (0，30) 点来说，生产 A 产品 0 件 B 产品 30 件的组合，在锻造车间中尚剩余 80 个工时，在加工车间中尚剩余 340 个工时，在装配车间中无生产能力剩余，共取得纯租金收入 $2 \times 80 + 1 \times 340 = 500$（元）。同样道理，对于可行解 B (9.75，24.80) 点的生产组合来说，在锻造车间中无生产能力剩余，在加工车间中尚剩余 137 个工时，在装配车间中无生产能力剩余，共取得纯租金收入 $2 \times 137 = 274$（元）。在可行解 C (25.89，10.68) 点的生产组合下，在装配车间剩余 165 个工时的生产能力，纯租金收入为 $3 \times 165 = 495$（元）。在可行解 D (35.5，0) 点的生产组合下，在锻造车间剩余 54 个工时，在加工车间中无生产能力剩余，在装配车间剩余 332 个工时，共获租金纯收入为 $2 \times 54 + 3 \times 332 = 1\,104$（元）。因此各点的贡

献边际总额分别为

$$S_A = 9\,600+500 = 10\,100 \text{（元）}$$
$$S_B = 9\,983.5+274 = 10\,257.5 \text{（元）（极大值）}$$
$$S_C = 8\,854.50+495 = 9\,349.5 \text{（元）}$$
$$S_D = 7\,455+1\,104 = 8\,559 \text{（元）}$$

可以看出，考虑剩余生产能力出租后，B 点的组合即 A 产品生产 9.75 件、乙产品生产 24.80 件为最优组合。上述分析也可以用下列公式表达

$$\begin{aligned}S_{\max} &= 210x+320y+(800-21x-24y)\times 2+(1\,420-40x-36y)\times 1+(900-16x-30y)\times 3\\ &= 80x+146y+5\,720\end{aligned} \quad (6\text{-}4)$$

将各种生产组合下 x 和 y 的数值代入式（6-4），也可得到同样结果（因有关数字小数点之后被舍去，所以计算结果近似）。

6.4.8 设备购建或租赁的决策分析

企业在市场竞争中，需要不断开发新产品并以销定产，因而常常会遇到临时性某些设备加工能力不足的问题，对于这类问题，可采用购买新设备、企业间协作或租赁设备的方法解决，可运用本量利分析法来进行决策。

【例 6-26】 某企业今年临时接受一批出口订单，但精磨加工能力不足，短缺工时为 1 000 台时，如果与外厂协作，外厂每个台时收费 30 元。如果自己购买设备一套，买价为 80 000 元，可使用 10 年，报废无残值，据有关部门提供资料表明，这种机器每小时营运成本 8 元，但全年要支付维修保护费 2 200 元。

要求分析该企业精磨设备是外购还是与外厂协作解决。

解： 购买设备每年增加的专属固定成本 = 80 000÷10+2 200 = 10 200（元）

购置设备自行加工与外厂协作加工的成本平衡点 = 10 200÷(30-8) ≈ 463（台时）

计算表明，当年精磨加工能力的需求量为 463 台时之时，自行加工与外协加工的成本是相等的；当年加工能力的需求量在 463 台时以上时，购置设备自行加工合算；当年加工能力的需求量在 463 台时以下时，选择与外公司协作成本较低。本例中，年加工能力需求量为 1 000 台时，所以应选择购置设备自行加工方案。

6.4.9 是否接受特殊价格追加订货的决策

这里所说的特殊价格是指低于正常价格甚至低于单位产品成本的价格。在企业尚有一定剩余生产能力可以利用的情况下，如果外单位要求以低于正常价格甚至低于计划产量的平均单位成本的特殊价格追加订货量，企业是否可考虑接受这种条件苛刻的追加订货呢？应针对不同情况区别对待。

1. 简单条件下的决策

当追加订货不冲击本期计划任务（正常订货）的完成，又不要求追加专属成本，而且剩余生产能力无法转移时，只要特殊订货单价大于该产品的单位变动成本，就可以接受该追

加订货。这里所说的追加订货不冲击本期计划任务，是指当追加订货小于或等于剩余生产能力时，企业可利用其剩余生产能力完成追加订货的生产，而不会妨碍正常订货的经营。

2. 复杂条件下的决策

（1）当剩余能力可以转移时。当企业有关的剩余生产能力可以转移，则应将与此有关的可能收益作为特殊价格追加订货方案的机会成本综合考虑。则接受此追加订货方案的可行条件是：该方案的贡献边际大于机会成本。

（2）当要追加专属成本时。若该特殊价格追加订货要求追加专属成本，则接受此追加订货方案的可行条件是：该方案的贡献边际大于专属成本。

（3）当追加订货冲击正常任务时。若该特殊价格追加订货会妨碍本期原有计划任务的完成，应将由此而减少的正常收入作为追加订货方案的机会成本。当追加订货的贡献边际额足以补偿这部分机会成本时，则可以接受订货。即接受此追加订货方案的可行条件是：该方案的贡献边际大于机会成本。

【例6-27】甲企业原来生产A产品，年生产能力10 000件，每年有30%的剩余生产能力。正常销售单价100元，有关成本数据如表6-29所示。

表6-29　A产品成本资料　　　　　　　　　　　　　　元

项　　目	金　　额
直接材料费	32
直接人工费	26
制造费用	20
制造费用中的变动制造费用	4
制造费用中的固定制造费用	16
单位产品成本	78

要求就以下各不相关情况作出应否接受特殊价格追加订货的决策分析。

（1）现有一用户提出订货2 800件，每件定价70元，剩余生产能力无法转移，追加订货不需要追加专属成本。

（2）现有一用户提出订货3 000件，每件定价73元，但该订货还有些特殊要求，需购置一台专用设备，年增加固定成本1 500元。

（3）现有一用户提出订货4 000件，每件定价71元，剩余生产能力无法转移。

（4）现有一用户提出订货5 000件，每件定价75元，接受订货需追加专属成本6 000元，若不接受订货可将设备出租，可获租金收入2 000元。

解：

（1）该企业现每年有3 000件的剩余生产能力，用户提出的特殊订货量只有2 800件，小于企业剩余生产能力，剩余生产能力无法转移，也不需要追加专属成本。在这种情况下，只要定价大于该产品的单位变动成本就可以接受订货。因为特殊定价70元大于该产品的单位变动成本62元（32+26+4），所以可以接受此追加订货。接受此追加订货可多获利润（70-62）×2 800＝22 400（元）。

(2) 在此种情况下,可对接受和拒绝追加订货两个方案采用差量分析法,具体计算分析如表 6-30 所示。

表 6-30 差量分析表　　　　　　　　　　　　　　　　　元

项目＼方案	接受追加订货	拒绝追加订货	差异额
相关收入	3 000×73=219 000	0	219 000
相关成本合计	187 500	0	187 500
其中增量成本	3 000×62=186 000	0	
其中专属成本	1 500	0	
差量利润			31 500

从计算分析中可以看出,接受订货比拒绝订货可多获利润 31 500 元,所以应接受订货。

(3) 订货 4 000 件,已经超过了企业的剩余生产能力,如果接受订货,将减少正常销售量 1 000 件,此 1 000 件的正常销售收入应作为接受订货方案的机会成本。另外,在计算增量成本(新增加的变动成本)时,应按增加的产量 3 000 件计算。具体计算分析如表 6-31 所示。

表 6-31 差量分析表　　　　　　　　　　　　　　　　　元

项目＼方案	接受追加订货	拒绝追加订货	差异额
相关收入	4 000×71=284 000	0	284 000
相关成本	286 000	0	286 000
其中增量成本	3 000×62=186 000	0	
其中机会成本	1 000×100=100 000	0	
差量利润			-2 000

从计算分析中可以看出,差量利润为-2 000 元,意味着接受追加订货将使利润减少 2 000 元,所以,应拒绝接受订货。

(4) 订货 5 000 件,超过了剩余生产能力,如果接受订货,将减少正常销售量 2 000 件,此 2 000 件的正常销售收入应作为接受订货方案的机会成本,设备出租的租金也应作为接受订货方案的机会成本。同样,计算增量成本应按增加的产量 3 000 件计算。具体计算如表 6-32 所示。

表 6-32 差量分析表　　　　　　　　　　　　　　　　　元

项目＼方案	接受追加订货	拒绝追加订货	差异额
相关收入	5 000×75=375 000	0	375 000
相关成本	394 000	0	394 000

续表

项目 \ 方案	接受追加订货	拒绝追加订货	差异额
其中增量成本	3 000×62=186 000	0	
其中专属成本	6 000	0	
其中机会成本	2 000×100+2 000=202 000	0	
差量利润			−19 000

从计算分析中可以看出，差量利润为−19 000元，意味着接受追加订货将使利润减少19 000元，所以，应拒绝接受订货。

本 章 小 结

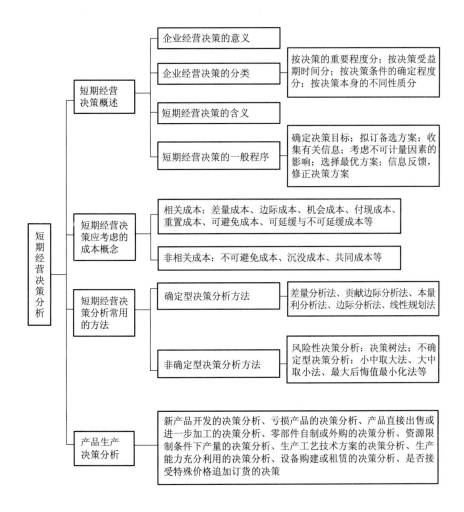

同 步 测 试

一、单项选择题

1. 现代管理学认为，管理的重心在（　　）。
   A. 决策　　　　　　B. 预测　　　　　　C. 控制　　　　　　D. 评价
2. （　　）是指影响决策的相关因素的未来状况不能确定，但该因素可能存在几种结果，每一种结果出现的概率是已知的一种决策类型。
   A. 确定型决策　　　　　　　　　　　　B. 风险型决策
   C. 不确定型决策　　　　　　　　　　　D. 采纳与否型决策
3. 产品生产决策不包括（　　）的决策。
   A. 生产什么　　　　　　　　　　　　　B. 怎样生产
   C. 生产多少　　　　　　　　　　　　　D. 用什么质量标准
4. 已知甲产品的预计销量200件，销售单价为20元，单位变动成本为15元；乙产品的预计销量100件，销售单价30元，单位变动成本20元，则制造甲产品与乙制造产品的差量收入为（　　）。
   A. 4 000元　　　　B. 1 000元　　　　C. 3 000元　　　　D. 0元
5. 根据题4资料，制造甲产品与制造乙产品的差量成本等于（　　）。
   A. 1 000元　　　　B. 1 500元　　　　C. 2 000元　　　　D. 0元
6. 根据题4资料，制造甲产品比制造乙产品可多获利润（　　）。
   A. 1 000元　　　　B. 2 000元　　　　C. 3 000元　　　　D. 0元
7. 影响决策的相关因素无法确定其客观概率，只能以决策者经验判断确定的主观概率作为依据的决策类型是（　　）。
   A. 不确定型决策　　B. 风险型决策　　　C. 确定型决策　　　D. 无风险型决策
8. 对企业未来发展方向产生影响，关系企业全局的重大问题所进行的决策属于（　　）。
   A. 短期决策　　　　B. 战略决策　　　　C. 战术决策　　　　D. 日常决策
9. 在下列成本中，属于相关成本的是（　　）。
   A. 共同成本　　　　B. 付现成本　　　　C. 不可延缓成本　　D. 沉没成本
10. 在产量的相关范围内，不同产量水平下的差量成本就是不同产量水平下的（　　）之差。
    A. 变动成本　　　　B. 混合成本　　　　C. 完全成本　　　　D. 固定成本
11. 采纳与否决策类型有（　　）。
    A. 一个备选方案　　　　　　　　　　　B. 一组备选方案
    C. 两个备选方案　　　　　　　　　　　D. 两个以上的备选方案
12. 边际成本的实际计量，就是产量增加或减少一个单位实物产量所引起的总成本变动，而这个成本变动就是（　　）。

A. 固定成本总额　　　B. 变动成本总额　　　C. 单位变动成本　　　D. 单位固定成本

13. 在决策中选择了甲方案而放弃了乙方案，在下列乙方案的数据中，属于甲方案机会成本的是（　　）。

A. 销售收入　　　B. 变动成本　　　C. 净收入　　　D. 固定成本

14. 在下列项目中，属于沉没成本的是（　　）。

A. 旧固定资产的账面价值　　　B. 购置新设备的价款
C. 预计新产品所消耗的直接材料　　　D. 机会成本

15. 差量收入减去差量成本后的余额是（　　）。

A. 增量成本　　　B. 差量利润　　　C. 边际成本　　　D. 净损益

16. 在生产能力无法转移的情况下，如果亏损产品能够产生贡献毛益则（　　）。

A. 继续生产或转产贡献毛益更高的产品　　　B. 立即停产
C. 立即停产和继续生产均可　　　D. 无法做出决策

17. 如果调价后的预计销售量等于利润平衡点销售量，就意味着（　　）。

A. 调价后利润会有所减少　　　B. 调价后利润能有所增加
C. 调价前后的利润相同　　　D. 利润为零

18. 采用贡献边际分析法在不同备选方案之间进行比较分析时，应使用的评价标准是（　　）。

A. 贡献边际总额或者每人工小时、机器小时所提供的贡献边际
B. 利润指标
C. 单位贡献边际指标
D. 单位产品贡献边际和贡献边际总额

19. 变动成本加成定价法是以单位变动成本为基础，然后再加上一定数额的（　　）。

A. 利润总额　　　B. 单位利润　　　C. 贡献边际总额　　　D. 单位贡献边际

20. 完全成本加成定价法是在完全成本法计算的单位产品成本的基础上，加上一定的（　　）所确定的单位产品售价。

A. 单位贡献边际　　　B. 贡献边际总额　　　C. 目标利润总额　　　D. 单位目标利润

21. 现金支出成本是指在决策方案（　　）。

A. 实施后用现金支付的成本
B. 实施前用现金支付的成本
C. 放弃后所节约的现金支出
D. 在决策付诸实施的决策执行期限内以现金支付的成本

22. 重置成本是指在现行条件下重新购置或建造一项全新资产所发生的（　　）。

A. 历史成本　　　B. 原始价值　　　C. 现时价值　　　D. 折余价值

二、多项选择题

1. 决策按其重要程度可以分为（　　）。

A. 战略决策　　　B. 短期决策　　　C. 长期决策　　　D. 战术决策

2. 决策按其影响决策的相关因素的未来状况的肯定程度可以分为（　　）。

A. 确定型决策　　　B. 风险型决策　　　C. 不确定型决策　　　D. 否定型决策

3. 短期经营决策的内容主要包括（　　）。
   A. 生产决策　　　　　　　　　　B. 定价决策
   C. 不确定型决策　　　　　　　　D. 采纳与否型决策
4. 针对短期经营决策的特点，下列说法正确的有（　　）。
   A. 短期经营决策是企业的战术性决策
   B. 影响决策的有关因素的变化情况通常是确定的或基本确定的
   C. 短期经营决策通常由企业内部中下层管理部门进行
   D. 许多决策问题都是重复性的
5. 短期经营决策的基本假设包括（　　）。
   A. 决策方案不涉及追加长期项目的投资
   B. 所需预测资料齐备
   C. 各种备选方案均具有技术可行性
   D. 凡涉及市场购销的决策，均以市场上具备提供材料或吸收有关产品的能力为前提
   E. 只有单一方案和互斥方案两种决策形式
   F. 各期产销平衡
6. 关于决策过程，下列说法正确的有（　　）。
   A. 首先确定决策目标
   B. 拟定若干可行的备选方案
   C. 要多渠道收集各备选方案的有关资料
   D. 在执行决策的过程中，要及时进行信息反馈
7. 正确的决策取决于四个基本要素（　　）。
   A. 明确的决策目标　　　　　　　B. 正确的决策原则
   C. 优秀的决策者　　　　　　　　D. 科学的决策程序
   E. 民主的决策方法
8. 美国管理学家西蒙教授认为：如果要求选择最优方案，决策必须满足的前提是（　　）。
   A. 决策者对全部可行方案及其未来执行结果能全面掌握
   B. 必须要确实存在着全面的最优方案
   C. 决策者要有充裕的人力、物力和时间
   D. 全部因素和目标都能定量或定性
9. 与决策相关的成本有（　　）。
   A. 差量成本　　　B. 机会成本　　　C. 不可避免成本　　　D. 边际成本
   E. 沉没成本　　　F. 共同成本
10. 确定型经营决策方法有（　　）。
    A. 差量分析法　　　B. 边际分析法　　　C. 本量利分析法　　　D. 贡献边际分析法
    E. 线性规划法　　　F. 决策树法

实训项目

【实训一】

（一）目的：练习差量分析法。

（二）资料：

某企业使用同一台设备，可生产 A 产品，亦可生产 B 产品。该设备的最大生产能量为 10 万工时，生产 A 产品每件需 50 工时，生产 B 产品每件需 20 工时。两种产品的销售单价、单位变动成本和固定成本总额资料如表 6-33 所示。

表 6-33　产品相关资料表　　　　　　　　　　　　　　　　元

摘　要	A 产品	B 产品
销售单价	60	30
单位变动成本	37	17
固定成本总额	120 000	

（三）要求：根据上述资料，采用差量分析法，分析生产哪种产品较为有利。

【实训二】

（一）目的：练习生产能力充分利用的决策分析。

（二）资料：

某企业现有生产能力 60 000 机器小时，目前的生产能力利用程度为 80%，剩余的生产能力可以用来开发新产品 A，每件工时定额 4 小时；也可以用来生产 B 产品，每件工时定额 5 小时。预计有关销售价格和成本资料如表 6-34 所示。

表 6-34　销售价格和成本资料表　　　　　　　　　　　　　元

产品名称	A 产品	B 产品
销售单价	40	50
单位变动成本	30	35
单位贡献边际	10	15

（三）要求：根据以上资料，采用单位定额工时提供的贡献边际指标来作出该企业利用剩余生产能力开发哪种新产品较为有利的决策。

【实训三】

（一）目的：练习生产能力充分利用的决策分析。

（二）资料：

某企业现有 20%的剩余生产能力，准备用来生产甲产品或乙产品。若用来生产甲产品可生产 5 000 件，单位产品售价为 300 元，单位变动成本为 200 元，需发生专属固定成本 60 000 元；若用来生产乙产品可生产 4 000 件，单位产品售价为 400 元，单位变动成本为 260 元，需发生专属固定成本 70 000 元。该企业目前年固定成本总额为 400 000 元。

（三）要求：根据上述资料做出选择何种产品的决策。

【实训四】

（一）目的：练习零部件自制或外购的决策分析。

（二）资料：

某企业生产甲产品，每年需要 A 零件最大量为 1 万个。若外购，其买价为 200 元/个。若自制，其成本为 195 元/个。该企业尚有部分剩余生产能力可以生产 A 零件。但要生产 A 零件每年需增加专属固定成本 30 000 元。

（三）要求：采用本量利分析法对该企业 A 零件是应自制还是外购做出决策分析。

【实训五】

（一）目的：练习亏损产品的决策分析。

（二）资料：

某公司产销 A、B、C 三种产品，其中 A、B 两种产品盈利，C 产品亏损，有关资料如表 6-35 所示。

表 6-35　A、B、C 三种产品利润表资料　　　　　　　　　　　　万元

项目	品种	A 产品	B 产品	C 产品
销售收入		9 000	8 000	6 000
生产成本	直接材料	2 000	1 000	1 000
	直接人工	1 000	600	800
生产成本	变动制造费用	800	700	800
	固定制造费用	900	1 000	1 000
非生产成本	变动推销管理费用	1 500	1 000	1 000
	固定推销管理费用	700	1 200	300

（三）要求：
（1）假定 C 产品停产后生产能力无法转移，分析评价 C 产品应否停产。
（2）假定 C 产品停产后生产能力可以转移用于生产 D 产品，但要增加设备 5 000 元，分析评价 C 产品应否停产。
（3）假定 C 产品停产后设备可以出租，年租金收入 3 000 元，分析评价 C 产品应否停产。

【实训六】

（一）目的：练习产品直接出售或进一步加工的决策分析。
（二）资料：
某工厂每年生产甲产品 30 000 件，单位变动成本为 10 元，固定成本总额 60 000 元，销售单价为 30 元。如果把甲产品进一步加工为乙产品，销售单价可提高到 40 元，但需追加单位变动成本 5 元，专属固定成本 90 000 元。
（三）要求：作出甲产品是否进一步加工的决策。

【实训七】

（一）目的：练习零部件自制或外购的决策分析。
（二）资料：
某工厂所需用的甲零件既可以自制也可以外购。如果外购，剩余生产能力没有别的用途。自制成本与外购单价资料如表 6-36 所示。

表 6-36　自制与外购方案对比

自 制 方 案		外 购 方 案
直接材料/（元·件$^{-1}$）	3	1 000 件以内单位购价 8 元
直接人工/（元·件$^{-1}$）	1	1 000 件以上单位购价 7 元
变动性制造费用/（元·件$^{-1}$）	2	1 000 件以内单位购价 8 元
专属固定成本总额/元	1 000	1 000 件以上单位购价 7 元

（三）要求：根据上述资料确定该零件全年需用量在何种情况下应该外购，在何种情况下应该自制。

【实训八】

（一）目的：练习是否接受特殊价格追加订货的决策。
（二）资料：
某工厂只生产甲产品，全年最大生产能力为 100 台，正常产销数量为 80 台，甲产品的销售单价为 2 000 元，其单位产品成本如下（按正常生产量计算）：

直接材料	600 元
直接人工	400 元
制造费用：	
变动性制造费用	200 元
固定性制造费用	400 元
单位产品成本合计	1 600 元

（三）要求：

（1）现有一外商前来订购甲产品 20 台，出价每台 1 400 元。请用数据说明此项特殊订货能否接受。

（2）假如外商前来订购甲产品 40 台，此时该厂如接受该项订货，就必须减少正常的产品销售量 20 台，对方出价仍为每台 1 400 元。请用数据说明此项订货能否接受。

【实训九】

（一）目的：练习生产能力充分利用的决策分析。

（二）资料：

某工厂原生产甲产品，年设计生产能力为 6 000 机器小时，但实际开工率只有原生产能力的 80%。现准备利用剩余生产能力开发新产品乙或丙。有关资料如表 6-37 所示。

表 6-37 三种产品有关资料表

产品名称 项目	甲产品 （实际）	新产品乙 （预计）	新产品丙 （预计）
每件机器工时/小时	16	6	3
销售单价/元	62	85	55
单位变动成本/元	48	68	40
固定成本总额/元	18 000		

（三）要求：根据以上资料利用贡献毛益总额法对该企业开发哪种新产品较为有利作出决策分析（假定销路没有问题）。

【实训十】

（一）目的：练习产品直接出售或进一步加工的决策分析。

（二）资料：

某化工厂每年生产甲产品 800 吨，单位售价 300 元，如果把甲产品继续加工为乙产品，每吨甲产品可加工成乙产品两吨，乙产品每吨售价为 250 元，追加单位变动成本为 80 元，把甲产品加工成乙产品需专属成本 35 000 元。

（三）要求：

（1）作出是出售甲产品还是继续加工成乙产品再出售的决策。

（2）假定本厂每年生产甲产品 1 200 吨，在继续加工生产能力的范围内，判定是出售甲产品还是加工成乙产品再出售。

（3）求解是否继续加工的分界点。

【实训十一】

（一）目的：练习生产工艺技术方案的决策分析。

（二）资料：

某工厂在生产 A 产品时，可以用甲、乙、丙三种不同的工艺方案，有关成本资料如表 6-38 所示。

表 6-38　产品的有关成本资料

工艺方案	单位变动成本/（元·件$^{-1}$）	专属固定成本/元
甲方案	5	1 000
乙方案	6	800
丙方案	7	500

（三）要求：对采用哪种工艺方案生产 A 产品进行决策分析。

【实训十二】

（一）目的：练习产品直接出售或进一步加工的决策分析。

（二）资料：

某企业生产甲半成品，年生产量为 1 200 件，直接对外销售单价为 52 元/件，单位变动成本为 30 元/件，若进一步加工为乙产品，则每件加工成本为 60 元/件，乙产品销售单价为 100 元/件。

（三）要求：

分别就以下各不相关情况作出是否进一步加工甲半成品的决策分析。

（1）该企业具备深加工 1 200 件乙产品的生产能力，不需要追加专属成本，生产能力也不可转移。

（2）该企业只有深加工 700 件乙产品的生产能力，该能力也可用于对外承揽加工业务，预计一年可获边际贡献总额 15 000 元，不需要追加专属成本。

思考与练习

(1) 何谓企业经营决策？企业经营决策可按哪些标志进行分类？
(2) 短期经营决策有哪些基本假设？
(3) 正确的决策取决于哪几个基本要素？要经过哪几个步骤？
(4) 短期经营决策分析使用的成本概念有几个？
(5) 短期经营决策分析常用的方法有几种？
(6) 产品生产决策分析有几种类型？
(7) 企业有哪些定价目标？又有哪些定价决策分析方法？

第 7 章
长期投资决策分析

> ▶ **知识目标**
> （1）了解长期投资决策的概念、特点和种类。
> （2）明确长期投资决策中应考虑的四个重要因素。熟练掌握货币时间价值和现金流量指标的含义与计算方法。理解资本成本和风险价值指标的含义，了解其计算过程。
> （3）明确长期投资效益的各种评价方法的基本原理，并熟练掌握其评价指标的计算。
> （4）理解单一投资项目的评价和多个互斥方案的评价与选择。
>
> ▶ **技能目标**
> （1）能够运用长期投资效益的各种评价方法，对单一投资项目和多个互斥方案进行评价，并作出决策。
> （2）通过运用实例对投资项目评价方法的学习，掌握解决企业长期投资决策中相关实际问题的方法。

7.1 长期投资决策概述

7.1.1 长期投资的概念

管理会计的投资是指企业投入财力，以期在未来一定期间内获取报酬或更多收益的活动。它不仅包括一般的投资内容，还包括企业购买固定资产、开发利用资源、研制新产品、更新改造厂房设备装备等项内容。

长期投资是指不准备随时变现、持有时间在一年以上的有价证券以及超过一年的其他投资。长期投资是相对短期投资而言的，这些投资有一个共同的特点，就是投资的结果对投资人的经济利益有较长时期的影响。由于投资收回的时间长，对投资人在经济利益上影响的时间也较长，故将这种投资称为长期投资。

7.1.2 长期投资的特点

企业的长期投资可分为对内投资和对外投资，对内投资主要是以增加生产能力为主要目的的固定资产投资；对外投资主要包括股票投资、债券投资和其他投资等。根据企业长期投资的类型，可归纳出长期投资的以下几个特点。

1. 效益回收期长

长期投资的投资收回时间至少在一年以上。如果是固定资产投资，收回的时间更长（几年、十几年或更长时间）。由于投资回收期长，所以对投资人经济利益的影响时间也长。

2. 资金耗用量大

长期投资耗费资金数额通常都较大。企业如果是进行对内投资（如购置固定资产等），耗费的资金一般都较多；如果是进行对外投资（如购买股票、债券或其他投资等），投入的资金一般也较多，以获得更多的投资收益。

3. 投资风险大

由于长期投资涉及的时间长，在投资有效时期内，投资项目的内部情况、外部环境等都会发生变化，而这些变化往往又是难以预测的。因此，长期投资面临着较大的风险。

7.1.3 企业长期投资的内容

企业长期投资的内容包括对内投资内容和对外投资内容。对内投资的内容归纳起来不外两大类：固定资产投资和流动资产投资。这两类投资在投入和收回的时间、方式、数量等方面都是有区别的。对外投资的内容大致分为三类：股票投资、债券投资和其他投资，其中股票投资和债券投资由于需支出现金，因而也可视为流动资产投资。其他投资（如与其他企业合资创办新企业等）则既包括流动资产投资（新企业所需开办费用以及经营周转资金等），又包括固定资产投资（如购建房屋、机器设备等）。

7.1.4 长期投资决策的概念

决策按其对企业经济效益影响时间的长短可分为短期决策（一年以内）和长期决策（一年以上）两类。投资也可按投资收回时间的长短分为短期投资（一年以内）和长期投资（一年以上）。将决策的分类和投资的分类结合起来，就形成了短期投资决策（一年以内）和长期投资决策（一年以上）。由于短期投资决策涉及的时间短，不超过一年，基本上属于企业经营性的决策，故可称为短期经营决策。长期投资决策是指对各种长期投资方案进行分析、评价，最终确定一个最佳投资方案的过程，通常包含两层含义：一是在存在几个投资项目可供选择时，对不同投资项目进行比较，从中选出经济效益较佳的项目；二是对已选定的投资项目的各种实施方案进行比较，从中选出经济效益等各方面都最佳的实施方案。由于长期投资决策涉及的资金多，经历的时间长，风险较大，对企业近期和远期的财务状况都有较大影响，因而是一项十分重要的决策行为，投资者必须认真对待，从而做出明智的决策。

7.1.5 长期投资决策的特点

长期投资决策具有以下几个特点。

1. 它是企业的战略性决策

长期投资决策的内容通常涉及企业的生产能力、发展方向、新产品开发等，这些决策需要运用大量资金，对企业的发展都具有战略性意义。企业应从不同角度，根据内部和外部等各种情况，综合判断，做出决策。

2. 决策者通常是企业高层管理人员

长期投资决策涉及的资金多，风险大，对企业影响的时间长，对企业的未来发展具有重大影响，因此，这种决策通常由企业高层管理人员（如总经理）甚至由董事会来行使最后决策权。

3. 要考虑货币的时间价值

长期投资决策涉及的时间长，而货币在不同的时间其价值不同，因此进行长期投资决策时必须考虑货币的时间价值，以便较为准确地计算投资收益，做出正确的投资决策。

7.1.6 长期投资决策的种类

1. 战术性投资决策和战略性投资决策

战术性投资决策是指那些对企业的前途和命运影响不大的投资决策，一般不改变企业经营方向，只限于局部条件的改善，影响范围较小的投资。该类决策大多由中低层或职能管理部门筹划，由高层管理部门参与制定。比如，是否购置新机器以替代旧机器的决策；租入设备还是购入设备的决策；现在还是以后更新设备的决策等。

战略性投资决策是指那些可以改变企业的经营方向，对企业全局产生重大影响的，关系到企业的前途和命运的投资决策。因此，由企业最高管理当局筹划，报经董事会或上级主管部门批准。比如，与其他经济实体共同投资组建新的联营实体的决策；投资开发新产品的决策；厂址选择的决策；较大幅度地改变生产规模的决策等。

2. 初筛决策和选择决策

初筛决策是指确定投资方案是否满足某种预期标准的决策。例如，可以规定，凡提交决策的方案，其投资报酬率都要达到25%，达不到这个条件的不提交决策。选择决策是指从若干可行方案中选择最佳方案的决策。例如，在投资报酬率都达25%以上的若干投资方案中选择一项最优方案，这个过程就是选择决策。从时间顺序上看，初筛决策在前，选择决策在后。初筛决策从若干投资方案中确定若干能满足企业预期目标的可行方案；选择决策则从初筛出来的可行方案中确定一个最优方案。初筛决策可以减少决策方案的数量，以使决策人能更集中有效地对入选方案进行分析和评价。

7.1.7 进行长期投资决策需要考虑的因素

企业进行长期投资决策要考虑的因素很多。从广义上讲，要考虑社会、经济、政治、财务、环境保护等诸多因素。具体来讲，则要根据投资的不同对象，考虑若干因素。

1. 对内投资要考虑的因素

企业对内投资，多与扩大企业经营规模、增加生产能力、开发新产品等有关。企业要根据自身的情况，对投资项目进行可行性分析，包括对国家的宏观经济政策、企业自身的财务状况、市场情况、企业人力资源现状、环境保护等方面加以综合考虑。企业对内投资，其资本的支出和收回在很大程度上取决于企业的自身因素，所以，较之对外投资而言，对内投资需考虑的因素要少些。

2. 对外投资要考虑的因素

企业对外投资包括股票投资、债券投资和其他投资。不同投资对象需要考虑的因素不同。

股票投资首先要考虑国家的政治及经济政策，股市行情，股票发行单位的经营、财务等方面的情况以及今后的发展方向和潜力等。同时，还要结合考虑本企业从事股票投资人员的素质等。股票投资的收益大，风险也大，考虑的影响因素要更加周密。

债券投资可分为企业债券和国债投资。购买企业债券时，要充分考虑债券发行单位的经营业绩、财务状况以及今后还本付息的能力等。进行企业债券投资的风险虽不像股票投资那么大，但也不是没有风险的，债券发行单位也存在到期无力还本付息的可能性。因此，进行企业债券投资也要谨慎行事。进行国债投资是无风险投资，要考虑的因素少一些。主要是企业要根据自身的财务状况、资金的周转使用情况等，合理进行投资。但国债作为无风险投资品种，其利息率通常较企业债券的利息率稍低一些。

其他投资包括企业将现金、实物及无形资产等投入到其他经济实体，或与其他经济实体共同投资举办新的经济实体等。无论哪种类型，企业的投资行为都与其他企业有千丝万缕的关系。进行这些投资都要签订投资协议或合同，双方要履行相应的义务和承担相应的法律责任。为此，企业除了要考虑上述的内部及外部因素外，还要考虑企业本身履行和承担的法律责任、投资各方承担法律责任的能力以及今后可能引起的法律事项等。其他投资较之股票投资和债券投资更为复杂，因此，对有关人员的素质要求更高，对决策正确性的要求也较高。

7.2 长期投资决策的重要因素

进行长期投资决策需要考虑的因素较多，包括宏观的和微观的。从微观因素来看，包括企业的财务状况、人力资源素质、管理水平、科研实力、企业规模、中长期目标等。其中重要的是财务状况。管理会计的研究内容主要是微观的，是着重从财务角度为企业内部管理服务的，因此，本章分析要考虑的因素仅限于企业的财务因素。企业财务包含的内容很广泛，与长期投资决策分析有关的财务因素归纳起来主要有四个：货币的时间价值、现金流量、资本成本和投资风险价值。

7.2.1 货币时间价值

货币时间价值是评价长期投资方案经济效益的重要因素。货币时间价值是指货币随着时间的推移而发生的价值"增值"。社会普遍认为，一笔货币如果作为储藏手段保存起来，在不存在通货膨胀因素的条件下经过一段时间后，作为同名货币，其价值不会有什么改变。但同样一笔货币若作为社会生产的资本或资金来运用，在通常情况下，经过一段时间后就会带来利润，使自身价值增值。从后一种情况看，同等数量的货币在不同时间上不能等量齐观。这就是所谓货币具有时间价值的现象。

西方对货币时间价值的定义是：由于放弃现在使用货币的机会所得到的按放弃时间长短计算的报酬。从货币时间价值原理可以看出：货币时间价值的形式是价值增值，是同一笔货币资金在不同时点上表现出来的价值差量或变动率；货币的自行增值是在其被当做投资资本的运用过程中实现的，不能被当做资本利用的货币是不具备自行增值属性的；货币时间价值量的规定性与时间的长短呈同方向变动关系。

1. 一次性收付款项的终值与现值的计算

在某一特定时点上发生的某项一次性付款（或收款）业务，经过一段时间后再发生相应的一次性收款（或付款）业务，我们称为一次性收付款项。如存入银行一笔现金 1 000 元，年利率为 10%，经过 10 年后一次取出本利和 2 593 元，就属于这类一次性收付款项。这里若将存款当时的本金称作一次性收付款的现值，简记作 $P=1 000$ 元，则 n 期后的本利和就是一次性收付款的终值，简记作 $F=2 593$ 元。也有人称一次性收付款的现值和终值为复利现值和复利终值。在考虑货币时间价值的情况下，现值与终值在价值上是等价的。

1）一次性收付款项终值的计算

已知现值 P 和利率 i，求 n 期后的终值 F 可按下式计算：

$$F(终值) = 现值 \times (1+利率)^{时期}$$
$$= P \cdot (1+i)^n. \tag{7-1}$$

上式是由表 7-1 所列示的 P 与 F 关系归纳出来的。

表 7-1　P 与 F 关系表

期末	期初金额（本金）	本期利息	期末本利和 F_i
	①	②=①×利率	③=①+②
1	P	$P \cdot i$	$F_1 = P + P \cdot i = P(1+i)^1$
2	$P(1+i)$	$P(1+i) \cdot i$	$F_2 = P(1+i) + P(1+i) \cdot i = P(1+i)^2$
3	$P(1+i)^2$	$P(1+i)^2 \cdot i$	$F_3 = P(1+i)^2 + P(1+i)^2 \cdot i = P(1+i)^3$
⋮	⋮	⋮	⋮
n	$P(1+i)^{n-1}$	$P(1+i)^{n-1} \cdot i$	$F_n = P(1+i)^{n-1} + P(1+i)^{n-1} \cdot i = P(1+i)^n$

式中的 $(1+i)^n$ 又叫一次性收付款项终值系数（又称复利终值系数，一元终值，终值因子），简称终值系数，记作 $(F/P, i, n)$。根据不同的 i 和 n，计算出 $(1+i)^n = (F/P, i, n)$ 的值，列表即为终值系数表（见附表一：一元复利终值系数表）。于是式（7-1）可写成

$$F(终值) = 现值 \times 终值系数$$
$$= P \cdot (F/P, i, n). \tag{7-2}$$

由于查表可大大节约计算工作量，故式（7-2）更具有实用价值。

【例 7-1】仍以上述存款业务为例，已知现值 $P=1 000$ 元，利率 $i=10\%$，存款期 $n=10$ 年。要求计算到期后的存款终值 F。

解：
$$F(\text{终值}) = P \cdot (1+i)^n = 1\,000 \times (1+10\%)^{10}$$
$$= 2\,593 \text{（元）}$$

或
$$F = P \cdot (F/P, 10\%, 10) = 1\,000 \times 2.593$$
$$= 2\,593 \text{（元）}$$

答：该项存款的到期值为 2 593 元。

【例 7-2】甲企业在年初存入一笔金额为 10 万元的资金，已知年复利率 6%。求 3 年后一次取出的本利和。

解：已知 $P = 10$ 万元，$i = 6\%$，$n = 3$ 年
$$F(\text{终值}) = P \cdot (1+i)^n = 10 \times (1+6\%)^3$$
$$= 11.91 \text{（万元）}$$

答：3 年后一次取出的本利和为 11.91 万元。

2) 一次性收付款项现值的计算

由本利和求本金的过程也叫折现，此时使用的利率 i 又称折现率。折现是终值计算的逆运算，若已知未来终值 F，折现率 i 和期数 n，则现值 P 可按下式求出：

$$P(\text{现值}) = \text{终值} \times (1+\text{利率})^{-\text{时期}}$$
$$= F \cdot (1+i)^{-n}. \tag{7-3}$$

该式可由式（7-1）直接推得，式中 $(1+i)^{-n}$ 叫一次性收付款项现值系数（又称复利现值系数，一元现值，现值因子），简称现值系数，记作 $(P/F, i, n)$。该系数亦可通过查表求得（见附表二：一元复利现值系数表）。则有

$$P(\text{现值}) = \text{终值} \times \text{现值系数}$$
$$= F \cdot (P/F, i, n). \tag{7-4}$$

显然，终值系数与现值系数互为倒数。

【例 7-3】甲企业年初打算存入一笔资金，6 年后一次取出本利和 100 000 元，已知年复利率（折现率）为 6%。要求计算企业现在应存入多少钱。

解：已知 $F = 100\,000$ 元，$i = 6\%$，$n = 6$ 年
$$P(\text{现值}) = F \cdot (1+i)^{-n} = 100\,000 \times (1+6\%)^{-6}$$
$$= 70\,500 \text{（元）}$$

或
$$P = F(P/F, i, n) = 100\,000 \times (P/F, 6\%, 6)$$
$$= 100\,000 \times 0.705 = 70\,500 \text{（元）}$$

答：企业年初应存入 70 500 元。

【例 7-4】假设甲厂准备自年初开始从利润留成中提取一笔资金，5 年后一次取出，本利和共计 60 万元。已知年复利率为 6%。问该企业在年初应提取多少资金方能满足上述要求。

解：已知 $F = 60$ 万元，$i = 6\%$，$n = 5$ 年
$$P(\text{现值}) = F \cdot (1+i)^{-n} = 60 \times (1+6\%)^{-5}$$
$$= 44.82 \text{（万元）}$$

答：该企业应在年初提取 44.82 万元资金方能满足上述要求。

2. 系列收付款的终值与现值

系列收付款的终值与现值，它是理解年金的终值与现值，以及递增（减）系列收付款

终值与现值的基础。所谓系列收付款，是指在 n 期内多次发生收（付）款业务，形成多时点收（付）款数列。

1）系列收付款的终值的计算

这一计算过程实际上就是将多时点资金数列逐一换算为未来某一时点的终值再求和的过程。如在 n 年内，已知每年年末存款 $R_t(t=1,2,\cdots,n)$，求第 n 年末一次取出的本利和一共是多少，这类问题就属于求系列收付款终值的问题。它是由一次性存款现值求终值的发展，即分别将不同时点存款的现值（当时值）按一定的复利率 i 和该存款实际存放年限逐一换算为第 n 年末的终值，再将它们加起来，便得到系列存款的终值。

当系列收（付）款额为 R_1，R_2，R_3，$\cdots$，R_n（$R_t \geqslant 0$），它们相应的终值分别为 F_1，F_2，F_3，$\cdots$，F_n 时，该系列收（付）款的终值 F_R 为

$$F_R = \sum_{t=1}^{n} F_t = F_1 + F_2 + \cdots + F_t \cdots + F_{n-1} + F_n$$
$$= R_1(1+i)^{n-1} + R_2(1+i)^{n-2} + \cdots + R_t(1+i)^{n-t} + \cdots + R_{n-1}(1+i)^1 + R_n(1+i)^0$$
$$= \sum_{t=1}^{n} [R_t \cdot (1+i)^{n-t}]. \tag{7-5}$$

如果系列收（付）款不是在每年末发生，而是在年初，则系列收付款终值的计算公式应是

$$F_R' = \sum_{t=0}^{n-1} [R_{t+1} \cdot (1+i)^{n-t}]. \tag{7-6}$$

式（7-5）、式（7-6）中的 $(1+i)^{n-t}$ 均为一次性收付款终值系数，所不同的是每当 t 有一个确定值，便有一个 $(n-t)$ 与之对应，可通过多次查终值系数表得到这些数值。故以上两公式又可分别写作

$$F_R = \sum_{t=1}^{n} [R_t \cdot (F/P, i, n-t)] \tag{7-7}$$

$$F_R' = \sum_{t=0}^{n-1} [R_{t+1} \cdot (F/P, i, n-t)] \tag{7-8}$$

2）系列收付款的现值的计算

系列收付款的现值的计算实质上是将多时点的终值（当时值）统一换算为事前某一时点的现值再求其合计的过程。如在 n 年内每年末取款（本利和）$R_t(t=1,2,\cdots,n)$，第 n 年取完，问事先应一次性存入银行多少钱才行（一次存入，分次取出）？这实际上是由一次性取款终值换算为现值问题的发展，只需将各期取款额（当期终值）分别折算为期初（第 0 年）的现值，那么这些现值的合计数就是所求的系列收入款项的现值。

设系列收付款分别为 R_1，R_2，$\cdots$，R_n（$R_t \geqslant 0$），它们相应的现值分别为 P_1，P_2，$\cdots$，P_n 时，系列收付款的现值 P_R 为

$$P_R = \sum_{t=1}^{n} P_t = P_1 + P_2 + \cdots + P_t \cdots + P_{n-1} + P_n$$
$$= R_1 \cdot (1+i)^{-1} + R_2 \cdot (1+i)^{-2} + \cdots + R_t \cdot (1+i)^{-t} + \cdots + R_n \cdot (1+i)^{-n}$$
$$= \sum_{t=1}^{n} [R_t \cdot (1+i)^{-t}]. \tag{7-9}$$

同理，上式亦可写成

$$P_R = \sum_{t=1}^{n} [R_t \cdot (P/F, i, t)]. \tag{7-10}$$

系列收付款现值的计算在长期投资决策中是最常被采用的一种形式，应特别注意。

3. 年金的终值与现值的计算

年金是系列收付款项的特殊形式，它是指在一定时期内每隔相同时间（如一年）就发生相同数额的系列收付款项，也称等额系列款项。

年金一般应同时满足下列两个条件：

（1）连续性。在一定期间内每隔一段时间必须发生一次收（付）款业务，形成系列，不得中断。

（2）等额性。各期发生的款项必须在数额上相等，因此若某系列收付款项 $R_t(t=1, 2, \cdots, n)$ 满足

$$R_{t+1} = R_t \equiv A, (t=1, 2, \cdots, n-1, A \text{ 为常数})$$

则该系列收付款项便取得了年金形式，记作 A。

在现实经济生活中，分期等额形成或发生的各种偿债基金、折旧费、养老金、保险金、租金、等额分期收付款、零存整取储蓄存款业务中的零存数、整存零取储蓄存款业务中的零取金额、定期发放的固定奖金、债券利息和优先股股息以及等额回收的投资额等，都属于年金的范畴。

年金又包括普通年金、先付年金、递延年金和永续年金等几种形式。其中普通年金应用最为广泛，其他几种年金均可在普通年金的基础上推算出来。因此应着重掌握普通年金的有关计算。

1）普通年金终值的计算

凡在每期期末发生的年金为普通年金，又叫后付年金，用 A 表示。以后凡涉及年金问题若不特殊说明均指普通年金。普通年金终值又可简称年金终值，记作 F_A。它是特殊的系列收款终值，计算公式是

$$F_A = A \times \frac{(1+i)^n - 1}{i}. \tag{7-11}$$

【例7-5】某企业连续10年于每年末存款5 000元，年复利率为10%。要求计算第10年末可一次取出本利和多少钱。

解： 根据题意，$A = 5\,000$，$n = 10$，$i = 10\%$

$$F_A = 5\,000 \times [(1+10\%)^{10} - 1] \div 10\% \approx 79\,700 \text{（元）}$$

答： 第10年末可一次取出79 700元。

式（7-11）中，$F_A/A = [(1+i)^n - 1]/i$ 叫年金终值系数（又称一元年金终值或年金终值因子），记作 $(F_A/A, i, n)$，于是式（7-11）又可改写为

$$F_A = A \cdot (F_A/A, i, n). \tag{7-12}$$

通过查一元年金终值系数表（见附表三：一元年金终值系数表）可以求得 $(F_A/A, i, n)$ 的值。

【例7-6】甲企业于每年年末向保险公司存入20万元，为企业职工购买人身意外保险。

年复利率为6%。要求计算第10年末该企业可以一次性取出的本利和。

解：已知 $A=20$，$n=10$，$i=6\%$，则

$$F_A = A \times \frac{(1+i)^n - 1}{i}$$

$$= 20 \times [(1+6\%)^{10} - 1] \div 6\% = 263.6 \text{（万元）}$$

答：第10年年末该企业可以一次取出的本利和为263.6万元。

2）年偿债基金的计算

年偿债基金的计算又叫积累基金的计算，即由已知的年金终值 F_A，求年金 A（在此叫年偿债基金）的过程，它是年金终值的逆运算，亦属于已知整取求零存的问题。

由式（7-11）可直接求得有关公式

$$A = F_A \cdot \frac{i}{(1+i)^n - 1} \tag{7-13}$$

式中，$\frac{i}{(1+i)^n - 1}$ 叫偿债基金系数，简记为 $(A/F_A, i, n)$。这个系数可通过查有关偿债基金系数表得到，或通过年金终值系数的倒数推算出来。

【例7-7】 某企业计划在15年内每年末存入银行一笔资金，以便在第15年末归还一笔到期值为200万元的长期负债。假设存款利率为8%。要求计算每年末应至少存多少钱。

解：已知 $F_A = 200$，$n=15$，$i=8\%$

$$A = F_A \cdot (A/F_A, i, n) = F_A / (F_A/A, i, n)$$

$$= 200 \div (F_A/A, 8\%, 15) \approx 7.3665 \text{（万元）}$$

答：每年末至少应存入银行7.3665万元。

3）普通年金现值的计算

普通年金现值简称年金现值，它是等额系列收付款额现值的简化形式，记作 P_A。

由已知年金 A，求年金现值 P_A 的公式是

$$P_A = A \times \frac{1 - (1+i)^{-n}}{i}. \tag{7-14}$$

同理，$P_A/A = [1-(1+i)^{-n}]/i$ 被称做年金现值系数（又叫一元年金现值或年金现值因子），记作 $(P_A/A, i, n)$，亦可通过查一元年金现值系数表（见附表四：一元年金现值系数表）求之。则式（7-14）可写成

$$P_A = A \cdot (P_A/A, i, n). \tag{7-15}$$

【例7-8】 某企业打算连续12年在每年年末取出20万元。年利率为8%。要求计算最初（第一年初）应一次存入多少钱。

解：根据题意，$A=20$，$n=12$，$i=8\%$

$$P_A = A \cdot [1-(1+i)^{-n}]/i = A \cdot (P_A/A, i, n)$$

$$= 20 \times (P_A/A, 8\%, 12) = 151.26 \text{（万元）}$$

答：最初（第一年初）应一次存入151.26万元。

【例7-9】 甲企业若购置某自动化设备，每年可以节约人工和材料成本20万元。设该设备的使用期为10年，年复利8%。要求计算该设备节约的人工和材料成本的现值。

解：根据题意，$A=20$，$n=10$，$i=8\%$

$$P_A = A \cdot [1-(1+i)^{-n}]/i = A \cdot (P_A/A, i, n)$$
$$= 20 \times (P_A/A, 8\%, 10) = 134.2 \text{（万元）}$$

答：该设备节约的人工和材料成本的现值为 134.2 万元。

4）年回收额的计算

这是年金现值的逆运算，即已知年金现值 P_A，求年金 A（在此又称回收额），也就是已知整存求零取的问题。公式是

$$A = P_A \cdot \frac{i}{1-(1+i)^{-n}} = P_A \cdot \frac{i(1+i)^n}{(1+i)^n - 1}. \tag{7-16}$$

$\dfrac{A}{P_A} = \dfrac{i}{1-(1+i)^{-n}} = \dfrac{1+(1+i)^n}{(1+i)^n-1}$ 称作回收系数，记作 $(A/P_A, i, n)$，可查有关的回收系数表，亦可利用年金现值系数的倒数求得。于是

$$A = P_A \cdot (A/P_A, i, n)$$
$$= P_A \cdot \frac{1}{(P_A/A, i, n)}. \tag{7-17}$$

【例 7-10】 某企业计划投资 200 万元建设一个预计寿命期 10 年的新项目。若企业期望的资金报酬率为 16%。要求计算企业每年末至少要从这个项目获得多少报酬。

解：这是一个已知年金现值 $P_A = 200$，$n=10$，$i=16\%$，求年金 A 的问题。

$$A = P_A \cdot (A/P_A, i, n) = P_A \cdot \frac{1}{(P_A/A, i, n)} = 200 \times \frac{1}{(P_A/A, 16\%, 10)} \approx 41.382 \text{（万元）}$$

答：该企业每年末应从这个项目获得 41.382 万元报酬。

5）其他种类年金问题简介

① 先付年金的终值与现值的计算。

先付年金是在每期期初发生等额收付的一种年金形式，又称预付年金或即付年金，记作 A'。其终值可在普通年金终值的计算公式基础上调整算出。先付年金终值 F'_A 的公式是

$$F'_A = A' \cdot \frac{(1+i)^{n+1}+1}{i} = A' \cdot [(F_A/A, i, n+1) - 1] \tag{7-18}$$

或

$$F'_A = A' \cdot \frac{(1+i)-1}{i} \cdot (1+i) = A' \cdot (F_A/A, i, n) \cdot (1+i). \tag{7-19}$$

先付年金现值 P'_A 的计算公式是

$$P'_A = A' \cdot \left[\frac{1-(1+i)^{-(n-1)}}{i} + 1\right]$$
$$= A' \cdot (P_A/A, i, n-1) + 1 \tag{7-20}$$

或

$$P'_A = A' \cdot \frac{1-(1+i)^{-n}}{i} \cdot (1+i)$$
$$= A' \cdot (P_A/A, i, n) \cdot (1+i). \tag{7-21}$$

【例 7-11】 某企业连续 5 年于每年初存入银行 200 万元，年复利率 10%。要求计算到第 5 年年末可一次取出本利和多少钱。

解：依据题意，$A'=200$，$n=5$，$i=10\%$

$$F'_A = A' \cdot [(F_A/A, i, n+1) - 1]$$
$$= 200 \times (7.715 - 1) \approx 1\,343 \text{（万元）}$$

答：第 5 年末可一次取出 1 343 万元。

【**例 7-12**】某企业打算连续 5 年于年初投资 200 万元建设一个项目。假定折现率为 10%。要求计算当投资方式改为在第一年初一次投入全部投资额时，企业需投入多少资金才在价值上等于分次投资。

解：已知 $A=200$，$n=5$，$i=10\%$，求先付年金现值 P'_A。

$$P'_A = A' \cdot (P_A/A, i, n) \cdot (1+i)$$
$$= 200 \times 3.791 \times (1+10\%) = 834.02 \text{（万元）}$$

答：在第一年初一次投资 834.02 万元的价值才等于连续 5 年于年初投资 200 万元。

② 递延年金现值的计算。

所谓递延年金是指在一定期间内（如 n 期），从 0 期开始隔 s 期（$s \geq 1$）以后才发生系列等额收付款的一种年金形式，记作 A''。显然，凡不是从第一年开始的年金都是递延年金。

递延年金现值的计算公式有两个：

$$P''_A = A'' \cdot \left[\frac{1-(1+i)^{-n}}{i} - \frac{1-(1+i)^{-s}}{i} \right]$$
$$= A'' \cdot [(P_A/A, i, n) - (P_A/A, i, s)], \tag{7-22}$$

$$P''_A = A'' \cdot \frac{1-(1+i)^{n-s}}{i} \cdot (1+i)^s$$
$$= A'' \cdot (P_A/A, i, n-s)(P/F, i, s). \tag{7-23}$$

【**例 7-13**】某企业年初存入一笔资金，从第 6 年年末起每年取出 20 万元，至第 10 年末取完，年利率为 10%。要求计算最初一次存入的款项是多少钱。

解：根据题意，$A''=20$，$n=10$，$s=5$，$i=10\%$

$$F''_A = A'' \cdot (P_A/A, i, n-s) \cdot (P/F, i, s)$$
$$= 20 \cdot (P_A/A, 10\%, 10-5) \cdot (P/F, 10\%, 5)$$
$$= 20 \times 3.791 \times 0.621 \approx 47.084\,2 \text{（万元）}$$

答：最初一次存入的款项是 47.084 2 万元。

③ 永续年金现值的计算。

所谓永续年金是指无限等额支付的特种年金，即是当期限 $n \to +\infty$ 时的普通年金。在实际经济生活中，并不存在无限期永远支付的永续年金，但可以将利率较高、持续期限较长的年金视同永续年金计算。由于假设永续年金没有终点，故不存在其终值问题，只能计算其现值。公式为

$$P_A = A \cdot \frac{1}{i}. \tag{7-24}$$

由上式可十分方便地推算出永续年金的年金公式和利率的计算公式：

$$A = P_A \cdot i, \tag{7-25}$$

$$i = \frac{A}{P_A}. \tag{7-26}$$

【例 7-14】 企业持有的甲公司股票每年股利收益为 100 万元。假定企业不准备在近期转让该股票，甲公司的预期效益良好，并较为稳定。已知折现率为 8%。要求对该项股票投资进行估价。

解：这是个求永续年金现值的问题。

根据题意，$A=100$，$i=8\%$

$$P_A = A \cdot \frac{1}{i} = 100 \div 8\% = 1\,250(\text{万元})$$

答：该项股票投资估价为 1 250 万元。

6）货币时间价值系数表的使用

我们已讨论了各种情况下如何利用货币时间价值的各种系数计算有关指标的问题。下面介绍货币时间价值系数表的使用。

① 已知 P，i，n，求 F，利用 $(F/P, i, n)$，查一元复利终值系数表；
② 已知 F，i，n，求 P，利用 $(P/F, i, n)$，查一元复利现值系数表；
③ 已知 A，i，n，求 F_A，利用 $(F_A/A, i, n)$，查一元年金终值系数表；
④ 已知 A，i，n，求 P_A，利用 $(P_A/A, i, n)$，查一元年金现值系数表。

上述问题的共性在于：首先判断属于哪类问题，再决定查什么系数表；查表时，按已知的 i 和 n 确定系数；然后将查得的系数与已知的有关金额相乘，便可计算出所求的有关项目的金额。

在长期投资决策方案评估中应用频率较高的系数表是复利现值系数表和年金现值系数表。

7.2.2 现金流量

现金流量是指在长期投资决策中，投资项目引起的企业在未来一定期间（项目计算期）可能或应该发生的现金流出和现金流入的统称。这里的"现金"是指广义上的现金，它不仅包括各种货币资金，还包括项目开始时投入企业的非货币资金的变现价值，以及在流动资产上收回的投资的变现价值。它是以收付实现制为基础的，是计算投资决策评价指标的主要根据和关键信息之一。

在进行投资决策时，之所以要以按收付实现制计算的现金净流量作为评价投资项目经济效益的基础，而不是以利润作为评价投资项目经济效益的基础，主要是基于以下两个方面的原因。

首先，采用现金流量有利于科学地考虑货币的时间价值因素。科学的投资决策必须认真考虑货币的时间价值，这就要求在决策前一定要弄清每笔预期收入款项和支出款项的具体时间，因为不同时期的货币具有不同的价值。在评价各方案的优劣时，应根据各投资项目寿命周期内各年的现金流量，按照资本成本，结合货币的时间价值来确定。而利润的计算，并不考虑现金收付的时间，它是以权责发生制为基础的。利润与现金流量的差异主要表现在以下几个方面。第一，购置固定资产要支付大量的现金，但不计入成本；第二，将固定资产的价值以折旧或损耗的形式逐期计入成本时不需要付出现金；第三，计算利润时，不必考虑垫支在流动资产上的资金的数量和回收时间；第四，计算利润时，如果销售行为已经发生，就要计算为当期的销售收入，尽管其中有一部分并未在当期收到现金。可见，要在投资决策中考虑货币的时间价值因素，就不能采用利润来评判项目的优劣，而必须采用现金流量。

其次，是因为采用现金流量能使投资决策更符合实际情况。在长期投资决策中，采用现金流量能科学、客观地评价投资方案的优劣，而利润则明显地存在不科学、不客观的成分。这是因为：第一，利润的计算没有统一的标准，在一定程度上要受到存货估价、费用分摊及折旧计提的不同方法的影响，因而净利润的计算比现金流量的计算有更大的主观随意性，作为决策的主要依据不是十分可靠；第二，利润反映的是某一会计期间"应计"的现金流量，而不是实际的现金流量，若以未实际收到现金的收入作为收益，具有较大的风险，容易高估投资项目的经济效益，存在不科学、不合理的成分。

现金流量的主要内容包括"现金流出量""现金流入量"和"现金净流量"。现分述如下。

1. 现金流出量

一个方案的现金流出量是指该方案引起的企业现金支出的增加额。一般包括：

（1）固定资产上的投资（建设投资）。它是指房屋、设备、生产线的购入或建造成本、运输成本、保险费、安装成本等。

（2）流动资产上的投资（垫支流动资金）。它是指企业为了提高生产能力，在原有基础上追加的流动资产（如原材料、在产品、产成品、存货和货币资金等）投入。

（3）其他投资费用。它是指与长期投资项目有关的融资的相关税费、注册费、职工培训费、营业外净支出等。

（4）付现成本。它是指营运过程中需要每年支付现金的成本，如用现金支付的工资、材料费用等。另外，成本中不需要每年支付现金的部分称为非付现成本，如固定资产折旧费、修理费等。某年付现成本等于当年的总成本费用扣除该年折旧额、无形资产摊销额等项目后的差额。

2. 现金流入量

一个方案的现金流入量是指投资项目在建成投产后的整个寿命周期内，由于开展正常生产经营活动而发生的现金流入的数量。一般包括以下三项。

（1）营业现金流入。它是指项目建成之后，企业在营运过程中所获得的增量销售收入。

（2）回收固定资产残值。它是指资产出售时企业所收回的现金，它引起企业的现金流入。

（3）收回的流动资金。收回的原垫支的流动资金额。收回的流动资金和回收固定资产余值统称为回收额。

3. 现金净流量

1) 现金净流量的概念

现金净流量又称净现金流量，是指在项目计算期内由每年现金流入量与同年现金流出量之间的差额所形成的序列指标，它是长期投资决策评价指标计算的重要依据。

2) 现金净流量的理论计算公式

NCF_t（某年现金净流量）= 该年现金流入量 − 该年现金流出量　　$t = 0, 1, 2, \cdots, n$　　(7-27)

由于项目计算期不仅包括经营期,还包括建设期,因此,无论在经营期还是在建设期都应该存在净现金流量这个范畴。

由于现金流入和流出在项目计算期内的不同阶段上的内容不同,使得各阶段上的净现金流量表现出不同的特点,如在建设期内,净现金流量一般小于或等于零,在经营期内,净现金流量则多为正值。

在实务中,净现金流量的计算通常是通过编制投资项目的现金流量表来实现的,其表格格式是按年分栏目分别计算现金流入量、现金流出量和现金净流量。

3) 现金净流量的简化公式

① 建设期现金净流量的简化计算公式。

若原始投资均在建设期内投入,则建设期净现金流量可按以下简化公式计算:

$$NCF_t(建设期某年现金净流量) = -该年发生的投资额 \quad t=0,1,\cdots,s, s \geq 0 \quad (7-28)$$

式中,投资额为第 t 年投资额,原始投资等于建设期 s 年投资额之和。由式(7-28)可见,当建设期 s 不为零时,建设期净现金流量 NCF_t 的数量特征取决于其投资方式是分次投资还是一次投资。

② 经营期现金净流量的简化计算公式。

经营期净现金流量可按以下简化公式计算:

经营期某年现金净流量 NCF_t = 该年利润+该年折旧+该年摊销额+

$$该年回收额+该年利息费用$$

$$t = s+1, s+2, \cdots, n \quad (7-29)$$

【例7-15】甲企业计划购建一项固定资产,需投资500万元,按平均年限法折旧,使用寿命10年。预计投产后每年可获营业净利润60万元。假定不考虑所得税和补充流动资金因素。

要求就以下各种不相关情况分别计算该项目的现金净流量。

① 在建设起点投入自有资金500万元,当年完工并投产,期满有30万元净残值。

② 在建设起点投入自有资金500万元,建设期为一年,期满有30万元净残值。

③ 建设期为两年,每年初分别投入250万元自有资金,期满无残值。

④ 在建设起点一次投入借入资金500万元,建设期为一年,发生建设期资本化利息50万元,期满无残值。

解: 依题意计算有关指标:

固定资产原值=固定资产投资+建设期资本化利息

在第①、②种情况下,固定资产折旧 $= \dfrac{500-30}{10} = 47$(万元)

在第③种情况下,固定资产折旧 $= \dfrac{500-0}{10} = 50$(万元)

在第④种情况下,固定资产折旧 $= \dfrac{550-0}{10} = 55$(万元)

项目计算期=建设期+经营期

在第①种情况下,$n = 0+10 = 10$(年)

在第②、④种情况下，$n=1+10=11$（年）

在第③种情况下，$n=2+10=12$（年）

第n年回收额＝该年回收固定资产余值＋回收流动资金

在第③、④种情况下，回收额为零

在第①、②种情况下，回收额＝30（万元）

按简化公式计算的各年净现金流量分别为：

① $NCF_0=-500$（万元），$NCF_{1\sim9}=60+47=107$（万元），$NCF_{10}=60+47+30=137$（万元）。

② $NCF_0=-500$（万元），$NCF_1=0$，$NCF_{2\sim10}=60+47=107$（万元），$NCF_{11}=60+47+30=137$（万元）。

③ $NCF_{0\sim1}=-250$（万元），$NCF_2=0$，$NCF_{3\sim12}=60+50=110$（万元）。

④ $NCF_0=-500$（万元），$NCF_1=0$，$NCF_{2\sim11}=60+55=115$（万元）。

答：（略）。

【例7-16】甲企业有一套生产设备共投资20万元，两年后建成，每年投资10万元，使用寿命为5年，采用直线法计提折旧，预计残值为2万元。此外，需增加流动资金投资5万元。该设备投产后预计每年可获得销售收入15万元。第一年的付现成本为8万元，以后随着设备陈旧，修理费逐年增加0.5万元。企业所得税税率为25%（假设各年投产额为年初一次发生，营业收入或支出都看做年末一次发生）。

要求计算该项目的现金净流量。

解：依题意计算有关指标：

首先，计算该项目的营业现金净流量，如表7-2所示。

表7-2 营业现金流量计算表　　　　　　　　　　　　　　万元

项　目 \ 计算期	3	4	5	6	7
销售收入①	15	15	15	15	15
付现成本②	8	8.5	9	9.5	10
折旧③	3.6	3.6	3.6	3.6	3.6
税前利润④＝①－②－③	3.4	2.9	2.4	1.9	1.4
所得税⑤＝④×25%	0.85	0.725	0.6	0.475	0.35
税后利润⑥	2.55	2.175	1.8	1.425	1.05
营业现金净流量⑦＝①－②－⑤＝⑥＋③	6.15	5.775	5.4	5.025	4.65
注：年折旧额＝(20-2)÷5＝3.6(万元)					

其次，分析该项目的现金流量，现金流量分析表如表7-3所示。

表 7-3 现金流量分析表   万元

项目＼计算期	0	1	2	3	4	5	6	7
固定资产投资	-10	-10						
投入流动资金			-5					
营业现金净流量				6.15	5.775	5.4	5.025	4.65
固定资产残值								2
收回流动资金								5
年现金流量合计	-10	-10	-5	6.15	5.775	5.4	5.025	11.65

【例 7-17】 甲企业投资一项目需 4 年建成，每年投入资金 30 万元，共投入 120 万元。建成投产后，产销 A 产品，需投入流动资金 40 万元，以满足日常经营活动的需要。A 产品销售后，估计每年可获利润 20 万元。固定资产使用年限为 6 年，使用期满后，估计有残值收入 12 万元。采用使用年限法折旧。假定不考虑所得税因素。

要求计算该项目的现金净流量。

解： 依题意计算有关指标：

根据以上资料，编制成"投资项目现金流量表"，如表 7-4 所示。

表 7-4 投资项目现金流量表   万元

项目＼计算期	0	1	2	3	4	5	6	7	8	9	10	总计
固定资产	-30	-30	-30	-30								-120
固定资产折旧						18	18	18	18	18	18	108
利润						20	20	20	20	20	20	120
残值收入											12	12
流动资金					-40						40	0
总计	-30	-30	-30	-30	-40	38	38	38	38	38	90	120

注：表中的数字，第 5 年投入周转的流动资金在该投资项目使用期满时要全数收回

7.2.3 资本成本

1. 资本成本的概念

通常情况下，资本成本是指企业取得并使用资本所负担的成本。例如，企业为了进行正常的生产经营活动，通过银行借款取得资本而需支付的利息、发行债券取得资本而需支付的利息、发行股票取得资本而需支付的股息等，同时还包括与这些筹资活动相关的筹资费用。

长期投资决策分析中所讲的资本成本是指为了取得投资所需资本而发生的成本。企业进

行长期投资，所需资本数额大，需从外部筹资，如向银行借款、发行股票和债券等，这样，企业就要向债权人或股东支付利息或股息，并发生相关的筹资费用。这些由企业负担的利息或股息以及筹资费用等，就是资本成本。

资本成本是长期投资决策分析中应当考虑的一个重要因素。如投资项目的实际投资报酬率高于资本成本，该项目可取；反之则应舍弃。由于资本成本是投资者必须通过投资项目的未来报酬加以补偿的部分，补偿以后还有余额，才能给企业新增利润，所以，资本成本是衡量投资项目是否可行的最低投资报酬标准，故又将资本成本称为投资项目的"极限利率"。

资本成本通常有两种表示方法，一是绝对数（金额），一是相对数（百分率）。

2. 资本成本的种类

按企业资本来源划分，资本成本可分为两类：借入资本的资本成本和自有资本的资本成本。

1）借入资本的资本成本

借入资本是企业通过银行借款、发行债券以及向其他企业借款等方式取得的资本。借入资本的权益属于债权。企业借入资本是要发生资本成本的。借入资本的资本成本是银行借款利息、发行债券的利息、其他借款的利息以及发生的相关筹资费用等。

2）自有资本的资本成本

自有资本是企业的所有者权益部分，包括实收资本、资本公积、盈余公积和未分配利润等。其中实收资本是股东投入企业股本。

企业的自有资本也是有资本成本的。自有资本的权益属于股东权益，股东对企业进行投资的目的在于获得社会平均利润以及超过这个标准的投资收益。企业必须承担起这个责任和承诺。于是，社会平均利润就成了企业使用自有资本的资本成本的最低标准。由于社会平均利润是一个比较抽象的概念，所以人们往往又把比较直观的银行存款利率或无风险利率（国债利率）作为自有资本的资本成本的最低标准。将这个最低标准加上企业对投资者承诺的超过一般水平的投资期望值差异率，即构成企业的自有资本的资本成本。如某企业用自有资本兴建一个化工厂。当时的3年期国债利率为13%，投资者超过无风险利率的投资期望值差异率为5%，则该企业投资该项目的资本成本为18%（13%+5%）。

3. 不同资本来源的资本成本的计算

企业使用的资本有不同来源。企业的资本来源不同，资本成本也不尽相同。资本成本的多少对企业的经济利益及其发展都有直接影响，这就需要企业对筹资方式进行选择。

1）借入资本的资本成本的计算

借入资本包括银行借款、发行债券和向其他企业的借款等。借入资本都要发生利息支出及相关的筹资费用。在会计处理上，利息支出及筹资费用等均要作为期间费用计入当期的费用，这样就必然减少企业当期的税前利润额，从而减少企业的所得税支出。

考虑了所得税率后的借入资本的资本成本净支出率的计算公式如下：

$$借入资本的税后资本成本 = \frac{利息率 \times (1-所得税率)}{1-筹资费用率} \qquad (7-30)$$

【**例 7-18**】甲企业发行3年期债券，年利率12%，筹资费用率1.5%，所得税率25%。要求计算该项借入资本的税后资本成本。

解：依题意计算有关指标：

$$借入资本的税后资本成本 = \frac{12\% \times (1-25\%)}{1-1.5\%} \approx 9.14\%$$

答：该项借入资本的税后资本成本为 9.14%。

需要指出的是，上述借入资本的资本成本中没有涉及债券的溢价发行和折价发行，也没有考虑货币的时间价值。

2）发行股票的资本成本

股票分为优先股和普通股。两者的股息都要由发行企业用税后利润来支付，不能减少所得税。因此，其资本成本的计算方法与借入资本不同。

① 优先股的资本成本。

优先股是没有到期日的（除非企业决定收回优先股股票），每年的股息率大致固定，定期支付，这样，就可把每年股息视同永续年金。优先股的资本成本计算公式如下：

$$优先股的资本成本 = \frac{年股息率}{1-筹资费用率} \qquad (7-31)$$

【例7-19】甲公司发行优先股，筹资费用率2%，年股息率15%。要求计算优先股的资本成本。

解：依题意计算有关指标：

$$优先股的资本成本 = \frac{15\%}{1-2\%} \approx 15.31\%$$

答：优先股的资本成本为 15.31%。

② 普通股的资本成本。

普通股的资本成本有两种计算方法：

一种是假设普通股没有到期日，每年的股息也相同，这样，就可采用优先股资本成本的计算公式。

一种是假定普通股股息有逐年上升趋势，则在优先股资本成本计算公式的基础上再加上股息增长率。计算公式为

$$普通股的资本成本 = \frac{年股息率}{1-筹资费用率} + 股息年增长率 \qquad (7-32)$$

【例7-20】甲公司发行普通股，筹资费用率3%。第一年股息率10%，股息年增长率为3%。要求计算普通股的资本成本。

解：依题意计算有关指标：

$$普通股的资本成本 = \frac{10\%}{1-3\%} + 3\% \approx 13.31\%$$

答：普通股的资本成本为 13.31%。

3）未分配利润的资本成本

未分配利润是企业的一种内部资金来源，是股东权益的一部分。因此，未分配利润的资本成本相当于普通股的成本，不同的是，未分配利润没有筹资费用。未分配利润的资本成本计算公式如下：

$$未分配利润的资本成本 = 年股息率 + 股息年增长率 \qquad (7-33)$$

【例 7-21】 甲公司发行普通股,第一年股息率为 12%,股息年增长率 3%。要求计算未分配利润的资本成本。

解:依题意计算有关指标:

$$未分配利润的资本成本 = 12\% + 3\% = 15\%$$

答:未分配利润的资本成本为 15%。

需要指出的是,发行股票和未分配利润的资本成本的计算都是以某种假定和预测为基础的,因此,据以计算的结果只能是一个仅供参考的近似值。

7.2.4 投资的风险价值

投资的风险价值也称风险报酬,是指投资者冒着风险进行投资而获得的超过货币时间价值的额外收益。投资者的财务活动通常是在有风险的情况下进行的。既然投资者在作出决策时应充分考虑到所面临的风险,那么,他也应该得到应有的收益;否则,他就不愿意去冒险。在此,我们将讨论有关风险的基本概念、相关的衡量手段以及在决策时如何适度地对风险因素加以计量。

1. 风险的概念

企业的一项行动如果有多种可能的结果,其将来的财务后果是不确定的,这项行动就存在风险;如果这项行动只有一种结果,其将来的财务后果是确定的,这项行动就没有风险。一般说来,风险是指一定条件下和一定时期内可能发生的各种结果的变动程度。如我们在预计一个投资项目的报酬时,不可能十分精确,也没有百分之百的把握。也就是有些事情的未来发展我们事先是不能确定的。一般而言,风险是事件本身的不确定性,或者说是某一不利事件发生的可能性。风险总是"一定时期内"的风险。因此,在企业里对风险和不确定性是不进行划分的,都是估计一个概率,一种是客观概率,另一种是主观概率。从投资的角度来说,投资风险实质上是企业经营收益及投资报酬无法达到预期收益和预期报酬的可能性。

如某企业拥有 1 000 万元,现有两种投资方案可供选择:方案一,将这 1 000 万元全部用来购买一年期利率为 4% 的国库券;方案二,将这 1 000 万元全部用来购买已上市的 A 公司股票。如果该企业选择方案一,它就能很准确地估算出国库券到期时所获得 40 万元的投资收益,投资报酬率为 4%。我们通常把这种投资称为无风险投资。如果该企业选择方案二,则它很难准确地估算出投资报酬率,可能获得高额回报,也可能会产生投资损失。因此,相对而言,方案二的投资风险高。

2. 风险的类别

从个别投资主体的角度来看,风险分为市场风险和公司特有风险。

(1) 市场风险称为系统风险或不可分散风险,是指那些对所有的公司产生影响的因素所引起的风险,如战争、通货膨胀、高利率等。这类风险涉及所有的投资对象,不能通过多元化投资来分散。

(2) 公司特有风险是指发生于个别公司的特有事件所造成的风险,如新产品开发失误、投资方向错误等。这类风险可以通过多元化投资来分散,即发生于一家公司的不利事件可以被其他公司的有利事件所抵消。

从公司本身来看,风险又可以分为经营风险和财务风险两类。

(1) 经营风险亦称商业风险是指生产经营的不确定性带来的风险,它是任何商业活动都有的。

(2) 财务风险亦称筹资风险是指因借款而增加的风险,是筹资决策带来的风险。

3. 风险的衡量

风险的衡量,需要使用概率和统计方法。

1) 概率

某一事件在相同的条件下可能发生也可能不发生,这类事件称为随机事件。概率就是用来表示随机事件发生的可能性的大小的。通常,将必然发生的事件的概率定为 1,将不可能发生的事件的概率定为 0,而一般随机事件的概率介于 0 和 1 之间。

2) 预期值

随机变量的各个取值以相应的概率为权数的加权平均数,称为随机变量的预期值,它反映随机变量取值的平均化。

$$报酬率的预期值 K = \sum_{i=1}^{n}(P_i K_i) \qquad (7-34)$$

式中,K——报酬率的预期值;

P_i——第 i 种结果出现的概率;

K_i——第 i 种结果出现后的预期报酬率;

n——所有可能结果的数目。

3) 离散程度

表示随机变量离散程度的指标包括平均差、方差、标准差、标准离差率等,最常用的是方差、标准差和标准离差率(变异系数)。

方差是用来表示随机变量与期望值之间的离散程度的一个指标。

$$方差 = \sum_{i=1}^{n}(K_i - K)^2 \cdot P_i \qquad (7-35)$$

标准差也叫均方差,是方差的平方根,是反映概率分布中各种可能结果对期望的偏离程度。

$$标准差 = \sqrt{\sum_{i=1}^{n}(K_i - K)^2 \cdot P_i} \qquad (7-36)$$

标准差是以绝对数衡量决策方案的风险的。在期望值相同的情况下,标准差越大,风险越大。

对于期望值不同的决策方案,只能运用标准离差率这一相对数来评价或比较。

标准离差率是标准差除以期望值所得到的比率。

$$标准离差率 = \frac{\sqrt{\sum_{i=1}^{n}(K_i - K)^2 \cdot P_i}}{K} \qquad (7-37)$$

4. 风险和报酬的关系

货币时间价值是不考虑风险的,但事实上,企业的各项经济活动都或多或少地包含有风险的成分。一般说来，人们都有一种对风险的反感心理，但人们又在经常从事着各种有风险的活动。其中的原因，一方面是由于绝大多数的活动都包含有风险的成分，人们在决策中缺乏选择的余地，否则就会无所事事；另一方面则是由于风险报酬的存在以及人们对收益的期望。

风险意味着危险与机遇。一方面冒风险可能会蒙受损失，产生不利的影响；另一方面可能会取得成功，获取风险报酬。并且风险越大，失败后的损失也越大，成功后的风险报酬也越大。由于风险与收益的并存性，使得人们愿意去从事各种风险活动。

个别项目的风险和收益是可以互换的，人们可以选择高风险、高收益的方案，也可以选择低风险、低收益的方案。同时，市场的力量使收益率趋于平均化，没有实际利率特别高的项目，高报酬率的项目必然伴随着高风险，额外的风险需要额外的报酬来补偿。其数量关系为

$$期望投资报酬率 = 无风险报酬率 + 风险报酬率$$

5. 预期的风险报酬率和报酬额的计算

预期的投资报酬率应当包括两部分：一部分是无风险报酬率，如国库券、银行存款的利率等。它们的特点是到期后连本带利肯定可以收回。这种无风险报酬率是最低的社会平均报酬率。另一部分是风险报酬率。它与风险大小有关，风险越大，所要求的报酬率越高。

投资风险具有不易计量的特征，只有利用概率论等数学方法，按未来年度的预期收益的平均偏离程度进行计量。其具体计算步骤如下。

(1) 确定投资项目未来的各项预计收益（用 K_i 表示）及其可能出现的概率（用 P_i 表示）并计算未来收益的期望值。

$$未来收益的期望值 = \sum_{i=1}^{n} P_i \cdot K_i$$

(2) 计算标准差与标准离差率（用 R 表示）。

标准差能反映各投资项目所冒风险的程度。但是，对期望值不同的决策方案，利用标准差不便与其他方案进行比较，因此，需要计算标准离差率。其计算公式为

$$标准差 = \sqrt{\sum_{i=1}^{n}(K_i - K)^2 \cdot P_i}$$

$$标准离差率 = \frac{\sqrt{\sum_{i=1}^{n}(K_i - K)^2 \cdot P_i}}{K}$$

(3) 引入风险系数（F），计算某投资方案预期的风险报酬率。

风险系数是风险程度的函数，确定风险系数有两种方法：一种是采用经验数据（客观概率）作为风险系数；另一种是从 0~1 选择一个主观概率作为风险系数，它的确定可能会因人而异，但在一定的时期内，就某一地区和行业来说，它应该是一个常数。

$$预期的风险报酬率 = 风险系数 \times 标准离差率$$
$$= F \cdot R \tag{7-38}$$

(4) 计算某投资方案预期的投资报酬率。

$$投资报酬率 = 无风险报酬率 + 风险报酬率$$

$$= i + F \cdot R \tag{7-39}$$

$$= K(预期收益)/预期的投资额 \tag{7-40}$$

预期的投资额 = 预期收益 ÷ 投资报酬率

$$= \frac{K}{i + F \cdot R} \tag{7-41}$$

式中，i 为货币时间价值，即无风险报酬率。

(5) 计算某投资方案预期的投资风险价值

预期的投资风险价值 = 预期的投资额 × 风险报酬率

$$= K \cdot \frac{F \cdot R}{i + F \cdot R} \tag{7-42}$$

预期的投资风险价值求出之后，为了判断某投资方案是否可行，可以先根据该企业要求达到的投资报酬率，求出该投资方案所要求的投资风险价值，然后用它与预期的投资风险价值进行比较。若预期的投资风险价值小于所要求的投资风险价值，则说明该投资方案所冒的风险较小，投资报酬率较高，该方案可行；反之，若预期的投资风险价值大于所要求的投资风险价值，则说明该投资方案所冒的风险较大，投资报酬率较低，该方案不可取。

【例 7-22】假设甲公司在计划年度准备投资 1 000 万元引进一套设备。根据市场调查，该公司预计在三种不同的市场情况下可能获得的年收益及其概率资料如表 7-5 所示。

表 7-5　公司预期年收益和概率分布表

市场情况	预计每年收益/万元	概　　率
繁荣	300	0.3
一般	200	0.4
萧条	100	0.3

若该行业的风险系数为 0.4，货币时间价值为 8%，要求的风险报酬率为 10%。要求计算该投资方案预期的风险价值，并评价该投资方案是否可行。

解：依题意计算有关指标。

计算该投资方案的未来收益的预期价值：

$$未来收益的期望值 K = \sum_{i=1}^{3} P_i \cdot K_i$$
$$= 300 \times 0.3 + 200 \times 0.4 + 100 \times 0.3$$
$$= 200（万元）$$

(1) 计算该投资方案的标准差与标准离差率。

$$标准差 = \sqrt{\sum_{i=1}^{n}(K_i - K)^2 \cdot P_i}$$
$$= \sqrt{(300-200)^2 \times 0.3 + (200-200)^2 \times 0.4 + (100-200)^2 \times 0.3}$$
$$\approx 77.46（万元）$$

$$标准离差率 = \frac{\sqrt{\sum_{i=1}^{n}(K_i - K)^2 \cdot P_i}}{K}$$

$$= 77.46 \div 200$$

$$= 38.73\%$$

（2）引入风险系数，计算该投资方案的风险价值。

$$预期的风险报酬率 = F \cdot R = 0.4 \times 38.73\% = 15.49\%$$

$$预期的风险价值 = K \cdot \frac{F \cdot R}{i + F \cdot R}$$

$$= 200 \times \frac{15.49\%}{8\% + 15.49\%}$$

$$\approx 131.89（万元）$$

（3）计算该投资方案要求的风险价值。

$$要求的风险价值 = 收益的预期价值 \times \frac{要求的风险报酬率}{货币时间价值 + 要求的风险报酬率}$$

$$= 200 \times \frac{10\%}{8\% + 10\%}$$

$$\approx 111.11（万元）$$

答：由以上计算结果可知，

预期的风险报酬率（15.49%）>要求的风险报酬率（10%）；

预期的风险报酬额（131.89万元）>要求的风险报酬额（111.11万元）。

这说明该方案预期所冒的风险比要求的大得多，所以该方案不可取。

7.3 长期投资效益的评价方法

长期投资决策是对各个可行方案进行分析和评价，并从中选择最优方案的过程。企业在进行长期投资决策时，必须对各备选方案的经济效益进行评价，择其有利者而行之，这就需要采用一定的评价方法。这些方法，按其是否考虑货币时间价值可以分为静态分析方法与动态分析方法两大类。

静态分析方法不考虑货币时间价值，也可称为非贴现的现金流量法。这类方法的特点是在分析、评价投资方案时，对各个不同时期的现金流量，不按货币时间价值进行统一换算，而是直接按投资项目所形成的现金流量进行计算。常用的方法主要有投资报酬率法和静态投资回收期法等。

动态分析方法是结合货币时间价值来决定方案的取舍，也可称为贴现的现金流量法。这类方法的特点是把现金流出量、现金流入量和时间这三个基本因素联系起来进行分析、评价。常用的方法主要有净现值法、净现值率法、现值指数法、内含报酬率法和动态回收期法等。

7.3.1 静态分析方法

1. 静态投资回收期法

静态投资回收期法是根据回收全部原始投资总额的时间的长短来评价投资方案优劣的一种方法。静态投资回收期是指以投资项目经营净现金流量抵偿原始投资所需要的全部时间。该指标以年为单位,包括两种形式:最常见的是包括建设期的投资回收期(记作 PP);另一种形式叫做不包括建设期的投资回收期(记作 PP')。显然,建设期为 s 时,$PP'+s=PP$。只要求出其中一种形式,就可很方便地推算出另一种形式。

在计算静态投资回收期时,根据每年的现金净流量情况,又有两种具体计算办法。

(1) 每年的现金净流量相等时的计算方法。

如果一项长期投资决策方案满足以下特殊条件,即:投资均集中发生在建设期内,投产后前若干年(假设为 M 年)每年经营净现金流量相等,且以下关系成立:

$$M \cdot 投产后前 M 年每年相等的 NCF \geqslant 原始投资合计,$$

则可按以下简化公式直接求出不包括建设期的投资回收 PP':

$$PP'(不包括建设期的回收期) = \frac{原始投资合计}{投产后前若干年每年相等的净现金流量} \quad (7\text{-}43)$$

$$= \frac{\left|\sum_{t=0}^{s} NCF_t\right|}{NCF_{s+1 \sim s+M}}. \quad (7\text{-}44)$$

在计算出不包括建设期的投资回收期 PP' 的基础上,将其建设期 s 代入下式,即可求得包括建设期的回收期 PP。

$$PP = PP' + s$$

【例 7-23】 甲企业准备从 A、B 两种设备中选购一种设备。A 设备购价为 40 000 元,投入使用后,每年现金流入量为 8 000 元;B 设备购价为 28 000 元,投入使用后,每年现金流入量为 7 000 元。要求用静态回收期指标评价该企业应选购哪种设备。

解:A、B 两种设备各自每年的现金流入量都相同。计算如下:

$$A 设备静态回收期 = \frac{\left|\sum_{t=0}^{s} NCF_t\right|}{NCF_{s+1 \sim s+M}} = \frac{40\ 000}{8\ 000} = 5\ (年)$$

$$B 设备静态回收期 = \frac{\left|\sum_{t=0}^{s} NCF_t\right|}{NCF_{s+1 \sim s+M}} = \frac{28\ 000}{7\ 000} = 4\ (年)$$

答:计算结果表明,B 设备的静态回收期比 A 设备短,所以,该企业应购买 B 设备。

(2) 当每年的现金净流量不等时的计算方法。

第一,在累计净现金流量 $\left(\sum_{t=0}^{t} NCF_t\right)$ 一栏上面可以直接找到零,那么读出零所在列的 t 值即为所求的包括建设期的投资回收期 PP。否则必须按第二种情况处理。

第二，由于无法在 $\sum_{t=0}^{t} NCF_t$ 一栏上找到零，必须按下式计算包括建设期的投资回收期 PP：

$$PP = M + \frac{\left|\sum_{t=0}^{M} NCF_t\right|}{NCF_{M+1}} \quad (7\text{-}45)$$

式中，M 为最后一项为负值的累计净现金流量所对应的年份，M 满足以下关系：

$$\sum_{t=0}^{M} NCF_t < 0, \quad \sum_{t=0}^{M+1} NCF_t > 0,$$

$\left|\sum_{t=0}^{M} NCF_t\right|$ 为第 M 年末尚未回收的投资额，NCF_{M+1} 为下年净现金流量。

【例 7-24】 某企业现有甲、乙、丙三种投资方案，三种投资方案投资额相等，各年现金净流量也相等。有关资料如表 7-6 所示。要求计算各方案的投资回收期，并进行决策分析。

表 7-6 各投资方案的现金流量分布表

期限 /年	现金净流量	投资方案		
		甲	乙	丙
0	投资额/元	80 000	80 000	80 000
1	净流量/元	30 000	20 000	30 000
2	净流量/元	20 000	40 000	30 000
3	净流量/元	30 000	10 000	30 000
4	净流量/元	10 000	30 000	30 000
5	净流量/元	30 000	20 000	

解： 根据有关资料计算如下：

甲方案的投资回收期 = 3（年）

乙方案的投资回收期 = 3 + (80 000 - 70 000) ÷ 30 000 ≈ 3.33（年）

丙方案的投资回收期 = 80 000 ÷ 30 000 ≈ 2.67（年）

答： 结果表明，丙方案的投资回收期最短，甲、乙方案的次之，因此应选择丙方案。

静态投资回收期法的优点在于简便、易懂，能尽快收回投资，避免市场风险。但是，该方法也有明显的缺陷：① 它只考虑了现金净流量中小于和等于投资支出的部分，而没有考虑投资回收后的现金流量。也就是说，它只反映了投资回收速度，而没有反映投资的经济效益。② 它没有考虑货币的时间价值。③ 它对项目使用寿命不同、资金投入时间不同和所提供的盈利总额不同的方案缺乏选优能力。因此，该方法只能作为初选的方法。

2. 投资报酬率法

投资报酬率法是根据投资方案预期的投资报酬率的高低来评价投资方案优劣的一种方法。它反映了利润与投资额之间的关系。投资报酬率的计算公式为

$$ROI(投资报酬率)=\frac{年平均净利润}{投资总额}\times100\%.$$

投资者总是希望投资所获得的利润越多越好，因此，投资报酬率越高，表明投资效益越好。

【例7-25】某企业有甲、乙两种方案可供选择，甲方案的投资额为100 000元，可以使用5年，每年可以获得净利润20 000元。乙方案的投资额为100 000元，可以使用4年，每年可以获得的净利润为：第一年25 000元，第二年30 000元，第三年35 000元，第四年10 000元。要求计算甲、乙方案的投资报酬率，并进行决策分析。

解：根据有关资料计算如下：

甲方案的投资报酬率=20 000÷100 000×100%=20%

乙方案的投资报酬率=[(25 000+30 000+35 000+10 000)÷4]÷100 000×100%
=25%

答：以上计算结果表明，乙方案的投资报酬率高于甲方案。

【例7-26】甲公司拟购买一台设备，需投资100 000元，使用年限4年，无残值，按使用年限法折旧。投入使用后，每年现金流入量为38 000元。要求计算该投资方案的投资报酬率。

解：已知每年现金流入量，由于无残值收入和垫支流动资金收回，因此，上述现金流入量的内容只包括利润额和折旧费。又知采用使用年限法折旧，只要计算出每年折旧费，便可计算出每年平均利润额。

(1) 每年折旧费=(100 000-0)÷4=25 000（元）
(2) 每年平均利润额=38 000-25 000=13 000（元）
(3) 投资报酬率=13 000÷100 000×100%=13%

答：该投资方案的投资报酬率为13%。

投资报酬率指标的优点是简单、易于理解和掌握。其主要缺点在于：① 没有考虑货币的时间价值；② 投资收益中不含折旧，没有完整地反映现金流入量。因此，不能较为客观准确地对投资方案的投资效益做出判断。鉴于此，采用投资报酬率指标评价投资方案时，最好同时采用其他可以考虑现金净流量和货币时间价值的指标进行综合评价，以便得出更为正确的结论。实际经济工作中，一般是将投资报酬率作为辅助性的指标加以运用的。

7.3.2 动态分析方法

1. 净现值法

净现值是指在长期投资项目的项目计算期内，按行业基准收益率或其他设定折现率计算的各年净现金流量现值的代数和（记作NPV），也可表述为投资项目在整个存续期内的现金流入量的总现值与现金流出量的总现值的差额。由于对于任何一个长期投资方案，决策者总是期望未来报酬的总金额比原始投资的金额多，这样才能体现价值的增值，但未来报酬的现金流入量和原始投资的现金流出量发生在不同时期，依据货币时间价值观念，不同时期货币的价值是不相等的，只有将二者统一在同一个时点上（即原始投资的时间），才能对二者进行对比。用公式表示如下。

净现值 NPV 的基本公式是

$$NPV = \sum_{t=0}^{n} \frac{NCF_t}{1+i} = \sum_{t=0}^{n} [NCF_t \cdot (P/F, i, t)]. \qquad (7-46)$$

上式用文字表达就是

$$净现值 = \sum_{t=0}^{n}(第\,t\,年净现金流量 \times 第\,t\,年的复利现值系数)$$

$$= \sum_{t=0}^{n} t\,年净现金流量的现值. \qquad (7-47)$$

所谓净现值法，就是根据一项长期投资方案的净现值是正值还是负值来确定该方案是否可行的决策分析方法。从净现值的计算公式可见，净现值的结果不外三种：正、负和零。净现值为正的方案可行，说明该方案的实际投资报酬率高于投资者的预期投资报酬率；净现值为负的方案不可取，说明该方案的实际投资报酬率低于投资者的预期投资报酬率。其他条件相同，净现值越大的方案越好。

采用净现值指标来评价投资方案，一般有以下步骤。

第一，测定投资方案每年的现金流出量、现金流入量和净现金流量。

第二，确定投资方案的贴现率。

确定的方法是：① 以实际可能发生的资本成本为标准，至少不能低于资本成本；② 以投资者希望获得的预期投资报酬率为标准，这就可能包括资本成本、投资的风险报酬以及通货膨胀因素等。

第三，按确定的贴现率，分别将每年的净现金流量按复利方法折算成年净现金流量的现值。

第四，求各年净现金流量的现值的代数和，若净现值为正，方案可行，说明该方案的实际投资报酬率高于投资者的预期投资报酬率；若净现值为负，方案不可取，说明该方案的实际投资报酬率低于投资者的预期投资报酬率。

【例 7-27】现有三个投资方案，其有关数据如表 7-7 所示。

表 7-7　各方案的利润与现金流量分布表　　　　　　　　　　　　　　　元

期数 项目	方案 A		方案 B		方案 C	
	年净利润	现金净流量	年净利润	现金净流量	年净利润	现金净流量
0		-50 000		-50 000		-50 000
1	4 000	27 000	5 000	17 500	6 000	20 000
2	4 000	27 000	5 000	17 500	5 000	20 000
3			5 000	17 500	4 000	18 000
4			5 000	17 500	3 000	16 000

解：假定贴现率 $i=10\%$，则方案 A、B、C 的净现值为

净现值(A) = $27\,000 \times (P_A/A, 10\%, 2) - 50\,000$

$$= 27\,000 \times 1.735\,54 - 50\,000 = -3\,140.42\ （元）$$

$$净现值(B) = 17\,500 \times (P_A/A, 10\%, 4) - 50\,000$$

$$= 17\,500 \times 3.169\,87 - 50\,000 \approx 5\,472.73\ （元）$$

$$净现值(C) = 20\,000 \times (P/F, 10\%, 1) + 20\,000 \times (P/F, 10\%, 2) +$$

$$18\,000 \times (P/F, 10\%, 3) + 16\,000 \times (P/F, 10\%, 4) - 50\,000$$

$$= 20\,000 \times 0.909\,09 + 20\,000 \times 0.826\,45 +$$

$$18\,000 \times 0.751\,31 + 16\,000 \times 0.683\,01 - 50\,000$$

$$= 9\,162.54\ （元）$$

答：方案 A 的净现值小于零，说明该方案的投资报酬率小于预定的投资报酬率 10%。如果该项目要求的最低投资报酬率或资本成本率为 10%，则该方案无法给企业带来收益，在进行投资项目决策时，可以放弃该方案。方案 B 和方案 C 的净现值均大于零，表明两个方案皆可取。如果方案 B 和方案 C 为互斥方案，即企业决策者只能在二者中选择一个，则应选择方案 C。

采用净现值指标评价投资方案，有以下优点：① 简便易懂，易于掌握；② 既考虑了货币的时间价值，又运用了项目计算期的全部现金流量，对投资方案的评价更为客观；③ 使用比较灵活，尤其是对时期跨度较长的投资项目进行评价时更具灵活性。例如，一个投资项目，有效使用期限 10 年，资本成本率 15%。由于投资项目时间长，风险也较大，所以，投资者决定，在投资项目的有效使用期限 10 年中，前三年期内以 20% 折现，第二个三年期内以 25% 折现，最后四年期内以 30% 折现，以此来体现投资风险。净现值法的不足之处有：① 它不能揭示各个投资方案可能达到的实际投资报酬率；② 净现值是投资方案的现金流入量的现值与现金流出量的现值相减的结果，在投资额不同的几个方案中，仅凭净现值来评价方案的优劣，很难对各方案作出正确的评价，因为在这种情况下，不同方案的净现值实际上是不可比的。

【例 7-28】 有两个备选方案，有关资料如表 7-8 所示。

表 7-8　方案相关资料表　　　　　　　　　　　　　　　　　　　　元

项目	方案 A	方案 B
所需投资额现值	40 000	4 000
现金流入量现值	45 500	6 500
净现值	5 500	2 500

从净现值的绝对数来看，方案 A 大于方案 B，似乎应采用方案 A；但从投资额来看，方案 A 大大超过方案 B。所以，在这种情况下，如果仅用净现值来判断方案的优劣，就难以做出正确的评价。

2. 净现值率法

净现值率是指投资项目的净现值占原始投资现值总和的百分比指标（记作 *NPVR*）。计算公式为

$$NPVR(净现值率) = \frac{净现值}{原始投资现值总和} \times 100\% \tag{7-48}$$

$$= \frac{NPV}{\left|\sum_{t=0}^{s} \frac{NCF_t}{1+i}\right|} \times 100\%. \tag{7-49}$$

净现值率指标的优点是：① 与净现值指标相比，净现值率指标可用于进行投资水平不同的多个方案间的比较；② 比其他动态相对数指标更好计算。

【例 7-29】 依据【例 7-28】资料，要求对方案 A 和方案 B 进行比较。

解： 计算方案 A 和方案 B 的净现值率指标

$$方案 A \ 净现值率 \ NPVR = \frac{NPV}{\left|\sum_{t=0}^{s} \frac{NCF_t}{1+i}\right|} \times 100\% = \frac{5\ 500}{40\ 000} \times 100\% = 13.75\%$$

$$方案 B \ 净现值率 \ NPVR = \frac{NPV}{\left|\sum_{t=0}^{s} \frac{NCF_t}{1+i}\right|} \times 100\% = \frac{2\ 500}{4\ 000} \times 100\% = 62.5\%$$

答： 计算结果表明，从净现值率指标来看，方案 B 明显优于方案 A，因此应选择方案 B。

3. 获利指数法

获利指数是指投资方案的现金流入量的总现值同现金流出量的总现值之比，用以说明每一元的现金流出量的现值可以获得的现金流入量的现值是多少，亦称现值比率或现值指数。利用获利指数来评价投资方案优劣的方法称为获利指数法。

$$PI(获利指数) = \frac{投资方案各年现金流入量的现值之和}{投资方案各年现金流出量的现值之和} \tag{7-50}$$

$$= \frac{\sum_{t=0}^{n}[CI_t \cdot (P/F, i, t)]}{\sum_{t=0}^{n}[CO_t \cdot (P/F, i, t)]} \tag{7-51}$$

获利指数是一种反映投资回收能力的相对数指标，它消除了投资规模不同的影响，适用性较广泛。其评价的标准是：获利指数大于 1，表明方案可行；各方案相互对比时，获利指数大者为优。

【例 7-30】 甲企业向银行借款 100 万元新建一生产流水线，借款年利率为 10%（以此作为贴现率）。该生产流水线可使用 10 年，期满无残值。当期建成并投入使用后，每年可创利润 18 万元。要求用获利指数法评价该方案是否可行。

解： 已知每年利润额为 18 万元，无残值收入和流动资金收回，因此，只要计算出每年折旧费，便可计算出每年现金流入量。

(1) 每年折旧费 $= \dfrac{100-0}{10} = 10$（万元）

(2) 每年现金流入量 = 每年折旧费 + 每年利润额
$$= 10 + 18 = 28（万元）$$

(3) 现金流入量现值 = 28×($P_A/A, 10\%, 10$)

$$= 28 \times 6.14457$$

$$\approx 172.05（万元）$$

(4) 获利指数 = $\dfrac{172.05}{100}$ = 1.7205

该投资方案的获利指数为1.7205，大于1，因此，该投资方案可行。

【例7-31】依据【例7-27】中的有关资料为例，求方案A、B、C的获利指数。

A方案获利指数 = (50 000 − 3 140.42) ÷ 50 000 ≈ 0.9372

B方案获利指数 = (50 000 + 5 472.73) ÷ 50 000 ≈ 1.1095

C方案获利指数 = (50 000 + 9 162.54) ÷ 50 000 ≈ 1.1833

从上述计算结果可以看出，方案C的现值指数最大，其次是方案B，方案A的获利指数最小。由于这三个方案的原始投资额相同，因而其排序同上述净现值法下计算的结果是一致的。

获利指数和净现值这两个指标之间存在着内在联系，具体形式如下：

净现值>0，则获利指数>1；

净现值=0，则获利指数=1；

净现值<0，则获利指数<1。

净现值法和获利指数法在考虑货币时间价值时，都是根据给定的资本成本对投资方案的全部现金流量进行贴现，然后据以对投资方案的优劣作出评价，而且其计算也相对较为简单。但是，这两种方法存在一个共同的缺点，即它们只知道未来的投资报酬率低于或高于所使用的贴现比率，而不能明确得出各投资方案的实际投资报酬率。作为理性的投资者，他们往往希望了解投资方案的实际投资报酬率是多少，希望用最小的投资获取最大的投资报酬。因此，我们还需要运用另一种方法来弥补这一缺陷，这就是内含报酬率法。

4. 内含报酬率法

内含报酬率也称内部收益率，是指用来对投资方案的现金流入量进行贴现，使所得到的总现值恰好等于现金流出量的总现值，从而使净现值等于零的贴现率（IRR）。内含报酬率法则是指根据投资方案的内含报酬率的高低来评价投资方案优劣的一种方法。内含报酬率要满足下列等式：

$$\sum_{t=0}^{n} \frac{NCF_t}{(1+IRR)^t} = 0.$$

内含报酬率的具体计算如下。

(1) 当每年的现金净流量相等时，采用一次计算法。

① 根据货币时间价值中的年金现值计算公式可得年金现值系数，即

$$年金现值系数 = \frac{原始投资总额现值}{投产后每年现金净流量} \tag{7-52}$$

$$= \frac{I}{NCF}. \tag{7-53}$$

② 查年金现值系数表，找出与上述年金现值系数相邻近的较小和较大的年金现值系数

及其相对应的两个贴现率。

③ 利用插值法求得内含报酬率的近似值。

【例 7-32】 A 方案的投资总额为 10 万元，有效期为 10 年，采用直线法计提折旧，无残值收入，项目投产后每年可获得净收益 1.2 万元。要求计算该方案的内含报酬率。

解：该项目年折旧额 $=\dfrac{10-0}{10}=1$（万元）

$$营业现金净流量 = 净收益 + 折旧额$$
$$= 1.2 + 1 = 2.2（万元）$$

$$年金现值系数 = \dfrac{I}{NCF}$$
$$= \dfrac{10}{2.2} = 4.545\,45$$

查"一元年金现值系数表"，在第 10 年中，找到与年金现值系数 4.545 45 相邻的两个年金现值系数 4.833 2 和 4.494 1，其相对应的贴现率为 16% 和 18%。

$$年金现值系数 \begin{cases} 4.833\,2 & 16\% \\ 4.545\,45 & x \\ 4.494\,1 & 18\% \end{cases} \bigg\} 贴现率$$

$(P_A/A, 16\%, 10) = 4.833\,2 > 4.545\,45$
$(P_A/A, 18\%, 10) = 4.494\,1 < 4.545\,45$
$16\% < IRR < 18\%$，应用内插值法求 IRR。

$$内含报酬率\ IRR = 16\% + \dfrac{4.833\,2 - 4.545\,45}{4.833\,2 - 4.494\,1} \times (18\% - 16\%)$$
$$= 17.70\%$$

答：从以上计算可知，该方案的内含报酬率为 17.70%。

（2）当每年的现金净流量不等时，采用逐次测试法。

① 先估计一个贴现率，按此贴现率计算各年现金流入量的总现值，再将其与现金流出量的总现值（投资总现值）相比较。如果净现值为正，说明投资方案的内含报酬率比估计的贴现率要高，应当重新估计一个较大的贴现率来测算；如果净现值为负，则说明投资方案的内含报酬率比估计的贴现率要低，应当重新估计一个较小的贴现率来测算。这样反复测试，直到找出两个相邻近的贴现率，使净现值一个为正数、一个为负数。

② 根据上述测试得出的两个与净现值正负相邻的贴现率，用插值法求得近似的内含报酬率。

【例 7-33】 某企业购买一台设备，需一次投资 3 万元。该设备估计可使用 5 年，采用直线法计提折旧，期末残值为 0.5 万元。预计该设备投产后第一年可获得净收益 0.2 万元，以后每年递增 0.2 万元。要求计算该方案的内含报酬率。

解：根据题意可知每年的折旧额为

$$年折旧额 = (3 - 0.5) \div 5 = 0.5（万元）$$

由于每年的现金流量不等，应采用逐步测试法求内含报酬率，如表 7-9 所示。

表 7-9 逐步测试表

年次	年现金流入量/万元	贴现率 20%		贴现率 22%		贴现率 24%	
		现值系数	现值/万元	现值系数	现值/万元	现值系数	现值/万元
1	0.7	0.833 33	0.583 3	0.819 67	0.573 8	0.806 45	0.564 5
2	0.9	0.694 44	0.625 0	0.671 86	0.604 7	0.650 36	0.585 3
3	1.1	0.578 70	0.636 6	0.550 71	0.605 8	0.524 49	0.576 9
4	1.3	0.482 25	0.627 0	0.451 40	0.586 8	0.422 97	0.549 9
5	2.0	0.401 88	0.807 8	0.370 00	0.740 0	0.341 11	0.682 2
合 计			3.279 7		3.111 1		2.958 8
原投资额/万元		3		3		3	
净现值/万元		+0.279 7		+0.111 1		−0.041 2	

在第一次测试,利率20%,净现值为正数,说明估计的利率低了。第二次测试,利率22%,净现值为正数,但已较接近于零。第三次测试,利率24%,净现值为负数,也接近于零,因而可以估算,方案的内含报酬率在22%~24%。

$$\text{净现值}\begin{cases}3.111\ 1 & 22\% \\ 3 & x \\ 2.958\ 8 & 24\%\end{cases}\text{贴现率}$$

$22\% < IRR < 24\%$,应用内插值法求 IRR。

$$\text{内含报酬率}\ IRR = 22\% \times \frac{3.111\ 1 - 3}{3.111\ 1 - 2.958\ 8} \times (24\% - 22\%)$$

$$\approx 23.46\%$$

答:从以上计算可知,该方案的内含报酬率为23.46%。

采用内含报酬率指标评价投资方案时,内含报酬率越高的方案越好。内含报酬率指标具有以下优点:① 能够计算出每个投资方案实际可能达到的投资报酬率,从而弥补了净现值指标和现值指数指标的不足。② 内含报酬率与银行利率相似,易于投资人、决策人和有关人员理解和决策。③ 内含报酬率指标能够反映货币的时间价值。内含报酬率指标的不足之处是计算比较麻烦,尤其是在每年现金流入量不相同时更是如此。

5. 动态投资回收期法

动态投资回收期,是指以按投资项目的行业基准收益率或设定折现率折现的经营净现金流量补偿原始投资现值所需要的全部时间。通常动态投资回收期只计算包括建设期的回收期(记作 PP'')。

动态投资回收期 PP'' 满足以下关系:

$$\sum_{t=0}^{PP''} \frac{NCF_t}{(1+i)^t} = \sum_{t=0}^{PP''} [NCF_t \cdot (P/F, i, t)] = 0. \tag{7-54}$$

式中,i 是行业基准收益率或设定折现率。

动态投资回收期指标只能利用现金流量表来计算,即在该表下面增设"复利现值系数"栏、"折现的净现金流量"栏和"累计的折现净现金流量"栏。根据动态投资回收期 PP'' 的定义来计算。

【例 7-34】 某企业有一固定资产投资项目,在其项目计算期内的年现金净流量如表 7-10 所示。要求计算当折现率为 10% 时的动态投资回收期。

表 7-10 各期现金净流量资料表

期 数 t	0	1	2	3	4	5	6
现金净流量 NCF_i/万元	-150	0	70	70	70	70	120

解:根据题意计算列表如 7-11 所示。

表 7-11 各期折现的现金净流量表

期 数 t	0	1	2	3	4	5	6
现金净流量 NCF_i/万元	-150	0	70	70	70	70	120
复利现值系数 (P/F, 10%, t)	1	0.909 09	0.826 45	0.751 31	0.683 01	0.620 92	0.564 47
折现现金净流量 NCF_t/万元 (P/F, 10%, t)	-150	0	57.85	52.59	47.81	43.46	67.74
累计的折现现金净流量 $\sum_{t=1}^{t}[NCF_t \cdot (P/F,i,t)]$/万元	-150	-150	-92.15	-39.56	+8.25	+51.71	+119.45

根据表 7-11 各期折现的现金净流量数据计算动态投资回收期如下

$$PP'' = 3 + \frac{|-39.56|}{47.81} = 3.83(年)$$

答:当折现率为 10% 时,包括建设期的动态投资回收期为 3.83 年。

【例 7-35】 某机械厂准备从甲、乙两种机床中选购一种机床。甲机床进价 4 万元,投产使用后,每年现金流入量为 1 万元;乙机床进价 4.5 万元,投产使用后,每年现金流入量为 1.5 万元。要求用动态投资回收期指标评价该厂应选购哪种机床。

解:根据题意计算动态投资回收期指标如下:

(1)计算甲机床的动态投资回收期。

$$年金现值系数 = \frac{I}{NCF}$$

$$= \frac{4}{1} = 4$$

查"一元年金现值系数表",当 $i=10\%$ 时,可查得与 4 相邻的两个系数为 3.790 8 和 4.355 3,其对应的年限分别为 5 年和 6 年。采用插补法计算后求得甲机床的动态回收期。

$$年金现值系数 \begin{cases} 3.790\ 8 & 5 \\ 4 & x \\ 4.355\ 3 & 6 \end{cases}$$

$(P_A/A, 10\%, 6) = 4.355\ 3 > 4$

$(P_A/A, 10\%, 5) = 3.7908 < 4$

$5 < PP'' < 6$，应用内插值法求 PP''。

$$PP'' = 5 + \frac{4 - 3.7908}{4.3553 - 3.7908} \times (6 - 5)$$

$$= 5.38 \text{（年）}$$

（2）计算乙机床的动态投资回收期。

$$\text{年金现值系数} = \frac{I}{NCF}$$

$$= \frac{4.5}{1.5} = 3$$

查"一元年金现值系数表"，当 $i = 10\%$ 时，可查得与 3 相邻的两个系数为 2.4869 和 3.1699，其对应的年限分别为 4 年和 5 年。采用插补法计算后求得乙机床的动态回收期。

$$\text{年金现值系数} \begin{cases} 2.4869 \\ 3 \\ 3.1699 \end{cases} \begin{cases} 4 \\ x \\ 5 \end{cases} \text{年}$$

$(P_A/A, 10\%, 5) = 3.1699 > 3$

$(P_A/A, 10\%, 4) = 2.4869 < 3$

$4 < PP'' < 5$，应用内插值法求 PP''。

$$PP'' = 4 + \frac{3 - 2.4869}{3.1699 - 2.4869} \times (5 - 4)$$

$$= 4.75 \text{（年）}$$

答：用投资回收期指标评价该厂应选购乙机床。

6. 净现值 NPV、净现值率 NPVR、获利指数 PI 和内部收益率 IRR 之间的关系

净现值 NPV、净现值率 NPVR、获利指数 PI 和内部收益率 IRR 指标不仅都属于动态正指标，而且它们之间存在以下数量关系，即

当 $NPV > 0$ 时，$NPVR > 0$，$PI > 1$，$IRR > i$；

当 $NPV = 0$ 时，$NPVR = 0$，$PI = 1$，$IRR = i$；

当 $NPV < 0$ 时，$NPVR < 0$，$PI < 1$，$IRR < i$。

此外，净现值率 NPVR 的计算需要在已知净现值 NPV 的基础上进行，内部收益率 IRR 在计算时也需要利用净现值 NPV 的计算技巧或形式。这些指标都受建设期的长短、投资方式以及各年净现金流量的数量特征的影响。所不同的是 NPV 为绝对量指标，其余为相对数指标，计算净现值 NPV、净现值率 NPVR 和获利指数 PI 所依据的折现率都是事先已知的 i，而内部收益率 IRR 的计算本身与 i 的高低无关。

7.4 运用不同指标对方案的评价问题

长期投资方案评价指标是评价长期投资方案优劣的量化指标。由于每项指标都有各自的

计算方法，考虑的因素、收集的资料以及运用的范围等各不相同，因此，在运用这些指标对方案进行评价时，就要根据不同的情况，做出符合实际的评价，从而得出正确的评价结论。

7.4.1 单一投资项目的评价

在只有一个投资项目可供评价的条件下，需要利用评价指标考查该独立项目是否具有财务可行性，从而对该方案的优劣做出评价。例如，当有关正指标大于或等于某些特定数值，反指标小于特定数值时，则该项目具有财务可行性；反之，则不具备财务可行性。具体地说，如果某一项目的净现值和净现值率大于零或等于零，现值指数大于1或等于1，内含报酬率大于或等于预期投资报酬率，回收期小于或等于预计回收期等，则可判定该投资项目具备财务可行性，可采纳该投资方案；反之，则不具备财务可行性，应当拒绝采纳。

需要说明的是，由于长期投资方案评价指标分为考虑货币时间价值的动态指标和不考虑货币时间价值的静态指标，因此，可能出现某投资方案的动态指标评价结论与静态指标评价结论发生矛盾的情况。如果出现这种情况，则应充分考虑动态指标的评价结论。

7.4.2 多个互斥方案的评价与选择

所谓互斥方案是指多个相互排斥、不能同时并存的方案。这些方案，均是已经具备财务可行性的投资方案，再利用长期投资方案评价指标，从各个备选方案中最终选出一个最优方案。根据方案投资额是否相等划分，又分为原始投资额相等和不相等两类多个互斥方案的评价与选择。

1. 原始投资额相等的多个互斥方案的评价与选择

原始投资额相等的多个互斥方案的评价，可以先计算出每个方案的有关动态指标和静态指标。其中动态指标可以以净现值和内含报酬率为主要参考因素，静态指标以静态回收期为主要参考因素，来对各个方案进行评价。因为净现值和内含报酬率等动态指标均为在一定范围内越大越好的正指标，所以评价时应选择正指标最大的方案；静态回收期指标是在一定范围内越小越好的指标，所以评价时应选择指标最小的方案。在动态指标评价结论与静态指标评价结论发生矛盾时，应以动态指标评价结论为主要评价标准，再辅之以静态指标评价结论作为参考。

2. 原始投资额不相等的多个互斥方案的评价与选择

原始投资额不相等的多个互斥方案的评价，应以专门用来评价这类投资方案的动态指标为主来进行评价。这些指标主要是现值指数和内含报酬率，尤其是现值指数指标，它是反映投资方案未来现金流入量现值与投资额现值之间比率的一项指标，因此，现值指数指标应当是评价原始投资额不相等的多个互斥方案的主要指标。同时，也可以辅之以内含报酬率指标和回收期指标（包括静态投资回收期和动态投资回收期）等作为参考指标。

7.4.3 投资项目评价方法运用实例

【例7-36】某化工企业生产一种尿素，目前该产品在市场上供不应求，但以该企业现有的生产设备不能满足大量增产的需要,故该企业管理层拟购买一套新的生产设备,其购买价为 1 500 万元,安装费及运输费共计 100 万元。假设该设备的使用寿命为 10 年,期满后残值为 200 万元,每年可生产尿素 1 万吨,尿素的边际贡献为 400 元/吨。假设未来 10 年内产销平衡,该厂规定该方案的投资报酬率为 10%。要求用净现值法评价该投资方案是否可行。

解:根据题意计算该投资方案的净现值指标如下:

$$NPV = \sum_{t=0}^{n} \frac{NCF_t}{1+i} = \sum_{t=0}^{n}[NCF_t \cdot (P/F,i,t)]$$

$$= -(1\,500+100)+(1\times400) \cdot (P_A/A,10\%,10)+200\times(P/F,10\%,10)$$

$$= -1\,600+400\times6.145+200\times0.386$$

$$= 935.2(万元)$$

答:以上计算结果表明,通过购置该项设备可以为该企业带来经济效益 935.2 万元,因此该企业可以购买这套新的生产设备。

【**例 7-37**】某电子厂计划添置一条生产线,现有两个可供选择的方案:一是外购一条旧的生产线;二是自行新建。详细资料如下:

如果购买旧生产线,买价为 280 万元,并且在购入时急需进行一次大修,修理费用为 20 万元。预计第三年年末还需大修一次,估计大修成本为 20 万元。估计该生产线的使用年限为 5 年,期满后残值为 20 万元,每年的维护费为 10 万元。

如果自行新建,购价为 320 万元,使用年限为 5 年。预计新建的生产线在第四年年末需大修一次,估计大修成本为 8 万元。期满后残值为 20 万元,每年的维护费为 5 万元。该企业要求的投资报酬率为 10%。

要求对上述两种方案进行决策评价。

解:根据题意计算两方案净现值指标如下:

(1) 计算自行新建生产线与购买旧生产线的原始投资额的差额。

$$原始投资额的差额 = 320-(280+20) = 20(万元)$$

(2) 计算上述两个投资方案的大修成本的现值。

$$新建生产线的大修成本的现值 = 8\times(P/F,10\%,4)$$

$$= 8\times0.683\,01$$

$$\approx 5.46(万元)$$

$$购买旧生产线的大修成本的现值 = 20\times(P/F,10\%,3)$$

$$= 20\times0.751\,31$$

$$\approx 15.03(元)$$

$$大修成本的现值差额 = 5.46-15.03 = -9.57(万元)$$

(3) 自行新建新生产线的年维护费的节约可以视同一项现金流入,其现值为

$$节约年维护费的现值 = (10-5)\times(P_A/A,10\%,5)$$

$$= 5\times3.790\,79$$

$$\approx 18.95(万元)$$

(4) 因为两个方案的期末残值相等,故可以忽略不计。

所以,新建生产线增加的净现值 = (18.95+9.57)-20 = +8.52(万元)

答： 某电子厂自行新建生产线的方案所产生的净现值比购买旧生产线的方案所产生的净现值高 8.52 万元，故该企业选择自行新建生产线在经济上是可行的。

【例 7-38】 某乳制品厂准备开发一种新乳制品，估计新产品行销期为 6 年，在固定资产上投资 180 万元，在流动资产上投资 10 万元，预计年产销量为 2.5 万件，预计新产品的单位售价为 50 元，单位产品成本为 35 元，设备期满后残值为 10 万元。假定该企业要求的最低投资报酬率为 16%，该企业适用的所得税率为 25%。要求用净现值法和内含报酬率法对该企业开发新产品的方案进行决策分析。

解： 根据题意可知：

$$\text{生产新产品的年税前利润} = 2.5 \times (50-35) = 37.5 \text{（万元）}$$

$$\text{年税后净利} = 37.5 \times (1-25\%) \approx 28.13 \text{（万元）}$$

$$\text{固定资产年折旧额} = \frac{180-10}{6} \approx 28.33 \text{（万元）}$$

$$\text{营业现金净流量} = 28.13 + 28.33 = 56.46 \text{（万元）}$$

(1) 采用净现值法进行分析。

$$\text{净现值 } NPV = \sum_{t=0}^{n} \frac{NCF_t}{1+i} = \sum_{t=0}^{n} [NCF_t \cdot (P/F, i, t)]$$
$$= -(180+10) + 56.46 \times (P_A/A, 16\%, 6) + (10+10) \times (P/F, 16\%, 6)$$
$$= -190 + 56.46 \times 3.68474 + 20 \times 0.41044$$
$$= +26.25 \text{（万元）}$$

(2) 采用内含报酬率法进行分析。

由于各年的现金净流量不等，所以只能采用逐次测试法计算内含报酬率。先假定初始贴现率为 22%，计算其净现值：

$$\text{净现值 } NPV = \sum_{t=0}^{n} \frac{NCF_t}{1+i} = \sum_{t=0}^{n} [NCF_t \cdot (P/F, i, t)]$$
$$= -(180+10) + 56.46 \times (P_A/A, 22\%, 6) + (10+10) \times (P/F, 22\%, 6)$$
$$= -190 + 56.46 \times 3.16692 + 20 \times 0.30328$$
$$= -5.13 \text{（万元）}$$

由于计算出的净现值为负数，表明方案本身的投资报酬率低于 22%，应按较低的贴现率进一步贴现。当贴现率为 20% 时，计算净现值：

$$\text{净现值 } NPV = \sum_{t=0}^{n} \frac{NCF_t}{1+i} = \sum_{t=0}^{n} [NCF_t \cdot (P/F, i, t)]$$
$$= -(180+10) + 56.46 \times (P_A/A, 20\%, 6) + (10+10) \times (P/F, 20\%, 6)$$
$$= -190 + 56.46 \times 3.32551 + 20 \times 0.33490$$
$$= +4.46 \text{（万元）}$$

第一次测试，利率 22%，净现值为 -5.13 万元，说明估计的利率高了。第二次测试，利率 20%，净现值为+4.46 万元，两次测试都较接近于零，因而可以估算，方案的内含报酬率在 22%～20%。利用内插值法计算内含报酬率。

$$净现值 \begin{cases} -5.13 & 22\% \\ 0 & IRR \\ +4.46 & 20\% \end{cases} 贴现率$$

20%<IRR<22%，应用内插值法求 IRR。

$$内含报酬率 IRR = 20\% + \frac{4.46}{4.46-(-5.13)} \times (22\% - 20\%)$$

$$\approx 20.93\%$$

答：从以上计算可知，由于该方案的净现值大于零，内含报酬率大于所要求的最低报酬率，因此，该方案是可行的。

【例 7-39】某矿山机械厂为了生产采掘机产品，每年需要 A 零件 2 万件，外购价为每件 35 元，采掘机产品估计可以行销 6 年以上。如果自制，则需投资 100 万元购置专用设备，6 年后设备残值为 5 万元。另外，还需垫支流动资金 10 万元。自制单位变动成本为 12 元，每年需增加固定制造费用（不包括设备折旧）5 万元，资本成本为 10%，所得税税率为 25%。要求对该厂是否应购置设备自制半成品进行决策分析。

$$自制需增加投资 = 100+10 = 110（万元）$$

自制增加的现金流入量的总现值为

$$购置设备年折旧费 = (100-5) \div 6 \approx 15.83（万元）$$

$$自制年成本 = 12 \times 2 + 5 + 15.83 = 44.83（万元）$$

$$年外购成本 = 35 \times 2 = 70（万元）$$

$$自制较外购增加的年营业现金净流量 = (70-44.83) \times (1-25\%) + 15.83 \approx 34.71（万元）$$

$$自制较外购增加净现值 = -110 + 34.71 \times (P_A/A, 10\%, 6) + (10+5) \times (P/F, 10\%, 6)$$

$$= -110 + 34.71 \times 4.355\ 26 + 15 \times 0.564\ 47$$

$$\approx 49.64（万元）$$

答：由以上计算可知，购置设备自制半成品与外购半成品相比，购置设备自制半成品的净现值大于零，说明购置设备自制半成品优于外购半成品。

【例 7-40】某通用机器厂于一年前购置了一台普通机床。该设备的原价为 20 万元，估计还可以使用 10 年，期满后残值为 0.5 万元。原制造商最近又向该企业推销一种数控机床，售价为 30 万元。该企业若购进数控机床，可以使年总收入从原来的 50 万元增加到 70 万元，但每年的付现成本也将从原来的 40 万元增加到 55 万元。该新设备的使用寿命为 10 年，期满后残值为 1 万元。

目前该企业原有设备的账面价值为 18.2 万元（已提折旧 1.8 万元）。若该企业购买新设备，制造商可以将原来设备作价 5 万元（以旧换新）。该企业考虑使用新设备的风险较大，在计算、分析时要求投资报酬率必须达到 20%。要求用净现值法对该企业是"继续用旧"还是"售旧购新"作出评价（为简化核算，本例不考虑所得税的影响）。

解：(1) 如果采用"继续用旧"方案

$$每年的营业现金净流入量 = 50-40 = 10（万元）$$

第10年残值=0.5（万元）

准备投资额=5（万元）

$$\text{净现值} NPV = \sum_{t=0}^{n} \frac{NCF_t}{1+i} = \sum_{t=0}^{n} [NCF_t \cdot (P/F, i, t)]$$

$$= -5 + 10 \times (P_A/A, 20\%, 10) + 0.5 \times (P/F, 20\%, 10)$$

$$= -5 + 10 \times 4.192\,47 + 0.5 \times 0.161\,51$$

$$= +37.01(\text{万元})$$

（2）如果采用"售旧购新"方案

每年的营业现金净流入量=70-55=15（万元）

第10年残值=1（万元）

准备投资额=30（万元）

$$\text{净现值} NPV = \sum_{t=0}^{n} \frac{NCF_t}{1+i} = \sum_{t=0}^{n} [NCF_t \cdot (P/F, i, t)]$$

$$= -30 + 15 \times (P_A/A, 20\%, 10) + 1 \times (P/F, 20\%, 10)$$

$$= -30 + 15 \times 4.192\,47 + 1 \times 0.161\,51$$

$$= +33.05(\text{万元})$$

答：由以上计算结果可知，"继续用旧"方案净现值比"售旧购新"方案的净现值大3.96（37.01-33.05）万元，因此，该企业选择"继续用旧"方案。

在本例中，有一个特别之处在于，新旧设备的未来使用年限相同，因而既可以采用净现值法进行分析、判断，也可以将净现值法与差量分析结合起来进行决策。

沿用上例中的资料，可以编制差量分析表，如表7-12所示。

表7-12 差量分析表   万元

摘　　　要	售旧购新	继续用旧	差　　量
设备投资额	30	5	25
年销售收入	70	50	20
年付现成本	55	40	15
设备残值	1	0.5	0.5

$$\text{差量现金流入量现值} = (20-15) \times (P_A/A, 20\%, 10) + (1-0.5) \times$$
$$(P/F, 20\%, 10)$$
$$= 5 \times 4.192\,47 + 0.5 \times 0.161\,51$$
$$= +21.04（\text{万元}）$$

差量现金流出量现值=30-5=25（万元）

差量净现值=+21.04-25=-3.96（万元）

答：上述计算分析结果表明，使用该方法所得出的结论与使用净现值法所得出的结论完全相同，证明该企业选择"继续用旧"方案更有利。

【例7-41】 昌华化工公司有甲、乙两个固定资产的投资方案，甲方案需要一次性投资200 000元，预计有效使用寿命为3年，期末残值收入为20 000元；乙方案一次性投资

150 000 元，预计有效使用寿命也是 3 年，期末残值为 15 000 元，假定本公司资金成本为 10%。两方案的每年营业现金净流量如表 7-13 所示。

表 7-13　每年营业现金净流量表　　　　　　　　　元

年份	甲方案			乙方案		
	净利	折旧	NCF	净利	折旧	NCF
1	40 000	60 000	100 000	35 000	45 000	80 000
2	26 000	60 000	86 000	25 000	45 000	70 000
3	10 000	60 000	70 000	15 000	45 000	60 000
合计	76 000	180 000	256 000	75 000	135 000	210 000

要求计算两方案的净现值、净现值率和获利指数，并对两方案的可行性进行决策分析。

解：由于甲、乙两方案的每年营业现金净流量不等，故只能按复利逐一折现（如表 7-14、表 7-15 所示），然后合计求出营业现金流量的总现值，同时把期末的残值折现，就可以求出未来报酬的总现值，最后求净现值、净现值率和获利指数指标，并对两方案的可行性进行决策分析，如表 7-16 所示。

表 7-14　甲方案营业现金净流量折现计算表

年　次	各年的 NCF/元	复利现值系数	现值/元
1	100 000	0.909	90 900
2	86 000	0.826	71 036
3	70 000	0.751	52 570
合计	256 000	—	214 506

甲方案第三年残值收入的现值=残值收入×复利现值系数=20 000×0.751
$$=15\ 021（元）$$
甲方案未来报酬的总现值=营业现金净流量现值+残值收入现值
$$=214\ 506+15\ 021=229\ 526（元）$$
净现值 NPV=未来报酬的总现值−原投资总额=229 526−200 000
$$=29\ 526（元）$$

$$净现值率\ NPVR=\frac{净现值}{原始投资现值总和}\times100\%=\frac{29\ 526}{200\ 000}\times100\%=14.76\%$$

$$获利指数\ PI=\frac{投产后各年净现金流量的现值合计}{原始投资的现值合计}=\frac{229\ 526}{200\ 000}=1.147\ 6$$

表 7-15　乙方案营业现金净流量折现计算表

年　次	各年的 NCF/元	复利现值系数	现值/元
1	80 000	0.909	72 720
2	70 000	0.826	57 820

续表

年 次	各年的 NCF/元	复利现值系数	现值/元
3	60 000	0.751	45 060
合计	210 000	—	179 600

乙方案第三年残值收入的现值=残值收入×复利现值系数=15 000×0.751
$$=11\ 265（元）$$

乙方案未来报酬的总现值=营业现金净流量现值+残值收入现值
$$=179\ 600+11\ 265=190\ 865（元）$$

净现值 NPV =未来报酬的总现值-原投资总额=190 865-150 000
$$=40\ 865（元）$$

净现值率 $NPVR = \dfrac{净现值}{原始投资现值总和} \times 100\% = \dfrac{40\ 865}{150\ 000} \times 100\% = 27.24\%$

获利指数 $PI = \dfrac{投产后各年净现金流量的现值合计}{原始投资的现值合计} = \dfrac{190\ 865}{150\ 000} = 1.272\ 4$

表7-16 两方案评价指标对比表

方案	净现值率 NPVR/元	净现值率 NPVR/%	获利指数 PI	最优方案
甲方案	29 526	14.76	1.147 6	
乙方案	40 865	27.24	1.272 4	优选

答：通过上述对比，乙方案三个指标都优于甲方案，因此乙方案为最优方案。

【例7-42】 众和化工公司计划投资 510 000 元购置一条生产线，预计有效使用年限10年，期末残值30 000元，该生产线投产后，每年可获净利72 000元，该公司要求投资报酬率（ROI）在12%以上、净现值（NPV）为正数、内部收益率（IRR）在15%以上、包括建设期的动态投资回收期在6年以内。本公司资金成本为10%。

要求计算该投资的投资报酬率（ROI）、净现值（NPV）、内含报酬率（IRR）、包括建设期的动态投资回收期指标，并对该投资方案的可行性进行决策分析。

解：年折旧额 $=\dfrac{固定资产原值-净残值}{使用年限}=\dfrac{510\ 000-30\ 000}{10}=48\ 000（元）$

前9年的营业现金净流量 NCF = 72 000 + 48 000 = 120 000（元）

第10年现金净流量 NCF = 120 000 + 30 000 = 150 000（元）

(1) 投资报酬率 $ROI = \dfrac{年平均净利润}{投资总额} \times 100\% = \dfrac{72\ 000}{510\ 000} \times 100\% \approx 14.12\%$

(2) 净现值 NPV = 未来报酬的总现值-原投资总额
$$=120\ 000 \times (P_A/A, 10\%, 9) + 150\ 000 \times (P/F, 10\%, 10) - 510\ 000$$
$$=120\ 000 \times 5.759\ 02 + 150\ 000 \times 0.385\ 44 - 510\ 000$$
$$=+238\ 898.40（元）$$

(3) 内含报酬率（IRR）的计算：

由于各年的现金净流量不等，所以只能采用逐次测试法计算内含报酬率。先假定初始贴现率为20%，计算其净现值

NPV(净现值) = 未来报酬的总现值 - 原投资总额

$= 120\,000 \times (P_A/A, 20\%, 9) + 150\,000 \times (P/F, 20\%, 10) - 510\,000$

$= 120\,000 \times 4.030\,97 + 150\,000 \times 0.161\,51 - 510\,000$

$= -2\,057.10$（元）

由于计算出的净现值为负数，表明方案本身的投资报酬率低于20%，应按较低的贴现率进一步贴现。

当贴现率为18%时，计算净现值

NPV(净现值) = 未来报酬的总现值 - 原投资总额

$= 120\,000 \times (P_A/A, 18\%, 9) + 150\,000 \times (P/F, 18\%, 10) - 510\,000$

$= 120\,000 \times 4.303\,02 + 150\,000 \times 0.191\,06 - 510\,000$

$= +35\,021.40$（元）

第一次测试，利率20%，净现值为-2 057.10元，说明估计的利率高了。第二次测试，利率18%，净现值为+35 021.40元，两次测试都较接近于零，因而可以估算，方案的内含报酬率在20%~18%。利用插值法计算内含报酬率。

$$\text{净现值} \begin{cases} -2\,057.10 & 20\% \\ 0 & IRR \\ +35\,021.40 & 18\% \end{cases} \text{贴现率}$$

$18\% < IRR < 20\%$，应用内插值法求IRR。

$$IRR(\text{内含报酬率}) = 18\% + \frac{35\,021.40}{35\,021.40 - (-2\,057.10)} \times (20\% - 18\%)$$

$$\approx 19.89\%$$

(4) 包括建设期的动态投资回收期（PP''）的计算：

$$\text{年金现值系数} = \frac{I}{NCF} = \frac{510\,000}{120\,000} = 4.25$$

查"一元年金现值系数表"，当$i = 10\%$时，可查得与4.25相邻的两个系数为3.790 8和4.355 3，其对应的年限分别为5年和6年。采用内插补法计算后求该生产线的动态回收期。

$$\text{年金现值系数} \begin{cases} 3.790\,8 & 5 \\ 4.25 & x \\ 4.355\,3 & 6 \end{cases} \text{年}$$

$(P_A/A, 10\%, 6) = 4.355\,3 > 4.25$

$(P_A/A, 10\%, 5) = 3.790\,8 < 4.25$

$5 < PP'' < 6$，应用内插值法求PP''。

$$PP'' = 5 + \frac{4.25 - 3.790\,8}{4.355\,3 - 3.790\,8} \times (6 - 5)$$

$$\approx 5.81 \text{（年）}$$

编制购置生产线方案评价指标对比表，如表7-17所示。

表7-17 购置生产线方案评价指标对比表

评 价 指 标	设定标准	方案指标	评 价
投资报酬率 ROI/%	12	14.12	优
净现值 NPV/元	正数	+238 898.40	优
内含报酬率 IRR/%	15	19.89	优
包括建设期的动态投资回收 PP''/元	6	5.81	优

答：通过上述对比，购置生产线方案的四个指标均为优，因此该投资项目可行。

本 章 小 结

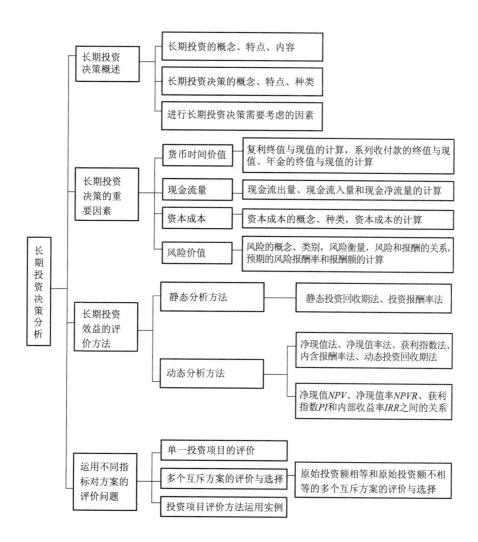

同 步 测 试

一、单项选择题

1. 在下列项目中,应计入建设期现金净流量的是（　　）。
   A. 折旧额　　　　　　B. 税后利润　　　　　C. 投资额　　　　　D. 摊销额
2. 当净现值 NPV>0 时,则（　　）。
   A. 获利指数 PI>1　　　　　　　　　　　B. 内部收益率 IRR<I
   C. 净现值率 NPVR<0　　　　　　　　　D. 内部收益率 IRR=I
3. 当获利能力指数小于 1 时,则（　　）。
   A. 净现值率大于零　　　　　　　　　　B. 净现值大于资金成本
   C. 内含报酬率大于资金成本　　　　　　D. 内含报酬率小于资金成本
4. 采用回收期法进行决策分析时,选择方案的标准是回收期（　　）。
   A. 小于期望回收期　　　　　　　　　　B. 大于期望回收期
   C. 小于 1　　　　　　　　　　　　　　D. 大于 1
5. 在管理会计中,(P/F, i, n) 所代表的是（　　）。
   A. 复利终值系数　　B. 复利现值系数　　C. 年金终值系数　　D. 年金现值系数
6. 某企业计划投资 20 万元购置一台新设备,预计投产后每年可获净利 3 万元,寿命期为 10 年,残值为零,采用直线法计提折旧,则投资回收期为（　　）。
   A. 2 年　　　　　　B. 2.5 年　　　　　C. 3 年　　　　　　D. 4 年
7. 一个投资方案的净现值表示（　　）。
   A. 现金流入量减去现金流出量的现值
   B. 现金流量减去原始投资
   C. 现金流量的现值加上原始投资的现值减去原始投资
   D. 现金流量的现值减去原始投资
8. 在下列项目中,不应计入生产经营期现金净流量的是（　　）。
   A. 摊销额　　　　　B. 投资额　　　　　C. 税后利润　　　　D. 折旧额
9. 下列表述中不正确的是（　　）。
   A. 净现值等于 0 时,说明此时的贴现率为内部报酬率
   B. 净现值大于 0 时,获利指数小于 1
   C. 净现值大于 0 时,该投资方案可行
   D. 净现值是未来报酬的总现值与初始投资额现值之差
10. 下列指标中既是静态指标又是反指标的是（　　）。
    A. 静态投资回收期　　B. 净现值　　　　C. 获利指数　　　　D. 动态投资回收期
    E. 净现值率
11. 年回收额的计算是（　　）。
    A. 年金现值的逆运算　　　　　　　　　B. 年金终值的计算

C. 年金现值的计算 D. 年金终值的逆运算
12. 先付年金与普通年金相比，在计算终值时（　　）。
   A. 多计算1期利息 B. 相等
   C. 少计算1期利息 D. 无可比
13. 在投资决策分析中，所谓现金流量是指一个项目引起的企业（　　）。
   A. 货币资金支出和货币资金收入的统称 B. 支出量和收入量的统称
   C. 流动资金增加量和减少量的统称 D. 现金流出和现金流入的统称
14. 在期望值相同的情况下，标准差越大，风险（　　）。
   A. 越大 B. 越小 C. 不变 D. 无关
15. 一般来说，投资项目效果越好，所冒风险也越小，体现在回收期上（　　）。
   A. 越长 B. 越短 C. 不变 D. 无关
16. 普通年金是在每期期末发生，又叫（　　）。
   A. 递延年金 B. 后付年金 C. 永续年金 D. 末付年金
17. 在复利制下，计算出的各期利息额表现为（　　）。
   A. 递增 B. 相等 C. 递减 D. 都不是
18. 现值指的是（　　）。
   A. 利息 B. 本金 C. 本利和 D. 本金减利息
19. 现金流量的计算基础是（　　）。
   A. 权责发生制 B. 收付实现制 C. 复利制 D. 单利制
20. 采用内含报酬率法进行决策分析时，选择方案的标准是内含报酬率（　　）。
   A. >资金成本 B. <资金成本 C. >零 D. <零

二、多项选择题

1. 长期投资的特点有（　　）。
   A. 效益回收期长 B. 资金耗用量大 C. 投资风险大 D. 投资回报率高
2. 长期投资决策具有以下几个特点（　　）。
   A. 企业的战略性决策 B. 高层管理人员实施决策
   C. 要考虑货币的时间价值 D. 不确定型决策
3. 企业对内投资要根据自身的情况，对投资项目进行可行性分析。考虑的因素主要有（　　）。
   A. 国家的宏观经济政策 B. 企业自身的财务状况
   C. 市场情况 D. 企业人力资源现状
   E. 环境保护
4. 与长期投资决策分析有关的财务因素归纳起来有（　　）。
   A. 货币的时间价值 B. 现金流量
   C. 资本成本 D. 投资风险价值
   E. 国家的宏观经济政策
5. 关于风险和报酬的关系，下列说法正确的有（　　）。
   A. 风险意味着危险与机遇

B. 风险越大，失败后的损失也越大，成功后的风险报酬也越大
C. 由于风险与收益的并存性，使得人们愿意去从事各种风险活动
D. 高报酬率的项目必然伴随着高风险
E. 额外的风险需要额外的报酬来补偿
F. 期望投资报酬率＝无风险报酬率＋风险报酬率

6. 静态分析方法不考虑货币时间价值，也可称为非贴现的现金流量法，常用的主要评价方法有（　　）。

A. 投资报酬率法　　B. 现金流量法　　C. 内含报酬率法　　D. 现值指数法

7. 动态分析方法是结合货币时间价值来决定方案的取舍，也可称为贴现的现金流量法，常用的主要评价方法有（　　）。

A. 净现值法　　B. 现金流量法　　C. 投资报酬率法
D. 内含报酬率法　　E. 现值指数法　　F. 净现值率

8. 下列正确反映净现值 NPV、净现值率 $NPVR$、获利指数 PI 和内部收益率 IRR 四指标关系的有（　　）。

A. 当 $NPV>0$ 时，$NPVR>0$，$PI>1$，$IRR>I$　　B. 当 $NPV<0$ 时，$NPVR<0$，$PI<1$，$IRR<I$
C. 当 $NPV=0$ 时，$NPVR=0$，$PI=1$，$IRR=I$　　D. 当 $NPV=0$ 时，$NPVR=0$，$PI=1$，$IRR>I$
E. 当 $NPV<0$ 时，$NPVR<0$，$PI<1$，$IRR>I$　　F. 当 $NPV<0$ 时，$NPVR>0$，$PI>1$，$IRR>I$

9. 先付年金现值 P_A' 的计算公式是（　　）。

A. $P_A'=A'\left\{\dfrac{[1-(1+i)]^{-(n-1)}}{i}+1\right\}$　　B. $P_A'=A'[(P_A/A,i,n-1)+1]$

C. $P_A'=A'\cdot\left[-\dfrac{(1+i)^{-n}}{i}\right]\cdot(1+i)$　　D. $P_A'=A'\cdot(P_A/A,i,n)\cdot(1+i)$

E. $P_A'=A'\cdot\dfrac{(1+i)-1}{i}\cdot(1+i)$　　F. $P_A'=A'\cdot[(F_A/A,i,n+1)-1]$

10. 递延年金现值的计算公式有（　　）。

A. $P_A''=A''\cdot\{[1-(1+i)^{-n}]/i-[1-(1+i)^{-s}]/i\}$　　B. $P_A''=A''\cdot[(P_A/A,i,n)-(P_A/A,i,s)]$

C. $P_A''=A''\cdot\{[1-(1+i)^{n-s}]/i\}\cdot(1+i)^s$　　D. $P_A''=A''\cdot(P_A/A,i,n-s)(P/F,i,s)$

E. $P_A''=A'\cdot\dfrac{(1+i)-1}{i}\cdot(1+i)$　　F. $P_A''=A''\cdot[(F_A/A,i,n+1)-1]$

实 训 项 目

【实训一】

（一）目的：练习货币时间价值的计算。

（二）资料：

某企业分期从银行取得贷款，第 1 年初取得贷款 100 万元，第 2 年初取得贷款 200 万

元，第 3 年初取得贷款 300 万元，按复利计息，年利率为 4.8%，于第 3 年末一次还本付息。

（三）要求：计算第 3 年末应归还的贷款本利和。

【实训二】

（一）目的：练习货币时间价值的计算。

（二）资料：

张三准备现在在银行存一笔款项，以便 3 年后为孩子上大学筹集 2.5 万元的学杂费。按复利计息，年利率为 3.8%。

（三）要求：计算现在张三应存入银行多少钱。

【实训三】

（一）目的：练习货币时间价值的计算。

（二）资料：

李四拟在 10 年后获得本利和 10 万元，假设投资报酬率为 12%。

（三）要求：计算现在李四应投入多少元。

【实训四】

（一）目的：练习货币时间价值的计算。

（二）资料：

华昌公司准备购置一台大型设备，现有两个付款方案可供选择：甲方案是现在一次性付款 40 万元，乙方案是以后 10 年每年末付款 4.5 万元。假定投资款均从银行借入，复利年利率为 10%。

（三）要求：对甲乙方案的选择作出决策分析。

【实训五】

（一）目的：练习货币时间价值的计算。

（二）资料：

华维公司连续 5 年于每年末存款 10 万元，按复利计息，年利率为 4.8%。

（三）要求：计算第 5 年末可一次取出本利和多少钱。

【实训六】

（一）目的：练习货币时间价值的计算。

（二）资料：

某企业计划在5年内每年末存入银行一笔资金，以便在第10年末修建一栋价值为500万元的厂房。

（三）要求：计算在存款利率为6%的条件下，每年末应至少存多少钱。

【实训七】

（一）目的：练习货币时间价值的计算。

（二）资料：

杰克公司从今年开始计划从盈余中提取30万元存入银行，靠这笔存款在若干年后购买一台价值为200万元的仪器，假定银行复利年利率为6%。

（三）要求：计算该公司在几年后才能完成计划。

【实训八】

（一）目的：练习货币时间价值的计算。

（二）资料：

甲公司与乙公司订立合同，甲公司购买乙公司的产品，货款在5年后一次付清，数额为20 000元，在交货后，乙公司急需周转资金，遂与甲公司协商，按市场利率贴现，交付货款，结果甲公司支付现金10 000元。

（三）要求：根据上述资料计算市场的复利年利率。

【实训九】

（一）目的：练习货币时间价值的计算。

（二）资料：

华海公司有一条生产线，需要第三年年末更新，购置同类型的设备，价值为30 000元，设备使用终结时，残值为100元，清理费为150元。为此该公司每年年末向银行存入9 000元。

（三）要求：确定银行的年复利率为多少时才能保证恰好在第三年年末更新旧设备。

【实训十】

（一）目的：练习货币时间价值的计算。

（二）资料：

华东企业年初存入一笔资金，从第5年年末起每年取出10万元，至第9年年末取完，年利率为8%。

（三）要求：计算最初一次存入的款项是多少钱。

【实训十一】

(一) 目的：练习现金流量的计算。

(二) 资料：

华北企业有一投资项目，投资总额为 100 000 元，建设期初投入，有效期为 5 年，期末无残值，投产后每年产销 1 000 件产品，每件产品售价为 200 元，生产及销售每件产品的付现成本为 120 元，所得税率为 25%。

(三) 要求：

(1) 计算每年的营业现金净流量。

(2) 计算该项目现金净流量。

【实训十二】

(一) 目的：练习长期投资效益的评价方法。

(二) 资料：

华南公司欲投资 300 000 元，购置一台设备，预计可用 10 年，残值收入为 6 000 元，设备投产后，需追加垫支流动资金为 20 000 元，垫支流动资金于第 10 年年末收回，每年可获税后净利 30 600 元，假定本公司的资本成本为 10%。

(三) 要求：应用净现值法评价此投资项目的可行性。（提示：先计算未来报酬的总现值，再计算投资项目净现值。）

思考与练习

(1) 管理会计中的长期投资的含义是什么？有何特点？

(2) 长期投资决策的含义是什么？有何特点？

(3) 企业进行长期投资决策要考虑哪些因素？财务因素主要有哪些？

(4) 何谓现金流量？如何计算现金流出量、现金流入量和现金净流量？

(5) 何谓投资的风险价值？有哪些风险类别？风险和报酬存在着怎样的关系？

(6) 长期投资效益的评价方法有哪些？各评价指标如何计算？各自有哪些优缺点和适用范围？

第 8 章
成本管理

> **知识目标**
> (1) 理解成本管理的概念及原则。
> (2) 能明确标准成本法、作业成本法、目标成本法的概念及区别。
> (3) 掌握标准成本法、作业成本法、目标成本法的计算方法。
>
> **技能目标**
> (1) 能运用各种成本法计算产品的成本并进行成本管理。
> (2) 能区分标准成本法、作业成本法以及目标成本法的不同。

8.1 成本管理概述

8.1.1 成本管理的概念

成本管理,是指企业在营运过程中实施成本预测、成本决策、成本计划、成本控制、成本核算、成本分析和成本考核等一系列管理活动的总称。成本管理是企业管理的一个重要组成部分,在会计学领域,成本分为财务会计中的成本概念和管理会计中的成本概念。

财务会计中的成本是指遵循会计准则或会计制度要求确认和计量的成本。广义的成本主要分为产品成本、期间成本两大类:

(1) 产品成本是指针对某一特定的产品对象,如生产某一特定产品而发生的直接制造成本(如直接材料、直接人工等)、间接制造成本(如制造费用,包括车间管理发生的人工成本、其他相关耗费等)。

(2) 期间成本是指不计入产品成本中而在发生时计入当期损益的费用,包括销售费用、管理费用、财务费用等。这些非制造成本是因当期向顾客提供产品或服务而发生的各项作业耗费,根据配比原则,它们都将纳入当期损益计算。

管理会计中的成本是指可以用货币单位来衡量,为达到特定目的而发生的各种经济资源的价值牺牲。在管理会计中,按照不同的分类标准,所使用的成本概念也不同。如按照成本习性分为变动成本和固定成本;按成本实际发生的时态分为历史成本和未来成本;按可控性分为可控成本和不可控成本等。另外,资本成本、质量成本、责任成本等也属于管理会计中成本的范畴。可见，管理会计的成本比财务会计的成本要广泛得多。

8.1.2 成本管理的基本原则

企业进行成本管理，一般应遵循以下原则：

（1）融合性原则。成本管理应以企业业务模式为基础，将成本管理融入业务的各领域、各层次、各环节，实现成本管理责任到人、控制到位、考核严格、目标落实。

（2）适应性原则。成本管理应与企业生产经营特点和目标相适应，尤其要与企业发展战略或竞争战略相适应。

（3）成本效益原则。成本管理应用相关工具方法时，应权衡其为企业带来的收益和付出的成本，避免获得的收益小于其投入的成本。

（4）重要性原则。成本管理应重点关注对成本具有重大影响的项目，对于不具有重要性的项目可以适当简化处理。

8.1.3 成本管理的方法

在企业成本管理的发展过程中，先后出现了一系列成本管理方法，如实际成本法、标准成本法、变动成本法、本量利分析法、作业成本法、目标成本法等。企业应结合自身的成本管理目标和实际情况，将不同成本管理方法综合运用，以便更好地实现成本管理的目标。

本章主要介绍标准成本法、作业成本法和目标成本法三种方法。

1）标准成本法

标准成本法，是指企业以预先制定的标准成本为基础，通过比较标准成本与实际成本，计算和分析成本差异、揭示成本差异动因，进而实施成本控制、评价经营业绩的一种成本管理方法。运用此方法，是通过标准成本与实际成本的比较，揭示与分析标准成本与实际成本之间的差异，并按照例外管理的标准，对不利差异予以纠正，以便提高效率，不断改善产品成本。

2）作业成本法

作业成本法，是指以"作业消耗资源、产出消耗作业"为原则，按照资源动因将资源费用追溯或分配至各项作业，计算出作业成本，然后再根据作业动因，将作业成本追溯或分配至各成本对象，最终完成成本计算的成本管理方法。

3）目标成本法

目标成本法是一种以市场为主、以顾客需求为导向，在产品规划设计阶段就着手努力，并运用价值工程进行功能成本分析，以达到不断降低成本、增强竞争能力的一种成本控制方法。由于目标成本法以顾客为导向，以顾客认可的价格、功能、需求量等因素为出发点，因而又被称为"由价格引导的成本计算"，以便与传统的由成本引导的价格计算，即成本加成计算法相区别。

8.2 标准成本法

8.2.1 标准成本的概述

1. 标准成本制度的产生及概念

以"泰罗制"为基础形成的标准成本系统,最初产生于20世纪20年代的美国,至50年代后,西方工业发达国家普遍承认了标准成本的概念。随着其内容的不断充实和完善,最终被西方国家广泛采用,成为管理会计在日常成本管理中应用最为普遍和最为有效的重要的控制手段。

所谓标准成本,是指企业以预先制定的标准成本为基础,通过比较标准成本与实际成本,计算和分析成本差异、揭示成本差异动因,进而实施成本控制、评价经营业绩的一种成本管理方法。

产品标准成本通常由直接材料标准成本、直接人工标准成本和制造费用标准成本构成。

2. 标准成本法适用范围及特点

标准成本法一般适用于产品及其生产条件相对稳定,或生产流程与工艺标准化程度较高的企业。企业应用标准成本法,要求处于较稳定的外部市场经营环境,且市场对产品的需求相对平稳。

标准成本法的优点:① 便于成本控制。标准成本预先制定了企业在一定时期内应该达到的标准,每个月统计实际发生额从而计算差异,通过差异进行产品生产成本控制以及整个生产运营控制。② 可以简化成本计算。标准成本是提前制定好的,不像实际成本法需每个月花大量时间去计算存货和销售成本。③ 便于制定计划和预算。标准成本可以作为预算的可靠基础数据,如固定预算、弹性预算等。④ 可激励员工。因标准成本是具有挑战性的,一种经过努力才能达到,可作为一个较高的合理标准来提升公司的效率和业绩。⑤ 有利于企业的经营决策。标准成本的制定及其差异和动因的信息可以使企业预算的编制更为科学和可行。

标准成本法的缺点:① 具有一定的局限性。因标准成本法要求企业产品的成本标准比较准确、稳定,在使用条件上存在一定的局限性。② 标准成本需要根据市场价格波动频繁更新,导致成本差异可能缺乏可靠性,降低了成本控制效果。

8.2.2 直接材料的标准成本

直接材料标准成本是由直接材料价格标准和直接材料用量标准决定的。

1. 直接材料价格标准的制定

直接材料价格标准是指取得某种材料所支付的单位价格。直接材料价格标准包括材料的购买价格以及预计的采购费用,如运输费、装卸搬运费等。制定直接材料价格标准时,应按照每一种材料分别计算。

2. 直接材料用量标准的制定

直接材料用量标准即材料的消耗定额,是指生产技术部门在一定条件下所确定的单位产品所耗用的各种直接材料的数量,包括形成产品实体的材料数量、在正常情况下所允许发生的材料损耗,以及生产中不可避免的废品所耗费的材料数量。制定直接材料用量标准时,也应按各种材料分别计算。

3. 直接材料标准成本的制定

某种产品的直接材料标准成本,是由生产该种产品所需要的每一种材料的标准价格和该种材料的标准用量的乘积相加求得的。其计算公式为

直接材料标准成本 = ∑(直接材料用量标准×直接材料价格标准).

【例8-1】某企业生产某产品需用A、B、C三种直接材料,其单位产品的直接材料的各种资料和标准成本的计算如表8-1所示。

表8-1 产品直接材料的标准成本计算表

项 目	A 材料	B 材料	C 材料
买价/(元·千克$^{-1}$)	11.5	9.7	6.9
采购费用/(元·千克$^{-1}$)	0.5	0.3	0.1
材料价格标准/(元·千克$^{-1}$)	12	10	7
单位产品材料消耗量/千克	1.9	2.8	4.6
单位产品材料正常损耗量/千克	0.1	0.2	0.4
材料用量标准/千克	2	3	5
个别材料标准成本/元	24	30	35
产品材料标准成本/元	89		

8.2.3 直接人工的标准成本

1. 直接人工价格标准的制定

直接人工价格标准(即工资率标准或工资单价),是指在计件工资条件下单位产品支付的直接人工工资,或在计时工资条件下每一标准工时应分配的工资。其计算公式为

直接人工小时工资率标准 = 预计支付直接人工工资总额/标准总工时.

其中,标准总工时是指企业在现有的生产技术和工艺水平条件下可能实现的最大生产数量,或是实现的最大生产能力,故亦称"产能标准",通常用直接人工工作小时数或机器台时数来表示。

2. 直接人工用量标准的制定

直接人工用量标准,即工时用量标准,也称工时消耗定额。它是指企业在现有的生产和技术水平的基础上,考虑到提高劳动生产率的要求,按照产品加工所经过的程序,详细测算所需耗用的工时数。制定工时消耗定额时,还要考虑到必要的间歇和停工时间,以及在正常条件下不可避免的废品所耗用的工时。

3. 直接人工标准成本的制定

制定了直接人工的用量标准和小时工资率标准后，就可以按照下列公式计算单位产品直接人工的标准成本：

直接人工标准成本 = ∑（直接人工价格标准×直接人工用量标准）
= ∑（小时工资率标准×工时用量标准）．

【例 8-2】 某企业生产某产品需由甲、乙两个车间连续加工，有关资料和单位直接人工标准成本的计算如表 8-2 所示。

表 8-2　单位产品直接人工标准成本计算表

项　目	甲　车　间	乙　车　间
直接生产工人人数/人	30	50
每月标准工时数（20.5×8）/小时	164	164
出勤率/%	98	98
每人每月工时时数/小时	161	161
月标准总工时时数/小时	4 830	8 050
月标准工资总额/元	53 130	96 600
小时工资率/元	11	12
单位产品标准工时数/小时	0.5	0.6
单位产品车间标准成本/元	5.5	7.2
单位产品直接人工标准成本/元	12.7	

8.2.4　制造费用的标准成本

1. 制造费用价格标准的制定

制造费用价格标准，即费用分配率标准。制造费用分配率的大小一般取决于以下两个因素：① 生产量标准，即企业现有生产能力能达到的最高产量（通常用直接人工小时数或机器台时数表示）。② 制造费用预算，即根据标准生产能力而确定的固定性制造费用预算和变动性制造费用预算数额之和。制造费用分配率的计算公式为

$$变动性制造费用标准分配率 = \frac{变动性制造费用预算}{标准总工时},$$

$$固定性制造费用标准分配率 = \frac{固定性制造费用预算}{标准总工时}.$$

2. 制造费用用量标准的制定

制造费用用量标准，即工时用量标准。它与上述直接人工用量标准的制定原理相同。公式如下：

单位工时变动费用分配率标准 = 变动费用预算总额/标准总工时，
单位工时固定费用分配率标准 = 固定费用预算总额/标准总工时．

3. 制造费用标准成本的制定

制造费用标准成本，又称制造费用预算，通常根据变动性制造费用和固定性制造费用分别编制。在完全成本法下，固定性制造费用预算可以参照历史资料并根据预算期间生产能力的利用程度加以估算，相应的生产量标准通常应选择预算产量标准工时。

在变动成本法下，固定性制造费用属于期间成本，不存在分配率标准问题。制造费用标准成本是由单位产品用量标准与相应的标准分配率的乘积求得。

单位产品制造费用标准成本计算公式为

变动制造费用标准成本＝∑（单位工时变动费用分配率标准×标准工时），

固定制造费用标准成本＝∑（单位工时固定费用分配率标准×标准工时），

制造费用标准成本＝单位产品变动制造费用标准成本＋

单位产品固定制造费用标准成本.

【例8-3】某企业生产某产品需要经过甲、乙两个车间连续加工，甲车间月工时为4 830工时，乙车间月工时为8 050工时，其他制造费用资料和单位产品制造费用标准成本的计算如表8-3所示。

表8-3 单位产品制造费用标准成本计算表

项 目	甲 车 间	乙 车 间
月标准工时总额/小时	4 830	8 050
单位产品标准工时/小时	0.5	0.6
变动制造费用合计/元	40 527	68 425
单位工时变动制造费用分配率/元	8.4	8.5
变动制造费用车间标准成本/元	4.2	5.1
单位产品变动制造费用标准成本/元	9.3	
固定制造费用合计/元	57 960	108 675
单位工时固定制造费用分配率/元	12	13.5
固定制造费用车间标准成本/元	6	8.1
单位产品固定制造费用标准成本/元	14.1	
单位产品制造费用标准成本/元	23.4	

8.2.5 单位产品标准成本的制定

以上各成本项目的标准成本制定后，企业通常还要为每一种产品设置一个标准成本计算单，来汇总计算最后的单位产品标准成本。标准成本计算单中应分别列明上述各成本项目的价格标准和用量标准，通过直接汇总的方法得出最终单位产品的标准成本。

【例8-4】续前例，该产品的标准成本计算单如表8-4所示。

表 8-4　产品标准成本计算单

项目		用量标准	价格标准	标准成本/元
直接材料	A 材料	2 千克	12 元/千克	24
	B 材料	3 千克	10 元/千克	30
	C 材料	5 千克	7 元/千克	35
	小　计	—	—	89
直接人工	甲车间	0.5 小时	11 元/小时	5.5
	乙车间	0.6 小时	12 元/小时	7.2
	小　计	—	—	12.7
变动性制造费用	甲车间	0.5 小时	8.4 元/小时	4.2
	乙车间	0.6 小时	8.5 元/小时	5.1
	小　计	—	—	9.3
固定性制造费用	甲车间	0.5 小时	12 元/小时	6
	乙车间	0.6 小时	13.5 元/小时	8.1
	小　计	—	—	14.1
单位产品标准成本				125.1

8.2.6　成本差异的概念及分类

所谓成本差异，是指实际产品成本脱离标准成本的差异额。成本差异可按不同标准进行分类。

1. 有利差异和不利差异

有利差异：实际成本低于标准成本的节约差异额称为有利差异，一般用 F 表示。

不利差异：实际成本高于标准成本的超支差异额称为不利差异，一般用 U 表示。

2. 价格差异和用量差异

价格差异：是由于实际价格脱离标准价格而形成的差异。

$$价格差异 = 实际价格 - 标准价格.$$

用量差异：是由于实际用量脱离标准用量而形成的差异。

3. 成本差异计算的一般模式

由于标准成本是根据标准用量和标准价格计算的，而实际成本是根据实际用量和实际价格计算的。成本的差异是由用量变动或价格变动的不同影响形成的。其一般模式如图 8-1 所示。

```
(1) 实际价格×实际数量  ┐
                       ├ 价格差异
(2) 标准价格×实际数量  ┤ (4)=(1)-(2)   实际成本脱离标准成本差异
                       ├ 用量差异      (4)+(5)=(1)-(3)
(3) 标准价格×标准数量  ┘ (5)=(2)-(3)
```

图 8-1　成本差异计算的一般模式图

由于产品成本由直接材料、直接人工、制造费用三大成本项目组成，各个成本项目都具有单独的价格标准和用量标准，所以差异计算也分别以三个成本项目的价格差异和数量差异两部分来计算和分析。

8.2.7 成本差异的计算与分析

1. 直接材料成本差异计算及分析

1）直接材料价格差异的计算

直接材料价格差异是由于实际直接材料价格脱离标准价格而形成的差异，其计算公式为

$$直接材料价格差异=(实际价格-标准价格)\times 实际用量.$$

2）直接材料用量差异的计算

直接材料用量差异是由于实际材料用量脱离标准用量而形成的差异，其计算公式为

$$直接材料用量差异=(实际用量-标准用量)\times 标准价格.$$

综上所述，直接材料成本差异的计算公式为

$$直接材料成本总差异=直接材料价格差异+直接材料用量差异$$
$$=实际用量\times 实际单价-标准用量\times 标准单价.$$

【例8-5】某企业生产甲产品需用A材料。本期购入A材料3 500千克，实际耗用为3 000千克，其标准用量为2 900千克。A材料实际价格为26元/千克，标准价格为26.80元/千克。据以计算A材料的成本差异。

$$直接材料价格差异=3\,000\,千克\times(26-26.8)元/千克=-2\,400\,元(F)$$
$$直接材料用量差异=(3\,000-2\,900)千克\times 26.8\,元/千克=2\,680\,元(U)$$
$$直接材料成本差异合计=-2\,400\,元+2\,680\,元=280\,元(U)$$

3）直接材料成本差异分析

一般情况下，直接材料差异中的用量差异由制造车间负责分析，价格差异应由供应部门负责分析。

（1）直接材料价格差异的分析。

直接材料价格差异是由于进行材料采购时，实际支付的价款与标准支付金额之间的差额形成的。影响材料价格的因素是多方面的，如采购批量、交货方式、运输条件、材料质量和信用条件等。对于形成差异的具体原因需要做出具体分析。材料价格差异的形成通常有以下几种情况。

① 由于材料调拨价格变动或由于市场供求关系的变化引起价格的变动。

② 由于客户临时订货而增加的紧急采购，致使采购价格和运输费用上升。

③ 忽略了购货的折扣期而丧失了应有的购货优惠。

④ 订货数量未达到应有的经济订货量。

⑤ 运输安排不合理，中转期延长，增加了运输费用和途中损耗或由铁路运输改为空运，形成不必要的浪费。

⑥ 在保证质量的前提下，购入替代材料，降低了采购价格和采购费用。

⑦ 市场调查不充分，造成采购舍近求远，增加了材料运费。

供应部门专门负责对外采购生产需要的材料物资，以保证生产经营活动的正常需要。一般来说，供应部门对材料采购价格和采购费用是可以控制的，因此材料价格差异应由供应部门有关人员负责。但在分析材料价格差异时，应充分考虑到造成差异的原因以及这些因素的可控程度。例如，由于生产上的临时需要而进行的紧急订货，或由于客观因素造成的运输延误，不得不由铁路运输临时改为空运，因此而增加的采购费用属于不可控因素。在分析直接材料价格差异时，只有查明原因，才能真正分清责任归属，以便有针对性地采取措施加以改进，降低材料成本。

（2）直接材料用量差异的分析。

材料用量差异取决于实际用量与标准用量之间差异的性质和程度。材料用量差异的形成原因也是多方面的，例如，工人操作技术的熟练程度及工作的责任感、设备的完好程度、产品质量控制制度健全与否、材料的质量与规格等都会造成材料用量的差异。其形成原因通常有以下几个方面。

① 由于供货方未能保证材料质量而造成的浪费。
② 产品工艺变更，但材料用量标准未能及时变更。
③ 操作工人不重视合理、节约用料而造成损失。
④ 工人违反操作规程或机器出现故障而形成材料消耗超标。
⑤ 仓储部门保管不当，造成材料损坏变质。
⑥ 产品设计根据用户要求做出调整，但材料用量标准未作相应调整。
⑦ 更换机器设备使材料用量变更。
⑧ 由于新产品投产，工人操作技术不熟练等。

用量差异是在生产过程中产生的，因此一般应由生产部门有关人员负责。但因材料规格不符合要求或材料质量低劣而增加了废品，则应由采购部门负责。另外，由于仓促部门材料保管不当而形成的损失则应由仓储部门负责。所以在分析材料用量差异时，应根据具体差异形成的原因分清责任归属。

2. 直接人工成本差异计算及分析

直接人工差异也是由价格差异和用量差异两部分组成，通常直接人工价格差异被称做直接人工工资率差异，直接人工用量差异被称做直接人工效率差异。

1) 直接人工工资率差异的计算

直接人工工资率差异，也称直接人工价格差异。它是由于直接人工实际工资率水平与标准工资率不同而形成的差异。其计算公式为

$$直接人工工资率差异 = (实际工资率 - 标准工资率) \times 实际工时.$$

2) 直接人工效率差异的计算

直接人工效率差异是实际耗用的工时脱离标准工时而形成的差异。其计算公式为

$$直接人工效率差异 = (实际工时 - 标准工时) \times 标准工资率.$$

综上所述，则直接人工成本总差异的计算公式为

$$直接人工成本总差异 = 直接人工价格差异 + 直接人工用量差异$$
$$= 直接人工工资率差异 + 直接人工效率差异$$
$$= 实际工资率 \times 实际工时 - 标准工资率 \times 标准工时.$$

【例8-6】 某企业生产甲产品,实际工时为7 600小时,标准工时为7 200小时;实际工资率为每小时8元,标准工资率为每小时10元。据此计算直接人工成本差异。

$$直接人工工资率差异=(8-10)元/小时×7\ 600\ 小时=-15\ 200\ 元(F)$$
$$直接人工效率差异=10\ 元/小时×(7\ 600-7\ 200)小时=4\ 000\ 元(U)$$
$$直接人工成本差异合计=-15\ 200\ 元+4\ 000\ 元=-11\ 200\ 元(F)$$

3) 直接人工成本差异分析

通过计算确定了直接人工工资率差异和效率差异,对这两种差异产生的原因还需要作进一步的分析。

(1) 直接人工工资率差异分析。工资率差异产生的原因主要有以下几个方面。

① 工资制度和工资级别的调整。

② 工资计算方法的改变,计件工资改为计时工资。

③ 由于产品工艺过程和加工方法的改变而调整工种结构。

工资率差异的产生一般应由生产部门负责,但是在实际工作中往往会出现由于工作安排不当而形成工资率差异。例如,某岗位只需熟练工就能完成的工作却安排了技术工人,因而增加了成本。在分析差异产生的原因时,应从实际出发,分清责任的主次,除了生产部门以外,人事部门及其他部门也应承担一定的责任。

(2) 直接人工效率差异分析。直接人工效率差异的方向和大小取决于实际工时与标准工时之间差异的性质和程度。直接人工效率差异产生的主要原因有以下几个方面。

① 劳动生产率提高或降低。

② 产品工艺过程和加工方法的改变,未能及时调整工时标准。

③ 生产计划安排不合理,造成窝工。

④ 原材料供应不及时,造成停工待料。

⑤ 设备发生故障,停工停产。

⑥ 燃料动力供应中断,造成停工。

出现效率差异的责任一般由生产部门负责,但由于原材料供应不及时,燃料动力供应中断等问题则应由采购部门和动力部门等相关的责任部门负责。

3. 制造费用成本差异的计算与分析

制造费用成本差异是制造费用实际发生额和制造费用预算之间的差额,一般按变动性制造费用差异和固定性制造费用差异分别进行计算和分析。

1) 变动性制造费用成本差异的计算与分析

变动性制造费用差异,是指实际变动性制造费用和标准变动性制造费用之间的差额。它是由变动性制造费用耗费差异和变动性制造费用效率差异构成的。

(1) 变动性制造费用耗费差异的计算。变动性制造费用耗费差异,是指实际发生额脱离按实际工时计算的预算额而形成的差异。其计算公式为

$$变动性制造费用耗费差异=实际发生额-按实际工时计算的预算额$$
$$=实际工时×(变动性制造费用实际分配率-变动性制造费用标准分配率).$$

(2) 变动性制造费用效率差异的计算。变动性制造费用效率差异是指实际工时脱离标

准工时而形成的差异。其计算公式为

变动性制造费用效率差异=(实际工时-标准工时)×变动性制造费用标准分配率

变动性制造费用成本差异=变动性制造费用耗费差异+变动性制造费用效率差异.

【例8-7】 某企业生产甲产品。该产品单位标准机器台时为7小时/件,当期变动性制造费用预算额与实际执行结果如表8-5所示。

表8-5 资料表

	变动性制造费用	每机时标准耗费/元	机器台时数/小时		
预算额			7 700	8 400	9 800
	间接材料/元	0.80	6 160	6 720	7 840
	间接人工/元	0.70	5 390	5 880	6 860
实际完成	实际产量/件		1 100		
	实际台时/小时		8 800		
	间接材料耗费/元		8 160		
	间接人工耗费/元		6 800		

要求:根据以上资料确定变动性制造费用差异额。

变动性制造费用耗费差异=(8 160+6 800)元-(0.8+0.7)元/小时×8 800小时
=1 760(元)(U)

变动性制造费用效率差异=(1.5×8 800)元-(1.5×1 100×7)元
=1 650元(U)

变动性制造费用差异合计=1 760元+1 650元=3 410(元)(U)

(3) 变动性制造费用成本差异分析。

通过以上计算,确定了变动性制造费用成本差异额,对差异产生的具体原因还需要进一步分析。变动性制造费用耗费差异的产生,主要是由于有关各项费用的实际分配率与标准分配率不一致而引起的。实际分配率与标准分配率之间产生差异的原因比较复杂,其主要原因是由于间接材料、间接人工和其他有关间接费用的节约或超支造成的。

变动性制造费用耗费差异形成的原因主要有以下几个方面。

① 制定预算时考虑不周而使预算数额制定不准确。
② 间接材料价格变化。
③ 间接材料质量不合格而导致用量增加。
④ 间接人工工资率调整。
⑤ 间接人工人数调整。
⑥ 其他费用发生变化。

变动性制造费用耗费差异的责任归属应进行具体分析,如预算数额制定不准确、材料采购价格变化、间接人工工资率调整、其他费用控制不严等,应分别由财务部门、采购部门、人事部门、生产部门等承担责任,以明确责任归属。

变动性制造费用效率差异的产生是由于实际工时脱离了标准工时而产生的。制造费用效率差异产生的原因与直接人工效率差异产生的原因相同，不再赘述。

2）固定性制造费用成本差异的计算与分析

（1）固定性制造费用成本差异的计算。

固定性制造费用主要是同生产能力的形成及其正常维护相联系的，生产活动水平在一定范围内变动，并不会对它直接产生影响。因此，对于固定性制造费用，主要是按一定期间编制预算，在一定的相关范围内采用固定预算而不是弹性预算。根据固定性制造费用的特点，其差异包括效率差异、耗费差异和生产能力利用差异。其计算公式为

固定性制造费用耗费差异＝固定性制造费用实际总额－固定性制造费用预算总额

固定性制造费用效率差异＝固定性制造费用标准分配率×

（实际工时－实际产量应耗标准工时）

固定性制造费用生产能力利用差异＝固定性制造费用标准分配率×

（标准工时－实际工时）

三者的代数和即为固定性制造费用成本差异额。

【例 8-8】某企业生产甲产品，该产品单位标准机器台时为 7 小时/件，固定性制造费用分配率为 0.55 元/小时，当期固定性制造费用预算额与实际执行结果如表 8-6 所示。

表 8-6 资料表

预算额	机器台时数/小时	8 400
	管理人员工资/元	3 000
	固定资产折旧/元	1 000
	其他费用/元	620
	费用合计/元	4 620
实际数	实际产量/件	1 100
	实际台时/小时	8 800
	管理人员工资/元	3 600
	固定资产折旧/元	1 100
	其他费用/元	836

要求：根据以上资料计算固定性制造费用差异额。

固定性制造费用耗费差异＝(3 600+1 100+836)－0.55×8 400＝916(元)(U)

固定性制造费用效率差异＝0.55×(8 800－1 100×7)＝605(元)(U)

固定性制造费用生产能力利用差异＝0.55×(8 400－8 800)＝－220(元)(F)

固定性制造费用差异合计＝916－220+605＝1 301(元)(U)

（2）固定性制造费用成本差异分析。

确定了各项固定性制造费用的成本差异以后，对固定性制造费用成本差异产生的原因应根据具体情况进行分析。造成固定性制造费用耗费差异的主要原因有以下几个方面。

① 管理人员工资的变动。

② 固定资产折旧方法的改变。

③ 修理费开支数额的变化。

④ 租赁费、保险费等项费用的调整。
⑤ 水电费价格的调整。
⑥ 其他有关费用开支数额发生变化。

耗费差异责任应由有关的责任部门负责。例如，固定资产折旧费的变化应由财务部门负责；修理费开支变化应由设备维修部门负责；其他有关费用可根据实际情况确定责任归属。有些费用（如水电费调价等）属不可控因素，不应由某个部门来承担责任。

8.3 作业成本法

8.3.1 作业成本法的产生

传统成本计算方法，对制造费用的核算过于粗略，已经不能提供准确的成本信息，导致企业做出错误的决策、产生不当的内部激励行为，以致失去了许多修订经营决策、降低经营成本、提高产品竞争力的机会。因此，应结合企业实际情况，把成本核算与成本信息分析结合起来，为企业提供一个更为准确的方法。2013年，作业成本法被认可，通过建立作业中心核算产品成本。

1. 作业成本法的发展过程

1941年，美国会计学家科勒在《会计论坛》上首次公开提出了作业成本的思想，但由于会计行业极其特殊，不具有普遍性，另外核算思想也不系统，因此没有引起人们的广泛关注；1952年，科勒又在其著作《会计师词典》中进一步对该思想进行了系统阐述，但仅仅是个人观点；1988年，哈佛大学的青年学者罗宾·库伯和罗伯特·卡普兰合作，在《成本管理》杂志上先后发表多篇有关作业成本法专著，对作业成本法做了更为深入的阐述，并把这种成本计算方法简称为 ABC（Activity-Based Costing）。从此，ABC 风靡全世界并在理论上趋于成熟。

2. 作业成本法产生的必然性

（1）产品成本构成内容的变化促使作业成本法产生。

生产的自动化程度和技术装备水平不断提高，产品成本中直接人工成本的比重大幅下降，而制造费用的比重不断上升。以往制造费用仅为直接人工成本的50%～60%，而现在制造费用可能为直接人工成本的400%～500%；以往直接人工成本占产品成本的40%～50%，而现在直接人工成本的比重下降为不到10%，甚至更低。这要求改变传统成本会计以人工费用为标准分配制造费用的方法，采用更为恰当的成本计算方法。

（2）完全成本法的复兴促使作业成本法的产生。

作业成本法运用成本动因来解释成本性态，将成本划分为随产品产量变动而变动的短期变动成本、随作业的变动而变动的长期变动成本和固定成本三类。管理当局可考虑短期变动成本和长期变动成本的数量，提高决策的科学性。

（3）决策相关性的要求促使作业成本法产生。

以作业为立足点，通过分析作业间的链接关系，将那些原本与产量无关但与作业动因相关的固定成本,转变成决策中的相关成本,可提高成本决策的正确性、科学性。

8.3.2 作业成本法的相关概念

作业成本法(Activity-Based Costing),是指以"作业消耗资源、产出消耗作业"为原则,将间接成本和辅助费用更准确地分配到产品和服务的一种成本计算方法。在计算产品成本时,首先按经营活动发生的各项作业归集成本,计算作业成本;然后再按各项作业与成本对象之间的因果关系,将作业成本分配到成本对象,最终完成成本计算过程。作业成本法的核心概念主要包括作业、成本动因、作业价值链。

1. 作业

作业是企业为提供一定数量的产品或劳务而消耗人力、物力、技术、智能等资源的活动。作业是一种资源的投入和另一种效果产出的过程,贯穿于经营的全过程,可以采用一定的计量标准进行计量。

2. 成本动因

成本动因是引起一项活动的成本发生变化的原因,成本动因或多或少的置于企业控制之下,它们可以结合起来决定一种既定活动的成本。成本动因是作业成本控制的核心范畴,它主要包括以下两种形式:① 资源动因(resource driver),它是指资源被各作业消耗的方式和原因,它反映了作业对资源的消耗情况,是把资源成本分配到各作业中心的依据。作业量的多少决定了资源的耗用量,资源耗用量的高低与最终的产出量没有直接的关系,这种资源耗用量与作业量的关系一般被称为资源动因。② 作业动因(activity driver),是将各作业中心的成本分配到产品或劳务中去的标准,也是作业耗费与最终产出相互沟通的中介。在一定程度上,产出量的多少决定着作业的耗用量,这种作业耗用量与产出量之间的关系即是作业动因。

3. 作业价值链

作业价值链是指企业为了满足顾客需要而建立的一系列有序的作业及其价值的集合体。企业各项生产经营活动的过程同时也是价值的形成过程。价值链是分析企业竞争优势的根本,它紧密地与服务于顾客需求的"作业链"相关联,每一项作业都消耗一定的资源,同时又有一定的价值量产生转移到下一作业,直到顾客,作业的转移随着价值的转移,最终产品是全部作业的价值集合,对产业内不同企业的价值链进行分析,就可提示竞争优势的差异之所在,以便在竞争中采用恰当的成本控制策略。

8.3.3 作业成本法的计算

作业成本法在计算产品成本时,将着眼点从传统的"产品"转移到"作业"上,以作业为核算对象,首先根据作业对资源的消耗情况将资源的成本分配到作业中,再由作业依成本动因追踪到产品成本的形成和积累过程,由此得出最终产品成本。

根据作业成本法计算的基本思想,作业成本法的计算过程可归纳为以下几个步骤。

(1) 直接成本费用的归集。

直接成本包括直接材料、直接人工及其他直接费用，其计算方法与传统的成本计算方法一样。

(2) 作业的鉴定。

在企业采用作业成本核算系统之前，首先要分析确定构成企业作业链的具体作业，这些作业受业务量而不是产出量的影响。作业的确定是作业成本信息系统成功运行的前提条件。作业的鉴定与划分是设计作业成本核算系统的难点与重点，作业划分得当，能确保作业成本信息系统的正确度与可操作性。

(3) 成本库费用的归集。

在确定了企业的作业划分之后，就需要以作业为对象，根据作业消耗资源的情况，归集各作业发生的各种费用，并把每个作业发生的费用集合分别列作一个成本库。

(4) 成本动因的确定。

成本动因即引起成本发生的因素。为各成本库确定合适的成本动因，是作业成本法成本库费用分配的关键。这一步的关键就在于为每一成本库选择一个与成本库费用存在强线性关系的成本动因。

(5) 成本动因费率计算。

成本动因费率是指单位成本动因所引起的制造费用的数量。成本动因费率的计算用下式表示：

$$成本动因费率 = 成本库费用/成本库成本动因总量.$$

即 $R = C/D$，其中 R——成本库的成本动因费率；C——成本库的费用；D——成本库的成本动因总量。

(6) 成本库费用的分配。

计算出成本动因费率后，根据各产品消耗各成本库的成本动因数量进行成本库费用的分配，每种产品从各成本库中分配所得的费用之和，即为每种产品的费用分配额。

(7) 产品成本的计算。

生产产品的总成本，即生产产品所发生的直接成本与制造费用之和。即：

$$总成本 = 直接材料 + 直接人工 + 制造费用.$$

【例 8-9】某企业生产 A、B 两种产品，有关资料如下：

(1) A、B 两种产品的基本资料如表 8-7 所示。

表 8-7　A、B 产品基本资料

产品名称	年产量/件	单位产品机器工时/小时	直接材料单位成/元	直接人工单位/元
A	20 000	4	50	20
B	4 000	5	25	20

(2) 企业每年发生制造费用总额为 720 000 元。A、B 两种产品的复杂程度不一样，所耗用的作业量也不一样。依据作业动因设置五个成本库。A、B 产品作业成本资料如表 8-8 所示。

表 8-8　A、B 产品作业成本资料

作业名称	成本动因	作业成本/元	作业动因数		
			A 产品	B 产品	合计
机器调整	调整次数	200 000	5 000	3 000	8 000
质量检验	检验次数	120 000	3 000	3 000	6 000
订单处理	订单份数	80 000	200	600	800
设备维修	维修次数	200 000	100	300	400
材料验收	验收次数	120 000	100	200	300
合计	—	720 000	—	—	—

要求：分别用作业成本法与传统成本法计算上述两种产品的单位成本。

第一步，计算各项作业的成本动因分配率，如表 8-9 所示。

表 8-9　成本动因分配率

作业名称	成本动因	作业成本/元	作业动因数			分配率
			A 产品	B 产品	合计	
机器调整	调整次数	200 000	5 000	3 000	8 000	25
质量检验	检验次数	120 000	3 000	3 000	6 000	20
订单处理	订单份数	80 000	200	600	800	100
设备维修	维修次数	200 000	100	300	400	500
材料验收	验收次数	120 000	100	200	300	400
合计	—	720 000	—	—	—	—

第二步，计算作业成本法下两种产品的制造费用，计算结果如表 8-10 所示。

表 8-10　A、B 产品的制造费用

作业名称	作业成本/元	作业动因数		分配率	分配的制造费用	
		A 产品	B 产品		A 产品	B 产品
机器调整	200 000	5 000	3 000	25	125 000	75 000
质量检验	120 000	3 000	3 000	20	60 000	60 000
订单处理	80 000	200	600	100	20 000	60 000
设备维修	200 000	100	300	500	50 000	150 000
材料验收	120 000	100	200	400	40 000	80 000
合计	720 000	—	—		295 000	425 000

第三步，传统成本计算法计算结果如下：

A、B 两种产品的机器工时分别为 80 000 小时（20 000×4）和 20 000 小时（4 000×5），

制造费用总额为720 000元。

制造费用分配率=720 000/（80 000+20 000）=7.2（元/小时）
A产品制造费用=80 000×7.2=576 000（元）
B产品制造费用=20 000×7.2=144 000（元）

最后一步，比较两种成本计算法下制造费用分配的结果，如表8-11所示。

表8-11　两种成本计算法下制造费用对照表　　　　　　　　　　　　　　元

项　目	A产品（产量20 000件）				B产品（产量20 000件）			
	总成本		单位成本		总成本		单位成本	
	传统	作业	传统	作业	传统	作业	传统	作业
直接材料	1 000 000	1 000 000	50	50	100 000	100 000	25	25
直接人工	400 000	400 000	20	20	80 000	80 000	20	20
制造费用	576 000	295 000	28.8	14.75	144 000	425 000	36	106.25
合计	1 976 000	1 695 000	98.8	84.75	324 000	605 000	81	151.25

上述结果表明，在传统成本法下分摊制造费用采用机器工时标准，A产品的产量高所以分摊的制造费用金额就更大。在作业成本法下，制造费用的分摊根据多种作业动因分配，B产品的产量虽然不大，但生产过程作业难度较高，所以按照作业动因进行成本分摊反而分得较多的制造费用。这种分配方法更精细，计算出的产品成本更准确，更有利于企业做出正确决策。通过计算可以得出，传统成本法下A产品的单位成本为98.8元，B产品的单位成本为81元，单位成本相差不大；但在作业成本法下，A产品的单位成本为84.75元，B产品的单位成本为151.25元，B产品成本远远大于A产品成本。

8.4　目标成本法

目标成本法是日本制造业创立的成本管理方法，目标成本法以给定的竞争价格为基础决定产品的成本，以保证实现预期的利润。即首先确定客户会为产品、服务付多少钱，然后再回过头来设计能够产生期望利润水平的产品、服务和运营流程。

8.4.1　目标成本法概述

1. 目标成本法的概念

目标成本法或称目标成本管理，是现代企业成本管理的一种重要方法。目标成本法起源于日本，在日本被发扬光大后流传到各国，这种方法使生产成本大幅降低，无形之中提升了利润空间。原因在于，第一企业在全球化竞争环境中，竞争者之间的产品质量差异正在逐渐缩小，企业对产品市场价格的影响能力越来越有限，为了实现预期的利润，必须从成本入手；第二市场已由"卖方市场"向"买方市场"转变，这意味着生产什么、生产多少、卖多少钱都由消费者说了算,企业可以做的就是当价格、产品品种和数量都定下来后,为了实现预期利润,必须进行有效的成本控制;第三是产品生命周期,它缩短了给企业管理者预留的事后控制和调整成本的时间,从产生成本的原因上看,往往在产品生命周期早期的设计阶段,产品的价值和属性就已经将大量的成本固化,这给制定目标成本提供了条件,即不需要等到产品投入生产和销售,就可以预测成本和利润,也可以根据市场和用户的需求,调控成本。

目标成本法是指企业以市场为导向,以目标售价和目标利润为基础确定产品的目标成本。从产品设计阶段开始,通过各部门、各环节乃至与供应商的通力合作,共同实现目标成本的一种方法。例如,某产品的竞争性市场价格为100元,企业需要达到15%的利润率才能生存下来,那么该产品的目标成本为85元(100-100×15%)。竞争性市场价格取决于市场竞争情况,而必要利润率则由企业根据收益期望自主确定。

2. 目标成本法的适用范围及特点

目标成本法一般适用于企业拟开发的新产品或功能与设计存在较大弹性空间、产销量较大且处于亏损状态或者盈利水平较低、对企业经营业绩具有重大影响的老产品。

目标成本法的优点:① 突出从原材料到产品出货全过程的成本管理,有助于提高成本管理的效率和效果;② 强调产品生命周期成本的全过程和全员管理,有助于提高客户价值和产品市场竞争力;③ 谋求成本规划和利润规划活动的有机统一,有助于提高产品的综合竞争力。

目标成本法的缺点:目标成本法的运用要求和管理水平要求相对较高,不仅要具有各方面所需的人才,更需要各有关部门和人员的通力合作。

8.4.2 目标成本实施程序与实施原则

1. 以市场为导向设定目标成本

(1) 根据新品计划和目标售价编制新品开发提案。一般新品上市前就要正式开始目标成本规划,每种新品设一名负责产品开发的经理,以产品开发经理为中心,对产品计划构想加以推敲。编制新品开发提案,内容包括新品样式规格、开发计划、目标售价及预计销量等。

(2) 采用超部门团队方式,利用价值工程寻求最佳产品设计组合。将目标成本嵌入产品设计、工程、外购材料等的过程控制之中,以使产品设计等符合目标成本要求。

(3) 将设计完的产品生产方案投入生产制造环节,并通过制造环节的"持续改善策略",进一步降低产品制造成本。

2. 目标成本管理的实施细则

(1) 价格引导的成本管理。

目标成本管理体系通过竞争性的市场价格减去期望利润来确定成本目标,价格通常由市场上的竞争情况决定,而目标利润则由公司及其所在行业的财务状况决定。

(2) 关注顾客。

目标成本管理体系由市场驱动。顾客对质量、成本、时间的要求在产品及流程设计决策中应同时考虑,并以此引导成本分析。

(3) 关注产品与流程设计。

在设计阶段投入更多的时间,消除那些昂贵而又费时的暂时不必要的改动,可以缩短产品投放市场的时间。

(4) 跨职能合作。

目标成本管理体系下,产品与流程团队由来自各个职能部门的成员组成,包括设计与制造部门、生产部门、销售部门、原材料采购部门、成本会计部门等。跨职能团队要对整个产品负责,相互配合而不仅仅是各司其职。

(5) 生命周期成本削减。

目标成本管理关注产品整个生命周期的成本,包括购买价格、使用成本、维护与修理成本以及处置成本。它的目标是生产者和联合双方的产品生命周期成本最小化。

(6) 价值链参与。

目标成本管理过程有赖于价值链上全部成员的参与,包括供应商、批发商、零售商以及服务提供商。

8.4.3 目标成本法的计算

1. 目标成本法计算公式

"目标成本"是基于产品的竞争性市场价格,在满足企业从该产品中取得必要利润情况下所确定的产品或服务的最高期望成本,即:

产品成本目标=产品竞争性市场价格-产品的必要利润.

产品竞争性市场价格设定应考虑客户要求、可接受产品的价值,产品的必要利润设定应综合考虑利润预期、历史数据、竞争地位分析等因素。

【例8-10】某新都家居公司由于管理和技术落后,产品研发能力较弱,其生产出同类产品成本比其他企业整整高了60%~90%,新都家居公司效益较差,遇到生存危机。新都家居公司决定对新产品小猪佩奇杯子进行目标成本管理。根据新都家居公司的5年发展规划,通过对各种情况的综合考量,小猪佩奇杯子的目标零售价定在25元/个,批发价定在10元/个,目标利润率定为15%。试确定小猪佩奇杯子的产品成本目标。

$$产品成本目标=产品竞争性市场价格-产品的必要利润$$
$$=10\times(1-15\%)$$
$$=8.5(元)$$

2. 确定可实现的目标成本

产品成本目标确定后,企业将产品成本与新产品设计成本或老产品当前成本进行比较,确定差异及成因,设定可实现的目标成本。可从改进产品设计、改进生产工艺、寻找替代材料等,也可使用先进生产设备,提高工人劳动生产率等。

【例8-11】续【例8-10】,部件成本由供应商决定,工艺过程由产品设计决定的,小猪佩奇杯子由盖子、杯身、杯把及杯底组成,与现存的高档杯子是一样的。现有高档杯子部件成本及加工成本为7元/个。根据有关资料,对小猪佩奇杯子进行估算,得出部件成本及加工成本如表 8-12 所示。

表 8-12 部件成本及加工成本

部件及加工成本	小猪佩奇杯子	高档杯子
盖子	2	1.6
杯身	4.2	3
杯把	1.5	0.6
杯底	2.5	1.8
合计	10.2	7

通过比较发现，使用当前设计和生产技术制造的成本高于产品目标成本，为了使得产品的成本达到产品的可实现目标成本，必须在产品目标的基础上降低 1.7 元。

公司采用的降低成本手段：公司采用新型方法，可使得加工成本减少 1.2 元，其中 0.5 元属于人工成本的减少，通过与供应商建立战略伙伴关系，使得部分零件成本降低 0.5 元。至此，小猪佩奇杯子目标成本达到 8.5 元。由此可见，由于采用了目标成本法控制了产品的成本。

在现实生活中，分解目标成本有很多种方式，每个分解方式都有其不同的特点和优势，同时也存在一些不足和局限性。所以，每个企业在选择分解企业目标成本的方法时，必须结合企业的发展状况和企业的竞争地位，科学地对企业的目标成本进行了解，最大限度地降低目标成本，使企业的经营效益达到最大化。

本 章 小 结

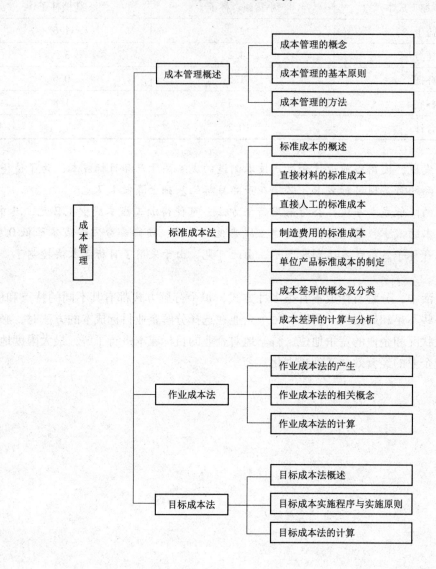

同 步 测 试

一、单项选择题

1. 在成本管理中能起积极控制作用的成本是（   ）。
   A. 历史成本   B. 标准成本   C. 重置成本   D. 变动成本

2. 直接材料价格差异是根据实际数量与价格脱离标准的差额计算的，其中实际数量是指材料的（   ）。
   A. 入库数量   B. 领用数量   C. 耗用数量   D. 采购数量

3. 某公司生产甲产品 300 件，实际耗用总工时 200 小时，标准总工时 180 小时，标准工资率为 1 元/小时，实际工资率为 0.8 元/小时，则工资率差异为（   ）元。
   A. -40   B. 40   C. 20   D. 36

4. 固定制造费用的实际金额与固定制造费用预算金额之间的差异称为（   ）。
   A. 闲置差异   B. 效率差异   C. 能量差异   D. 耗费差异

5. 无论是哪个成本项目，在制定标准成本时，都需要分别确定两个标准，两者相乘即每一成本项目的标准成本，这两个标准是（   ）。
   A. 价格标准和用量标准   B. 历史标准和质量标准
   C. 价格标准和质量标准   D. 历史标准和用量标准

6. 作业成本计算法下首要确认作业中心，将（   ）归集到各作业中心。
   A. 资源耗费的价值   B. 直接材料
   C. 价值管理工作   D. 直接人工

7. 某公司生产产品，实际工时为 8 000 小时，标准工时为 7 500 小时；实际工资率为 10 元/小时，标准工资率为 12 元/小时，直接人工成本差异（   ）元。
   A. 16 000   B. 10 000   C. -10 000   D. 15 000

8. 下列关于传统的成本计算和作业成本法的说法中，不正确的是（   ）。
   A. 在传统的成本计算方法下，可能会产生误导决策的成本信息
   B. 在作业成本法下，所有的成本都要按照成本动因分配
   C. 在传统的成本计算方法下，将固定成本分摊给不同产品，可能会刺激经理人员过度生产
   D. 在作业成本法下，直接成本的范围比传统成本计算的要大

9. 某企业采用作业成本法计算产品成本，每批产品生产前需进行机器调试。对调试中心进行成本分配时，最适合采用的作业成本动因是（   ）。
   A. 产品品种   B. 每批产品数量   C. 产品数量   D. 产品批次

10. 一般来说，直接材料价格差异由（   ）负责。
    A. 生产部门   B. 采购部门   C. 会计部门   D. 供应部门

11. 固定性制造费用生产能力利用差异是（   ）。
    A. 实际产量实际费用-预算产量标准费用

B. 标准分配率×（预算产量标准工时-实际产量实际工时）

C. 标准分配率×（实际产量实际工时-实际产量标准工时）

D. 标准分配率×（预算产量标准工时-实际产量标准工时）

12. 计算价格差异要以（　　）为基础。

A. 标准数量　　　　B. 标准价格　　　　C. 实际数量　　　　D. 实际价格

13. 由于生产安排不当、计划错误、调度失误造成的损失，应由（　　）负责。

A. 财务部门　　　　B. 劳动部门　　　　C. 采购部门　　　　D. 生产部门

14. 采用作业成本法的公司一般应具备的条件不包括（　　）。

A. 产品多样性程度高　　　　　　　　B. 面临的竞争激烈

C. 规模比较小　　　　　　　　　　　D. 制造费用在产品成本中占有较大比重

15. 目标成本法的优点（　　）。

A. 有助于提升产品的综合竞争力　　　B. 便于成本控制

C. 便于简化计算　　　　　　　　　　D. 便于制定计划和预算

二、多项选择题

1. 下列各项中，能够造成变动制造费用差异的有（　　）。

A. 间接人工人数增加　　　　　　　　B. 直接人工工资调整

C. 间接材料价格变化　　　　　　　　D. 间接人工工资调整

2. 采用三差异分析法，可将固定制造费用成本差异分解为（　　）。

A. 耗费差异　　　　B. 产量差异　　　　C. 效率差异　　　　D. 能量差异

3. 下列各项中，导致材料价格产生差异的原因有（　　）。

A. 订货数量未达到应有的经济订货量

B. 因临时紧急进货，使买价和运输费上升

C. 材料质量差，废料过多

D. 材料调拨价格或市场价格发生变动

4. 下列各项原因中，属于直接人工工资率差异形成的原因有（　　）。

A. 企业工资的调整、工资等级的变更　　　B. 奖金和津贴的变更

C. 新工人上岗太多　　　　　　　　　　　D. 生产计划安排不当

5. 作业成本法将成本分配到成本对象的形式有（　　）。

A. 资源动因分配　　　　　　　　　　B. 作业动因分配

C. 追溯　　　　　　　　　　　　　　D. 分摊

6. 下列各项中，属于作业成本法特点的有（　　）。

A. 成本计算分为两个阶段

B. 成本分配强调因果关系

C. 成本分配使用众多不同层面的资源动因

D. 成本分配使用众多不同层面的成本动因

7. 成本管理应遵循（　　）。

A. 融合性原则　　　　　　　　　　　B. 适应性原则

C. 成本效益性原则　　　　　　　　　D. 重要性原则

8. 产品标准成本一般包括（   ）。
   A. 直接材料成本　　B. 直接人工成本　　C. 制造费用成本　　D. 管理费用成本
   E. 销售费用成本
9. 制定正常标准成本时，直接材料价格标准应包括（   ）。
   A. 运输费　　　　　　　　　　　　　B. 仓储费
   C. 入库检验费　　　　　　　　　　　D. 运输途中的合理损耗
10. 下列各项中，属于价格差异的有（   ）。
    A. 工资率差异　　　　　　　　　　　B. 人工效率差异
    C. 变动制造费用耗费差异　　　　　　D. 变动制造费用效率差异
11. 下列各项中，属于形成直接材料数量差异原因的有（   ）。
    A. 采购时舍近求远使损耗增加　　　　B. 操作疏忽
    C. 未按经济采购批量进货　　　　　　D. 机器或工具不适用
12. 企业采用成本管理工具方法，一般按照（   ）等程序进行。
    A. 事前管理　　B. 事中管理　　C. 事后管理　　D. 绩效管理

实 训 项 目

【实训一】

（一）目的：练习直接材料成本差异的计算与分析。

（二）资料：

某公司生产销售甲产品，本月购入 A 材料 5 000 千克，实际耗用 3 500 千克，标准用量为 3 300 千克。A 材料实际价格为 40 元/千克，标准价格为 42 元/千克。

（三）要求：对直接材料进行成本差异计算与分析。

【实训二】

（一）目的：练习直接人工成本差异的计算与分析。

（二）资料：

某公司生产甲产品，实际工时为 5 000 小时，标准工时为 5 500 小时，实际工资率为 10 元/小时，标准工资率为 12 元/小时。

（三）要求：对直接人工成本进行差异计算与分析。

【实训三】

（一）目的：练习制造费用差异的计算与分析。

（二）资料：

甲产品变动制造费用分配率标准为4元/小时，工时标准为2小时/件。假定企业本月实际生产甲产品5 000件，用工9 000小时，实际发生变动制造费用37 800元。

（三）要求：对制造费用进行差异计算与分析。

【实训四】

（一）目的：练习固定性制造费用效率差异。

（二）资料：

某公司生产单一产品，实行标准成本管理，每件产品的标准工时为3小时，固定性制造费用分配率为2元/小时，企业生产能力为每月生产产品400件。12月公司实际生产产品350件，发生固定制造费用2 250元，实际工时为1 100小时。

（三）要求：计算固定性制造费用效率差异。

【实训五】

（一）目的：练习作业成本法的计算。

（二）资料：

某制造厂生产甲、乙两种产品，有关资料如表8-13所示。

表8-13 生产甲、乙两种产品有关资料

产品名称	产量/件	直接材料单位产品成本	直接人工单位产品成本
甲	100	50	40
乙	200	80	30

本月发生的制造费用总额为50 000元，与制造费用发生相关的作业有4个，有关资料如表8-14所示。

表8-14 资料表

作业名称	作业动因	制造费用/元	甲产品耗用作业量	乙产品耗用作业量
质量检验	检验次数	4 000	5	15
订单处理	生产订单份数	4 000	30	10
机器运行	机器小时数	40 000	200	800
设备调整准备	调整准备次数	2 000	6	4

（三）要求：

（1）用作业成本法分配制造费用并计算甲、乙两种产品的单位成本。

（2）以机器小时作为制造费用的分配标准，采用传统成本计算法计算甲、乙两种产品的单位成本。

思考与练习

(1) 成本管理的概念及原则?
(2) 什么是标准成本? 有哪些类型? 计算方法?
(3) 什么是作业成本法以及计算方法?
(4) 什么是目标成本法以及计算方法?
(5) 如何制定下列成本项目的标准成本?
① 直接材料的标准成本。② 直接人工的标准成本。③ 制造费用的标准成本。
(6) 如何进行成本差异分析?
(7) 传统成本法和作业成本法的区别?

第 9 章

存货控制

> ▶ 知识目标
> （1）掌握存货控制的相关成本概念。理解并掌握存货控制的一般方法。
> （2）掌握不同情况下经济批量法的确定。
> （3）掌握 ABC 分类控制法。明确实施 ABC 分类控制法的基本步骤。
>
> ▶ 技能目标
> （1）能运用经济批量法的基本原理，在企业不允许缺货的情况下对经济进货批量进行确定。
> （2）能运用 ABC 分类控制法的基本原理，对企业各类存货实施日常控制。

9.1 存货控制概述

存货是指企业在生产经营过程中为销售或者耗用而储备的物资，包括原材料、在产品、半成品、产成品、商品等。存货管理水平的高低直接影响着企业的生产经营能否顺利进行，并最终影响企业的收益、风险等状况，因此存货管理是财务管理的一项重要内容。

9.1.1 存货控制的目标

存货控制的目标，就是在保证生产或销售经营需要的前提下降低存货成本。具体包括以下几个方面。

1. 保证生产正常进行

生产过程中需要的原材料和在产品，是生产的物质保证。为保障生产的正常进行，必须储备一定量的原材料，否则可能会造成生产中断、停工待料现象。

2. 有利于销售

一定数量的存货储备能够增加企业在生产和销售方面的机动性和适应市场变化的能力。当企业市场需求量增加时，若产品储备不足就有可能失去销售良机，保持一定量的存货是有利于市场销售的。

3. 便于维持均衡生产，降低产品成本

有些产品属于季节性产品或者需求波动较大的产品，为了降低生产成本，实现均衡生

产，就要储备一定的产成品存货，并相应地保持一定的原材料存货。

4. 降低存货取得成本

一般情况下，当企业进行采购时，进货总成本与采购物资的单价和采购次数有密切关系。企业通过大批量集中进货，既可以享受价格折扣，降低购置成本，也因减少订货次数，降低了订货成本，使总进货成本降低。

5. 防止意外事件的发生

企业在采购、运输、生产和销售过程中，都可能发生意料之外的事故，保持必要的存货储备，可以避免和减少意外事件的损失。

9.1.2 存货控制的相关成本概念

企业保持一定数量的存货，就必然会付出一定的代价，即存货成本。存货成本一般包括下列三项。

1. 取得成本

存货的取得成本是指取得某种存货而发生的成本费用，通常用 TC_a 来表示。主要由存货的订货成本和购置成本两个方面构成。

（1）订货成本。订货成本是指企业为订单而支付的费用。其中一部分与订货次数有关，如差旅费、邮资、电报电话费等与订货次数成正比例，这类变动性订货费用属于决策的相关成本，每一次订货的变动成本用 K 表示，订货次数等于存货年需要量 D 与每一次进货量 Q 之间的商；另一部分与订货次数无关，如专设采购机构的基本开支等，这类称订货的固定成本，用 F_1 表示。订货成本的计算公式为

$$订货成本 = F_1 + (D/Q) \times K$$

（2）购置成本。又称采购成本，是每次采购进货所支付的款项，一般包括买价、运杂费。购置成本一般与采购数量成正比例变化，它等于年需要量 D 与单价 U 的乘积。

订货成本加上购置成本，就等于存货的取得成本。其公式可表达为

取得成本 = 订货成本 + 购置成本

$$TC_a = F_1 + (D/Q)K + DU$$

2. 储存成本

储存成本指为保持存货而发生的成本，通常用 TC_c 来表示，分为变动储存成本和固定储存成本。固定储存成本包括仓库折旧、仓库职工的固定工资等，常用 F_2 表示。变动储存成本包括存货资金的应计利息、存货的破损和变质损失、存货的保险费用等，单位变动储存成本用 K_c 表示，其公式可表达为

储存成本 = 固定储存成本 + 变动储存成本

$$TC_c = F_2 + K_c \times Q/2$$

3. 缺货成本

缺货成本是指由于材料供应中断造成的停工损失、产成品库存缺货造成的拖欠发货损失和丧失销售机会的损失及造成的商誉损失等，通常用 TC_s 表示。如果生产企业以紧急采购代用材料解决库存材料中断之急，那么缺货成本表现为紧急额外购入成本。

如果以 TC 来表示储存存货的总成本，它的计算公式为

$$TC = TC_a + TC_c + TC_s = F_1 + (D/Q)K + DU + F_2 + K_c(Q/2) + TC_s$$

9.1.3 存货控制的一般方法

存货控制涉及的内容是多方面的，诸如决定订货项目、选择供应单位、决定订货时间、决定订货的批量等。企业存货控制要做的主要工作是决定订货时间和订货数量，从而有效地控制存货的数量。以下介绍三种存货控制的一般方法。

1. 定量订货控制

定量订货控制是以固定的再订货点和经济订货量为基础，组织订货及控制存货的一种存货管理方法。其做法是：在仓库保管的各种存货上挂上带有编号的标签，当存货付出时，将标签取下，并登记仓库的保管账，通过该账来掌握每种存货的实际数量。为正确地把握每种存货的订货时间和每次订货数量，在仓库保管账上必须说明该种存货的"再订货点"和"经济订货量"，以便在实际存货降到再订货点时立即按经济订货量来安排订货。

2. 定期订货控制

定期订货控制是按固定的订货周期，按时盘点存货，以存货的每次实际库存量与预定最高库存量之间的差额作为每次订货数量的一种存货控制方法。在定期订货控制法下，每次订货数量可按照以下计算求得：

订货量＝(供应间隔期＋交货期)×平均每日需要量＋
安全储备量－(实际存货量＋未达订货余数)．

上式中的实际存货量是指订货时的实际库存水平；未达订货余数是指在本期订货时，尚未到达的以往订货量。此法中，安全储备量一般大于定量订货控制法下的安全储备量，因为在此法下，安全储备量不仅要应付采购期间和订购期间内的需要量的增加，而且还要应付因交货期发生延误而造成的缺货。

3. ABC 分类控制

ABC 分类控制法是一种突出重点、兼顾一般的存货控制方法。其特点是将存货的各个品种，按它的全年需要量、占有资金数量的多少划分为 A、B、C 三类，并对各类存货实行不同的控制方法。

本章主要对经济批量法和 ABC 分类控制法作相关介绍。

9.2 经济批量法

存货的决策涉及四项内容：决定进货项目、选择供应单位、决定进货时间和决定进货批量。按照存货管理的目的，需要通过合理的进货批量和进货时间，使存货的总成本最低，这个批量就是经济订货量或经济批量，主要采取经济订货模型加以计算。

下面分别介绍不允许缺货且无数量折扣情况下、不允许缺货但有数量折扣情况下如何确定经济订货批量。

9.2.1 不允许缺货且无数量折扣情况下经济订货批量的确定

不允许缺货且无数量折扣情况下确定的订货批量,也就是基本经济订货批量。经济订货基本模型是建立在一系列假设基础上的。这些假设包括:存货总需求量是已知常数;订货提前期是常数;货物是一次性入库;单位货物成本为常数,无批量折扣;库存储存成本与库存水平呈线性关系;货物是一种独立需求的物品,不受其他货物影响;不允许缺货,即无缺货成本。

此时与存货订购批量、批次直接相关的就只有订货费用和储存成本两项。这样,订货费用与储存成本总和最低水平下的订货批量,就是经济订货批量。其计算公式为

经济订货批量:
$$EOQ = \sqrt{\frac{2KD}{K_c}}$$

与批量相关的存货相关总成本=变动订货成本+变动储存成本

$$TC = K \times D/Q + Q/2 \times K_c$$

最小相关总成本 $TC = \sqrt{2KDK_c}$

式中,EOQ——经济订货批量;

Q——每一次进货量;

K——每一次订货的变动成本;

D——某种存货年度计划订货总量;

K_c——单位存货年度储存成本;

U——单位采购成本。

【例9-1】A公司全年需消耗丙材料18 000千克,该材料的采购成本为20元/千克,储存成本为6元/千克,平均每次订货费用为60元,则

$$经济订货批量 = \sqrt{2 \times 18\,000 \times 60/6} = 600\,(千克)$$

$$经济订货批量的存货总成本 = \sqrt{2 \times 18\,000 \times 60 \times 6} = 3\,600\,(元)$$

$$经济订货批了的评价占用资金 = 600 \times 20/2 = 6\,000\,(元)$$

$$年度最佳订货批次 = 18\,000/600 = 30\,(次)$$

上述计算表明,当订货批量为600千克时,订货费用与储存成本总额最低。

但在实际工作中,通常还存在着数量优惠(即商业折扣或称价格折扣)以及允许一定程度的缺货等情形,企业必须同时结合价格折扣及缺货成本等不同的情况具体分析,灵活运用经济订货批量基本模式。

9.2.2 不允许缺货但有数量折扣情况下经济订货批量的确定

不允许缺货但有数量折扣情况下的经济订货批量,就是实行数量折扣的经济订货批量模式。为了鼓励客户购买更多的商品,销售企业通常会给予不同程度的价格优惠,即实行数量

折扣或称价格折扣。购买越多,所获得的价格优惠越多。此时,订货企业对经济订货批量的确定,除了考虑订货费用与储存成本外,还应考虑存货的购置成本,因为此时的存货购置成本已经与订货数量的多少有了直接的联系,属于决策的相关成本。

计算的基本步骤为:首先按照基本模式确定出无数量折扣情况下的经济订货批量及其总成本,然后考虑不同批量的定价成本差异因素,并通过比较,确定出成本总额最低的订货批量。

【例9-2】大华公司丙材料的年需要量为18 000千克,每千克标准进价为20元。销售企业规定:客户每批购买量不足1 000千克的(不含1 000千克),按照标准价格计算;每批购买量在1 000千克以上,3 000千克以下的(不含3 000千克),价格优惠3%;每批购买量在3 000千克以上的,价格优惠4%。已知每批订货费用60元,单位材料的年储存成本6元。计算经济订货批量。

在没有数量折扣(即订货批量1 000千克以下)时的经济订货批量和存货成本总额:

$$经济订货批量 = \sqrt{2 \times 18\,000 \times 60/6} = 600 \text{(千克)}$$

$$存货成本总额 = 18\,000 \times 20 + 18\,000/600 \times 60 + 600/2 \times 6$$
$$= 360\,000 + 1\,800 + 1\,800$$
$$= 363\,600 \text{(元)}$$

订货批量在1 000~2 999千克,可以享受3%的价格优惠。在此范围内,购置成本总额是相同的,逐项计算可发现,越是接近价格优惠的订货批量,成本总额就越低。所以,在可享受3%的价格优惠的批量范围内,成本总额最低批量是1 000千克,其成本总额计算如下:

$$存货成本总额 = 18\,000 \times 20 \times (1-3\%) + 18\,000/1\,000 \times 60 + 1\,000/2 \times 6$$
$$= 349\,200 + 1\,080 + 3\,000 = 353\,280 \text{(元)}$$

同理,在订货3 000千克以上,享受4%价格优惠的订货批量范围内,成本总额最低的订货批量为3 000千克。存货成本总额计算如下:

$$存货成本总额 = 18\,000 \times 20 \times (1-4\%) + 18\,000/3\,000 \times 60 + 3\,000/2 \times 6$$
$$= 345\,600 + 360 + 9\,000$$
$$= 354\,960 \text{(元)}$$

通过比较可以发现,在各种价格条件下的订货批量范围内,成本总额最低的订货批量为1 000千克。但这一结论必须是建立在基本经济订货模式与其他各种假设条件均能具备的前提下的。

9.3 ABC分类控制法

ABC分类控制法是意大利经济学家巴雷特于19世纪发明的,以后经过不断的发展和完善,现已广泛用于存货控制和生产成本管理。所谓ABC分类控制法就是按照一定的标准,将企业的存货划分为A、B、C三类,分别实行分品种重点管理、分类别一般控制和按总额灵活掌握的存货管理方法。ABC分类控制法是一种突出重点、兼顾一般的存货控制方法。

ABC 分类控制法的基本原理是：先将存货分为 A、B、C 三类，其分类的标准有两个：一是金额标准；二是品种数量标准。其中金额标准是最基本的分类标准，品种数量标准仅作为参考标准。A 类存货价值高，品种数量少；B 类存货价值一般，品种数量相对多；C 类存货品种数量多，但价值低。三类存货的所占金额比重大致为 $A:B:C=0.7:0.2:0.1$。并对各类存货实行不同的控制方法。其基本特征如表 9-1 所示。

表 9-1 ABC 分类控制法基本特征

项目	特征	管理方法
A 类	价值高，品种数量较少	实行重点控制、严格管理
B 类	价值一般，品种数量相对较多	对 B 类和 C 类库存的重视程度则
C 类	品种数量繁多，价值却很小	可依次降低，采取一般管理

9.3.1 对 A 类存货的控制

A 类存货的品种数量占全部存货品种数量的 10% 左右，但其占用的资金约为全部存货占用资金的 70%。对这类存货应列作存货控制的重点。由于该类存货占用资金较大，要求采用科学的方法来确定该类存货的经济订货量、订货时间等项指标，以保持合理的存货水平，使 A 类存货既能保证生产供应，又不过多地占用资金。

9.3.2 对 B 类存货的控制

B 类存货的品种、数量占全部存货品种数量的 20% 左右，占用的资金约为全部存货所占用资金的 20%。对于这类存货，在订货数量和订货时间等方面应加强控制。可按类别确定其订货数量和储备定额等项指标。

9.3.3 对 C 类存货的控制

C 类存货品种数量占全部存货的品种数量的 70% 左右，占用的资金约为全部存货的 10%，对于这类存货可按不同情况采取不同的管理办法。对需求影响不大、容易采购的品种，可少储备，根据需要适时采购；对规格复杂、需求少、价格低的品种，可根据实际情况适当加大采购量。

实施 ABC 分类控制法一般包括下列四个步骤。

第一步，根据每种存货在一定期间内的耗用量乘以其价格，计算出该种存货的资金耗用总额；

第二步，计算出每种存货资金耗用总额占全部存货资金耗用总额的百分比，并按其大小顺序排列；

第三步，根据事先测定好的标准，把各项存货分为 A、B、C 三类，并用直角坐标图显示出来；

第四步，对 A 类存货采取重点控制，对 B 类存货采取次重点控制，对 C 类存货采取一般性的控制。

本 章 小 结

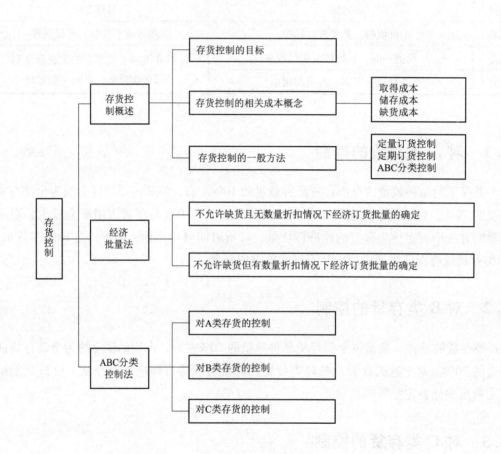

同 步 测 试

一、单项选择题

1. 不属于存货变动储存成本的是（　　）。
   A. 存货的保险费用　　　　　　　B. 替代材料紧急购入的额外成本
   C. 存货的残损和变质损失　　　　D. 存货资金的应计利息

2. 基本经济订货批量模式所依据的假设不包括（　　）。
   A. 缺货　　　　　　　　　　　　B. 仓储条件不受限制
   C. 存货价格稳定　　　　　　　　D. 所需要的存货市场供应充足

3. 某企业全年耗用甲材料 2 400 千克，每次的订货费用为 1 600 元，每千克材料储存成本 12 元，则每年最佳订货次数为（   ）次。
   A. 6   B. 3   C. 12   D. 9
4. 下列订货费用中属于变动性成本的是（   ）。
   A. 预付订金的机会成本   B. 采购人员的工资
   C. 订货业务费   D. 采购部门管理费用
5. 存货 ABC 分类控制法中，对存货划分的最基本的分类标准为（   ）。
   A. 金额标准   B. 品种数量标准
   C. 重量标准   D. 金额与数量标准
6. 采用 ABC 法对存货进行控制时，应当重点控制的是（   ）。
   A. 数量较多的存货   B. 占用资金较多的存货
   C. 品种较多的存货   D. 库存时间较长的存货
7. 某企业全年耗用 A 材料 2 400 吨，每次的订货成本为 1 600 元，单位变动储存成本为 12 元，则最优订货量对应的订货批次为（   ）次。
   A. 12   B. 6   C. 3   D. 4

二、多项选择题
1. 缺货成本是指因存货供应中断而给企业造成的损失，它们包括（   ）。
   A. 商誉（信誉）损失   B. 停工待料损失
   C. 采取临时措施而发生的超额费用   D. 延期交货的罚金
2. 下列属于存货功能的有（   ）。
   A. 有利于企业的销售   B. 降低订货费用
   C. 防止生产中断   D. 提高企业的变现能力
3. 在确定经济订货批量时，不需要考虑的因素有（   ）。
   A. 变动储存成本   B. 保险储备量
   C. 年度计划订货总量   D. 缺货量
4. 下列各项中，属于存货变动储存成本的有（   ）。
   A. 存货占用资金的应计利息   B. 存货的破损和变质损失
   C. 存货的保险费用   D. 存货储备不足而造成的损失
5. 某企业每年耗用某种原材料 36 000 千克，该材料的单位成本为 20 元，材料年单位变动储存成本为 2 元，一次订货成本 150 元，则下列说法正确的有（   ）。
   A. 该企业的经济订货批量为 2 533.59 千克
   B. 该企业的经济订货批量为 2 323.79 千克
   C. 与经济订货量相关总成本为 4 647.58 元
   D. 与经济订货量相关总成本为 3 595.36 元

三、判断题
1. 存货年需要量、单位存货变动储存成本和单价的变动会引起经济订货批量与占用资金同方向变动；每次订货的变动成本变动会引起经济订货批量与占用资金反方向变动。
（   ）

2. 存货的经济批量指达到最低的订货成本的批量。（   ）

3. 存货的缺货成本主要包括所缺少的存货的采购成本、原材料存货中断造成的停工损失、成品存货供应中断导致延误发货的信誉损失以及丧失销售机会的损失等。（   ）

4. 在交货期内，如果发生需求量增大或交货时间延误，就会发生缺货。为防止由此造成的损失，企业应有一定的保险储备。最佳的保险储备应该是使缺货损失达到最低。（   ）

5. 由于当前部分企业的存货管理已经实现计算机自动化管理，所以要实现存货为零的目标比较容易。（   ）

6. 采用 ABC 分析法，一方面能加快应收账款收回，另一方面能将收账费用与预期收益联系起来。（   ）

实 训 项 目

【实训一】

（一）目的：练习经济批量法。

（二）资料：

B 公司全年需要耗用甲材料 6 400 千克，该材料采购成本为 200 元/千克，全年储存成本为 8 元/千克，平均每次订货费用为 16 元。

（三）要求：

（1）试计算 B 公司全年甲材料的经济订货批量。

（2）试计算甲材料经济订货批量下的相关总成本。

（3）试计算甲材料经济订货批量下的平均资金占用额。

（4）试计算全年甲材料最佳订货批次。

【实训二】

（一）目的：练习经济批量法。

（二）资料：

假设 A 企业每年所需原材料为 80 000 千克，单位变动成本为 15 元/千克。每次订货的变动成本为 20 元，单位变动储存成本为 0.8 元/千克，一年按 360 天计算。

（三）要求：

（1）试计算经济订货批量。

（2）试计算每年最佳订货次数。

（2）试计算最佳订货周期。

（3）试计算经济订货量平均占用资金。

（4）试计算全年甲材料最佳订货批次。

（5）试计算与经济订货批量相关的存货总成本。
（6）试计算经济订货批量下变动订货成本和变动储存成本。

【实训三】

（一）目的：练习存货控制案例分析。
（二）资料：
存货，到底多了还是少了？
齐乐是一个组建不到3年的新兴企业，主要经营日用品、食物、饮料等杂货的网上销售业务。公司是几个年轻人集合了民间资本创立的，他们皆看好网络超市的前景，打算借此成就一番事业。

公司成立以来发展迅速，从十几个人两台电脑，配送小礼品开始，业务范围逐渐扩大，包括了一些对质量及货架管理要求极高的水果、新鲜奶制品等食物。每天的订单量从几个发展到几百个，配送点覆盖了周边的10个区县，配送量每天达到十多辆货车，业务量增长迅猛。可是公司一直没能盈利，最近大股东发出威胁说，他将不会继续为公司提供资金支持，并且如果公司不能在3个月内扭亏为盈的话，他就会把齐乐出售变现。

外部的资金支持已经没有了，公司只能放手一搏，于是总经理召集各部门经理开会，就如何从公司内部挤出钱，进行紧急磋商。

总经理首先说："只有3个月的时间了，大家不妨说说自己的想法，我们从什么方向着手改进最有效？"

财务经理说："大家先看看财务报表，我认为公司在管理费用和销售费用上还有潜力可挖。"

仓储经理说："原来我们每个月有那么多的货物坏掉呢？昨天我去配送中心就看到一大批牛奶过期。是不是我们每次订货订得太多了？"

财务经理又解释说，"可是如果减少订货量的话，我们无法得到供货商提供的订货折扣啊！而且你看，由于市场需求的不稳定无法满足顾客订单而导致的缺货赔偿也不少。"

"没错！我也认为存货不够，我们的客户部最近经常接到顾客的电话，狠狠地投诉齐乐不能按时按量送货，给他们带来了很大的麻烦"销售经理接着说。

总经理问："那么现金方面呢？"

"恐怕我们的现金都喂给了这个大胖子了。"财务经理微笑着指着资产负债表上的存货数字。

"就是它，存货是个罪魁祸首"，总经理好像发现了新大陆，嚷嚷着，"哪里都有它。"

这时，采购部经理不得不站起来解释道："我知道缺货对于我们公司来说损失很大，但是这个我也没有办法。像牛奶、果汁等商品我们现在是每周进一次货，但是，有时这些货品的需求量很大，到周五就开始陆续缺货，只能加大进货量。而那些冷门商品由于货品的需求量小，所以周转也慢。我们平均两到三个星期进一次货。但是两个星期前订的货，到今天差不多还有80%剩下。这些货占用了很多地方不说，很多时候由于货品存放时间太长，过了保质期，只好都扔掉，我也觉得很心疼呢！"

会议进行到这儿，似乎所有的人都不知道究竟该如何处理。

请你用所学知识对齐乐网络超市的存货控制方面提出几点建议。

思考与练习

（1）何为存货总成本？它具体包括哪些内容？
（2）经济订货批量是如何确定的？
（3）影响经济订货批量的因素主要有哪些？
（4）存货控制的方法主要有哪些？
（5）运用存货 ABC 控制法的步骤有哪些？

第 10 章
全面预算

> **知识目标**
> (1) 了解全面预算的内容。
> (2) 掌握全面预算的各项目的编制方法。
> (3) 理解并掌握编制预算的具体方法。
>
> **技能目标**
> (1) 能运用全面预算的原理和方法，计算编制的各项目的预算。
> (2) 能选择运用全面预算的具体方法，计算各项目的预算指标。

10.1 全面预算概述

10.1.1 全面预算的含义与作用

1. 全面预算的含义

全面预算是企业在战略规划和预测、决策的基础上，以数量和金额形式反映的特定期间的具体行动谋划。它是计划工作的成果，是决策的具体化，也是控制企业经营活动的依据。

全面预算管理的过程就是企业目标分解、控制和实现的过程。全面预算的有效推行将为公司各下属单位确定具体可行的努力目标，同时也建立了必须共同遵守的行为规范。全面预算是执行战略过程中进行管理监控的基准和参照，也是企业业绩评价的基础和比较对象。

2. 全面预算在管理中的作用

（1）基础环境全员参与。

全面预算有序开展的基础环境首先应当体现为全员参与。预算不能仅是财务部门的事情，企业所有部门均应积极参与，企业所有员工均应树立预算理念，建立成本效益意识。全面预算的"全员"参与，要求企业内部各部门、各单位、各岗位，上至最高负责人，下至各部门负责人、各岗位员工都必须参与预算编制与实施。

（2）业务范围全面覆盖。

全面预算应该涵盖企业的所有经济活动中,预算不能仅关注日常经营活动,还应关注投融资活动。全面预算的"全方位",体现在企业的一切经济活动中,包括经营、投资、财务等各项活动,以及企业的人、财、物各个方面,供、产、销各个环节,都必须纳入预算管理。

（3）管理流程全程跟踪。

全面预算涵盖预算编制、审批、执行、控制、调整、监督、考评等一系列活动,而不能仅停留在预算目标编制、汇总与审批环节,还需要对预算执行情况进行控制,并通过预算考评等手段完成预算目标,最终实现企业的发展战略。全面预算的"全过程",体现在企业组织各项经济活动的事前、事中和事后都必须纳入预算管理。

10.1.2　全面预算的基本体系

全面预算的基本体系,是指以本企业的经营目标为出发点,通过市场需求的研究和预测,以销售预算为起点,进而延伸到生产、成本费用及资金收支等各方面的预算,最后编制预计财务报表的一种预算体系。

全面预算的具体内容虽然因各企业规模和生产经营特点不同而具有一定的差异,但基本内容都是相同的,主要由业务预算、专项预算和财务预算三部分组成。其基本体系的具体内容如图 10-1 所示。

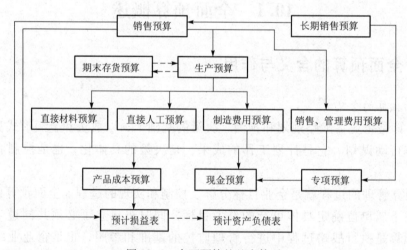

图 10-1　全面预算的基本体系

由图 10-1 可见,全面预算体系的内容包括三个部分:业务预算、专项预算和财务预算。

1. 业务预算

业务预算是基础,主要包括与企业日常业务直接相关的销售预算、生产预算、供应预算、费用预算和其他业务预算等。

其中销售预算又是业务预算的编制起点,根据"以销定产"的原则确定生产预算并考虑所需要的销售费用。编制生产预算时，除要考虑计划销售量以外，还需要考虑现有存货和期末存货。

根据生产预算来确定直接材料、直接人工和制造费用预算，产品成本预算和现金预算是有关预算的汇总。

2. 专项预算

专项预算是指企业为那些在预算期内不经常发生的、一次性业务活动所编制的预算，主要包括：与购置、更新、改造固定资产、无形资产决策有关的资本支出预算等。

3. 财务预算

财务预算主要反映企业预算期现金收支、经营成果和财务状况的各项预算，主要包括预计利润表、预计资产负债表和预计现金流量表。

10.2 全面预算的编制

10.2.1 业务预算的编制

1. 销售预算的编制方法

全面预算中几乎其他项目（包括产量要求、采购及经营费用）都取决于销售预算，因此，可以说销售预算是编制全面预算的关键和起点。另外，为方便编制现金预算，在销售预算中一般还附有预计现金收入表，以反映全年各季销售所得的现销含税收入和回收前期应收账款的现金收入。

【例10-1】假定新都有限公司生产和销售甲产品，并且每季度销售额中的70%在当季收到现金，其余赊销在下季度收回。2018年年末的应收账款余额为50 000元。根据2019年各季度的销售量及售价的有关资料编制"销售预算表"，如表10-1所示。

表10-1 新都有限公司2019年度销售预算表

项　　目	第一季度	第二季度	第三季度	第四季度	合　计
预计销售量/件	5 000	6 000	10 000	15 000	36 000
预计单位售价/（元·件$^{-1}$）	35	35	35	35	35
销售收入/元	175 000	210 000	350 000	525 000	1 260 000

在实际工作中，产品销售大部分不是现金收入，赊销就会产生很大数额的应收账款，所以，销售预算中通常还包括预计现金收入的计算，其目的是为编制现金预算提供必要的资料。

新都有限公司2019年预计现金收入如表10-2所示。

表10-2 新都有限公司销售预计现金收入表　　　　　　　　　　　　　元

季　　　度	第一季度	第二季度	第三季度	第四季度	合　计
应收账款（2018年年末）	50 000				50 000
第一季度现金收入	122 500	52 500			175 000
第二季度现金收入		147 000	63 000		210 000
第三季度现金收入			245 000	105 000	350 000
第四季度现金收入				367 500	367 500
现金收入合计	172 500	199 500	308 000	472 500	1 152 500

2. 生产预算的编制方法

生产预算是根据销售预算编制的，其主要内容包括销售量、期初和期末存货、预计生产量。因为，一般情况下企业的生产和销售不能做到"同步量"，生产数量除了满足销售数量外，还需要设置一定的存货，以保证能在发生意外需求时按时供货，并可均衡生产，节省赶工的额外开支。预计生产量计算公式为

$$预计生产量 = 预计销售量 + 预计期末存货量 - 预计期初存货量.$$

【例10-2】续【例10-1】，假设新都有限公司预算年度内每季度季末产品存货占其下季度销售的20%，预算年度末存货量预计为3 000件，预算年度初产成品存货量为2 000件，新都有限公司2019年生产预算如表10-3所示。

表10-3 新都有限公司2019年度生产预算表　　　　　　　　　　　　元

项　　　目	第一季度	第二季度	第三季度	第四季度	合　计
预计销售量	5 000	6 000	10 000	15 000	36 000
加：期末存货	1 200	2 000	3 000	3 000	3 000
减：期初存货	2 000	1 200	2 000	3 000	2 000
预计生产量	4 200	6 800	1 100	1 500	37 000

3. 直接材料预算的编制方法

直接材料预算又称直接材料采购预算，是在生产预算的基础上编制的。编制时也要考虑期初、期末原材料存货的水平，即应注意采购量、耗用量与库存量之间保持一定的比例，以避免材料的供应不足，造成停工待料或超储而造成积压，占用资金。直接材料生产上的需要量同预计采购量之间的关系可按公式计算，计算公式为

$$预计采购量 = 生产需要量 + 期末库存量 - 期初库存量.$$

期末库存量一般是按照下期生产需要量的一定百分比来计算的，计算公式为

$$生产需要量 = 预计生产量 \times 单位产品材料耗用量.$$

采购材料还涉及现金的支出，所以对于材料采购还需编制现金支出预算，目的是为了便于汇总编制现金预算。

【例 10-3】续【例 10-2】，甲产品直接材料消耗定额为 5 千克，每千克为 1 元，新都有限公司预算期内每季季末存料量占下季生产需要量的 10%，预算期末材料存量为 5 000 千克，预算期初材料存量为 5 500 千克。假设本例材料采购的货款有 50%在本季度内付清，另外 50%在下季度付清。新都有限公司期初应付款 10 000 元。根据上述资料编制直接材料预算（含预计现金支出），如表 10-4 所示。

表 10-4　新都公司 2019 年度直接材料预算（含预计现金支出）

	项　目	第一季度	第二季度	第三季度	第四季度	合　计
直接材料预算	预计生产量/件	4 200	6 800	11 000	15 000	37 000
	单位产品材料用量/（千克·件$^{-1}$）	5	5	5	5	5
	生产需用量/千克	21 000	34 000	55 000	75 000	185 000
	加：预计期末存货量/千克	3 400	5 500	7 500	5 000	5 000
	减：预计期初存货量/千克	5 500	3 400	5 500	7 500	5 500
	预计采购量/千克	18 900	36 100	57 000	72 500	184 500
	单价/（元·千克$^{-1}$）	1	1	1	1	1
	预计采购金额/元	18 900	36 100	57 000	72 500	184 500
预计现金支出	上年度应付账款/元	10 000				10 000
	第一季度采购款/元	9 450	9 450			18 900
	第二季度采购款/元		18 050	18 050		36 100
	第三季度采购款/元			28 500	28 500	57 000
	第四季度采购款/元				36 250	36 250
	合计/元	19 450	27 500	46 550	64 750	158 250

4. 直接人工预算的编制方法

直接人工预算是指为规划一定预算期内直接人工成本消耗水平而编制的预算，也是以生产预算为基础编制的。其主要内容有预计生产量、单位产品工时、人工总工时、每小时人工成本和人工总成本。

由于直接人工工资一般使用现金支付，所以不需单独编制预计现金支出，可直接参加现金预算的汇总。

直接人工成本=预计生产量×单位产品直接人工小时数×单位小时工资率

【例 10-4】续【例 10-3】，新都有限公司甲单位需要直接人工工时为 1 小时，单位工时工资率为 4 元，直接人工预算如表 10-5 所示。

表 10-5 新都有限公司 2019 年度直接人工预算

项　目	第一季度	第二季度	第三季度	第四季度	合　计
预计生产量/件	4 200	6 800	11 000	15 000	37 000
单位产品工时/小时	1	1	1	1	1
人工总工时/小时	4 200	6 800	11 000	15 000	37 000
每小时人工成本/元	4	4	4	4	4
人工总成本/元	16 800	27 200	44 000	60 000	148 000

5. 制造费用预算的编制方法

制造费用预算指除了直接材料和直接人工预算以外的其他一切间接生产费用的预算。

制造费用按其成本性态可分为变动制造费用和固定制造费用两部分。为适应企业内部管理的需要，只需将变动制造费用以生产预算为基础来编制，即根据预计生产量和预计的变动制造费用分配率来计算；而固定制造费用则作为期间成本直接列入损益作为当期利润的一个扣减项目，与本期的生产量无关，一般可以按照零基预算的编制方法编制。

为了便于现金预算的编制，在制造费用预算中，还需要预计其中的现金支出。制造费用中除了折旧费以外一般都需支付现金，所以应将折旧费用从制造费用中扣除，从而得出"现金支出费用"。

【例 10-5】续【例 10-4】，新都有限公司 2019 年制造费用预算如表 10-6 所示。

表 10-6 新都有限公司 2019 年度制造费用预算表

项　目		费用分配率（元/小时）	第一季度	第二季度	第三季度	第四季度	合　计
预计人工总工时/小时			4 200	6 800	11 000	15 000	37 000
变动制造费用/元	间接材料	1	4 200	6 800	11 000	15 000	37 000
	间接人工	1	4 200	6 800	11 000	15 000	37 000
	修理费	0.5	2 100	3 400	5 500	7 500	18 500
	水电费	1	4 200	6 800	11 000	15 000	37 000
	小计	3.5	14 700	23 800	38 500	52 500	129 500
固定制造费用/元	修理费		24 000	24 000	24 000	24 000	96 000
	办公费		2 000	2 000	2 000	2 000	8 000
	管理人员工资		32 000	32 000	32 000	32 000	128 000
	折旧费		5 000	5 000	5 000	5 000	20 000
	保险费		1 000	1 000	1 000	1 000	4 000
	小计		64 000	64 000	64 000	64 000	256 000
合计/元			78 700	87 800	102 500	116 500	385 500

续表

项　目	费用分配率（元/小时）	第一季度	第二季度	第三季度	第四季度	合　计
减：折旧费/元		5 000	5 000	5 000	5 000	20 000
现金支出费用/元		73 700	82 800	97 500	111 500	365 500

编表说明：
① 人工总工时来源于直接人工预算（见表10-5）。
② 间接人工＝人工总工时×间接人工小时费用率。
③ 间接材料＝人工总工时×间接材料小时费用率。
④ 修理费＝人工总工时×修理费小时费用率。
⑤ 水电费＝人工总工时×水电费小时费用率。

6. 产品成本预算的编制方法

产品成本预算，既可以用于计算预算期的销售成本，供编制利润表之需，又可以据以计算期末产成品存货成本，供编制资产负债表之需。产品成本预算通常以生产预算、直接材料预算、直接人工预算和制造费用预算为基础进行编制。

【例10-6】续【例10-5】，新都有限公司2019年度产品生产成本预算如表10-7所示。

表10-7　新都有限公司2019年度生产成本预算　　　　　　　　　　元

项　目	单位成本			生产成本	期末存货	销货成本
	单价	单位耗用量	成本			
直接材料	1	5	5	185 000	15 000	180 000
直接人工	4	1	4	148 000	12 000	144 000
变动制造费用	3.5	1	3.5	129 500	10 500	126 000
固定制造费用	6.918 9	1	6.918 9	256 000	20 756	249 081
合计			19.418 9	718 500	58 256	699 081

注：销货成本＝期初产成品存货成本＋本期生产成本－期末产成品存货成本

7. 销售及管理费用预算的编制方法

销售及管理费用预算，是指预算期内除了制造费用以外，为了实现产品销售和维持一般行政管理活动所发生的各项费用。

销售费用预算是指为了实现销售预算所需支付的费用预算，是以销售预算为基础，要分析销售收入、销售利润和销售费用的关系，力求实现销售费用的最有效使用。

管理费用是指一般管理业务所必要的费用，多属于固定成本，通常以实际开支为基础，结合预算期可能发生的变化来进行调整。

【例10-7】根据前述资料，编制新都有限公司2019年度销售及管理费用预算如表10-8所示。

表 10-8　新都有限公司 2019 年度销售及管理费用预算表　　　　元

项　目	第一季度	第二季度	第三季度	第四季度	合　计
预计销售量（件）	5 000	6 000	10 000	15 000	36 000
单位变动销售与管理费用	2	2	2	2	2
预计变动销售及管理用	10 000	12 000	20 000	30 000	72 000
固定销售及管理费用	50 000	50 000	50 000	50 000	200 000
合计	60 000	62 000	70 000	80 000	272 000

10.2.2　预计其他现金支出预算

企业除了上述经营方面现金支出外，还包括其他方面现金支出，如利息支出、发放股利、缴纳所得税支出和购买固定资产支出等。

【例 10-8】2019 年度新都有限公司每季度预缴所得税 10 000 元，每季度应付股利为 12 000 元，准备投资 100 000 元购入设备，于第二季度和第三季度分别支付价款 50 000 元。新都有限公司 2019 年度其他现金支出预算如表 10-9 所示。

表 10-9　新都有限公司 2019 年度其他现金支出预算表　　　　元

项　目	第一季度	第二季度	第三季度	第四季度	合　计
应付股利	12 000	12 000	12 000	12 000	48 000
应缴所得税	10 000	10 000	10 000	10 000	40 000
设备		50 000	50 000		100 000
合计	22 000	72 000	72 000	22 000	188 000

10.2.3　财务预算的编制

1. 现金预算的编制

现金预算是对企业未来各期现金收入和现金支出的规划。它能反映企业某一时期发生现金流入或现金支出的金额。现金预算一般包括四个组成部分：① 现金收入；② 现金支出；③ 现金收支差额；④ 资金的筹集与运用。

现金收入主要指经营业务活动的现金收入，主要来自现金余额和产品销售现金收入。

现金支出除了涉及有关直接材料、直接人工、制造费用和销售及管理费用、缴纳税金、股利分配等方面的经营性现金支出外，还包括购买设备等资本性支出。

编制现金预算的目的在于为资金不足时如何筹措资金、资金多余时如何运用资金提供依据，并且提供现金收支的控制限额，以便发挥现金管理的作用。

【例 10-9】根据【例 10-1】~【例 10-8】所编制的各种预算提供的资料，并假设新都有限公司每季度末应保持现金余额 30 000 元，若资金不足或多余，可以以 1 000 元为单位进行借入或偿还,借款年利率为10%。依上述资料编制新都有限公司2019年度现金预算表如表10-10所示。

表10-10 新都有限公司2019年度现金预算表　　　　　　　　　　　　　　　元

项　　目		第一季度	第二季度	第三季度	第四季度	全年合计
期初现金余额		32 000	32 550	30 550	38 550	32 000
加:销货现金收入		172 500	199 500	308 000	472 500	1 152 500
可供使用现金		204 500	232 050	338 550	511 050	1 184 500
减:现金支出	直接材料	19 450	27 500	46 550	64 750	158 250
	直接人工	16 800	27 200	44 000	60 000	148 000
	制造费用	53 700	62 800	77 500	91 500	285 500
	销售及管理费用	60 000	62 000	70 000	80 000	272 000
	应付股利	12 000	12 000	12 000	12 000	48 000
	应交所得税	10 000	10 000	10 000	10 000	40 000
	购买固定资产	50 000	50 000		100 000	
	支出合计	171 950	251 500	310 050	318 250	1 051 750
现金多余或不足		32 550	-19 450	28 500	192 800	132 750
加:向银行借款			50 000	10 000		60 000
减:归还银行借款					60 000	60 000
借款利息					4 250	4 250
期末现金余额		32 550	30 550	38 550	128 550	128 550

2. 预计利润表

预计利润表是用来综合反映企业在计划期间生产经营的财务情况,并作为预计企业经营活动最终成果的重要依据,是企业财务预算中最主要的预算表之一。

预计利润表与实际的利润表内容、格式相同,只不过数据是面向预算期的。通过编制预计利润表,可以了解企业的预期盈利水平。

【例10-10】根据前述的各种预算,新都有限公司2019年度的预计利润表如表10-11所示。

表10-11 新都有限公司2019年度预计利润表　　　　　　　　　　　　　　　元

项　　目	金　　额
销售收入	1 260 000
减:销货成本	699 081
营业利润	560 919
减:销售及管理费用	272 000
利息费用	4 250
利润总额	284 669
减:所得税	40 000
净利润	244 669

3. 预计资产负债表

预计资产负债表用来反映企业在预算期末的财务状况。预计资产负债表与实际的资产负债表内容、格式相同，只不过数据是反映预算期末的财务状况。该表是利用本期期初资产负债表并根据销售、生产、资本等预算的有关数据加以调整编制的。

【例 10-11】新都有限公司 2019 年度的预计资产负债表如表 10-12 所示。

表 10-12　新都有限公司 2019 年度资产负债表　　　　　　　　　　元

资产	期初数	期末数	负债及所有者权益	期初数	期末数
货币资金	32 000	128 550	应付账款	10 000	36 250
应收账款	50 000	157 500	应缴税费		−29 950
存货	44 337	63 256	短期借款		
流动资产小计	126 337	349 306	负债合计	10 000	6 300
固定资产	120 000	220 000	实收资本	250 000	250 000
减：折旧	25 000	45 000	未分配利润	71 337	268 006
固定资产净值	95 000	175 000	所有者权益合计	321 337	518 006
资产合计	331 337	524 306	负债及所有者权益合计	331 337	524 306

10.3　编制预算的其他方法

10.3.1　弹性预算

1. 弹性预算的概述

1) 弹性预算的概念

弹性预算是相对于固定预算（静态预算）而言的。所谓弹性预算，是指企业在分析业务量与预算项目之间数量依存关系的基础上，分别确定不同业务量及相对应的预算项目所耗资源的方法。由于这种预算是随着业务量的变动而作相应的变动，具有弹性，因此称为弹性预算。

2) 弹性预算的适用范围

弹性预算适用于企业多项预算的编制，特别是市场、产能等存在较大不确定性，且其预算项目与业务量之间存在明显的数量依存关系的预算项目。

3) 弹性预算的优点

① 能够适应不同经营活动情况的变化，扩大了预算的适用范围，更好地发挥预算的控制作用。

② 能够对预算的实际执行情况进行评价与考核，使预算能真正起到为企业经营活动服务的作用。

2. 弹性预算的编制

1)弹性预算的编制步骤

编制弹性预算首先要选择适当的业务量,包括选择业务量计量单位和选择业务量变动范围两部分。业务量计量单位应根据企业的具体情况选择。比如,生产单一产品的部门,可以选用产品实物量;生产多品种产品的部门,可以选用人工工时、机器工时等。

业务量变动范围是指弹性预算所适用的业务量变动区间。一般来说,可定在正常生产能力的70%~120%,或以历史上最高业务量或最低业务量为其上下限。

2)弹性预算的编制方法

企业通常采用公式法或列表法构建弹性预算编制模型。

① 公式法。是运用成本性态模型,测算预算期的成本费用数额,并编制弹性预算的方法。根据成本性态,成本与业务量之间的数量关系可以用公式表示:$y=a+bx$。其中预算总额为y,固定成本为a,单位变动成本为b,业务量为x。

公式法下弹性预算的基本公式为

弹性项目的弹性预算 = 固定基数 + $\sum$(与业务量相关的弹性定额 × 预计业务量).

运用公式法编制弹性预算时,相关弹性定额可能仅在一定业务量范围内准备。当业务量变动超出该适用范围时,应及时修正、更新上述弹性定额,或改为列表法编制。

【例10-12】新都有限公司按公式法编制的预算期制造费用弹性预算,如表10-13所示。

表10-13 新都公司预算期制造费用弹性预算　　　　　　　　元

项　　目	直接人工工时变动范围 70 000～120 000 小时	
管理人员工资	10 000	
折旧费	11 000	
维修费	5 000	0.2
水电费	300	0.1
间接材料	2 000	0.3
车间人员工资		0.4
检验员工资		0.3
合计	28 300	1.3

根据表10-13,可利用$y=28\ 300+1.3x$,计算出人工工时在70 000~120 000小时的范围内,任一业务量基础上的制造费用预算总额。

② 列表法。是指企业通过列表的方式,在业务量范围内依据已划分出的若干个等级,分别计算并列示该预算项目与业务量相关的不同可能性下的预算方案。此法可以在一定程度上弥补公式法的不足。

【例10-13】新都公司按列表法编制的预算期制造费用弹性预算,如表10-14所示。

表 10-14　新都公司预算期制造费用弹性预算　　　　　　　　　　　　　　　　元

项目		费用金额					
直接人工小时		70 000	80 000	90 000	100 000	110 000	120 000
生产能力利用/%		70	80	90	100	110	120
变动成本项目	车间人员工资	28 000	32 000	36 000	40 000	44 000	48 000
	检验员工资	21 000	24 000	27 000	30 000	33 000	36 000
	合计	49 000	56 000	63 000	70 000	77 000	84 000
混合成本项目	维修费	19 000	21 000	23 000	25 000	27 000	29 000
	水电费	7 300	8 300	9 300	10 300	11 300	12 300
	间接材料	23 000	26 000	29 000	32 000	35 000	38 000
	合计	49 300	55 300	61 300	67 300	73 300	79 300
固定成本项目	管理人员工资	10 000	10 000	10 000	10 000	10 000	10 000
	折旧费	11 000	11 000	11 000	11 000	11 000	11 000
	合计	21 000	21 000	21 000	21 000	21 000	21 000
制造费用预算		119 300	132 300	145 300	158 300	171 300	184 300

通过列表法可查得各种业务量下的成本预算，便于预算的控制和考核，但这种方法工作量较大，且不能包括所有业务量条件下的费用预算，故适用面较窄。

10.3.2　增量预算与零基预算

1. 增量预算

1）增量预算的概念

增量预算，又称调整预算方法，它是以上一年度的预算为起点，根据销售额和运营环境的预计变化，结合预算期的情况加以调整来编制预算的方法。

2）增量预算的适用范围

它适用于比较稳定的预算编制。

3）增量预算的优缺点

① 优点：增量预算的优点是编制简单，省时省力。因该方法编制的基础是过去的经验，其实是承认过去所发生情形的合理性，不主张在预算内容上做较大改进，而是因循沿袭之前的预算项目。

② 缺点：主要缺点是预算规模会逐步增大，可能会造成预算松弛及资源浪费，不利于企业长远发展。

2. 零基预算

1）零基预算的概念

零基预算是和增量预算相对应的一种方法，是以零为起点，不考虑以往会计期间的费用项目和费用数额，主要根据预算期的需要及可能分析费用项目和费用数额的合理性，综合平衡编制费用预算。

2）零基预算适用范围

它适用于所有企业各类预算的编制，特别是不经常发生的预算项目或编制基础变化较大的预算项目。

3）零基预算的优缺点

① 优点：以零为起点编制预算，不受过去实际费用开支或预算的约束，能够科学分析预算期经济活动的合理性，预算编制更贴近预算期企业经济活动的需要。

② 缺点：预算编制工作量较大、成本较高，预算编制的准确性受企业管理水平和相关数据标准准确性影响较大。

为了减轻编制零基预算相关的时间和费用，在实务中，企业并不需要每年都按零基预算方法来编制预算，一般情况下间隔几年编制一次即可。

10.3.3 定期预算与滚动预算

1. 定期预算

1）定期预算的概念

定期预算是以不变的会计期间（如日历年度）作为预算期间的一种预算编制方法。

2）定期预算的适用范围

这种方法主要适用于企业内外部环境相对稳定的企业。

3）定期预算的优缺点

① 优点：能够使预算期间与会计期间相对应，有利于将实际数和预算数比较，便于考核和评价预算的执行结果。

② 缺点：由于定期预算往往是在年初甚至提前两三个月编制的，因此对于整个预算年度产生的生产经营活动很难做出准确的预算，缺乏远期指导性，不利于对生产经营活动进行考核和评价；由于定期预算不能随情况的变化及时调整，会造成预算滞后，使之成为虚假预算；由于受预算期间的限制，致使经营管理者的决策视野局限于本期规划的经济活动，通常不考虑下期，从而不利于企业的长远发展。

2. 滚动预算

1）滚动预算的概念

滚动预算是和定期预算相对应的一种方法，就是每过去一个期间（半年、一个季度或一个月），便将这一期的预算删除，及时补充下一个期间的预算，以使预算周期始终保持一个固定期间（一般为12个月）的一种编制方法。

2）滚动预算的适用范围

它适用于运营环境变化比较大、最高管理者希望从更长远视角来进行决策的企业。

3）滚动预算的优缺点

① 优点：与定期预算相比，具有更强的相关性，可以保持预算的连续性和完整性，使有关人员能从动态的预算中把握企业的未来，了解企业总体规划的近期目标；可以反映当前发生的事项，以及环境的变化，及时更新预算，从而使预算与实际情况更相适应，有利于充

分发挥预算的指导和控制作用。

② 缺点：预算滚动的频率越高，对预算沟通的要求越高，预算编制的工作量就越大。

4）滚动预算的编制

滚动预算的编制一般采用长、短安排的方式进行，即在基期编制预算时，先按年度分类，并将第一季度按月划分，编制各月预算的明细数，而其他三个季度的预算则可以粗略一些，只列各季度总数。当第一季度即将结束时，再将第二季度的预算按月划分，使之具体化；同时，增补下一年度第一季度的预算。滚动预算的具体编制程序如图10-2所示。

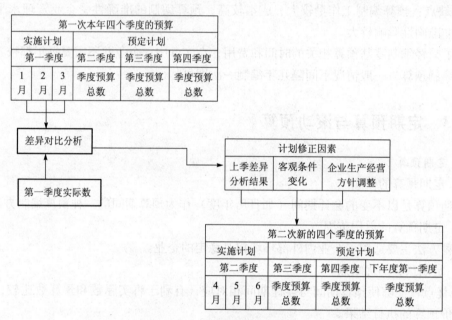

图 10-2 滚动预算编制程序图

本章小结

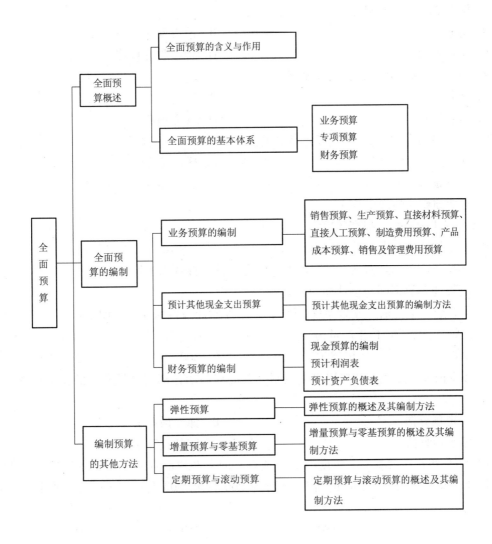

同步测试

一、单项选择题

1. 下列各项中，没有直接在现金预算中得到反映的是（　　）。
   A. 期初现金余额　　　　　　　　　B. 现金筹措及运用
   C. 预算期产量和销售　　　　　　　D. 预算期现金余缺
2. 下列各项中，不属于日常业务预算内容的有（　　）。
   A. 决策预算　　　　　　　　　　　B. 生产预算
   C. 产品成本预算　　　　　　　　　D. 销售费用预算

3. 企业的直接材料、直接人工和制造费用预算编制的根据是（   ）。
   A. 销售预算　　　　　　　　　　B. 销售费用预算
   C. 生产预算　　　　　　　　　　D. 现金预算
4. 编制全面预算的起点是（   ）。
   A. 总预算　　　　　　　　　　　B. 销售预算
   C. 生产预算　　　　　　　　　　D. 现金收支预算
5. （   ）又是业务预算的编制起点。
   A. 销售预算　　　　　　　　　　B. 生产预算
   C. 材料预算　　　　　　　　　　D. 现金预算
6. （   ）预算是以零为出发点编制的。
   A. 滚动预算　　　　　　　　　　B. 增量预算
   C. 零基预算　　　　　　　　　　D. 定期预算
7. 定期预算法的优点是（   ）。
   A. 合理使用资金，提高效益
   B. 可保持预算的连续性和完整性
   C. 能够适应不同经营活动情况的变化，更好地发挥预算的控制作用
   D. 能够使预算期间与会计期间相对应
8. 某企业二季度末产成品存货 80 件，二季度预计销售 900 件，期末存货占下季销售量的 20%，则二季度的预计生产量为（   ）件。
   A. 900　　　　B. 820　　　　C. 800　　　　D. 720
9. 不受前期费用项目和费用水平限制，并能够调动各部门降低费用的积极性的预算方法是（   ）。
   A. 固定预算法　　　　　　　　　B. 弹性预算法
   C. 滚动预算法　　　　　　　　　D. 零基预算法
10. 甲公司正在编制下一年度的生产预算，期末产成品存货按照下季度销量的 10% 安排。预计一季度和二季度的销售量分别为 200 件和 300 件，一季度的预计生产量是（   ）件。
    A. 190　　　　B. 180　　　　C. 210　　　　D. 150
11. 为编制现金预算提供资料，制造费用预算需扣除哪一项目？（   ）
    A. 折旧　　　　　　　　　　　　B. 直接人工
    C. 变动制造费用　　　　　　　　D. 直接材料
12. 下列预算中只使用实物量计量单位的预算是（   ）
    A. 现金预算　　B. 销售预算　　C. 资产负债表预算　　D. 生产预算
13. 在编制（   ）时，需按成本性态分析的方法将企业的成本分为固定成本和变动成本。
    A. 固定预算　　B. 弹性预算　　C. 滚动预算　　　　　D. 零基预算
14. 下列预算中，属于财务预算的是（   ）。
    A. 生产预算　　B. 销售预算　　C. 产品成本预算　　　D. 资产负债表

预算

15. 下面不属于财务预算内容的是（　　）。
   A. 预计利润表　　　　　　　　　　B. 管理费用预算
   C. 预计资产负债表　　　　　　　　D. 现金预算

二、多项选择题

1. 全面预算主要包括（　　）。
   A. 销售预算　　　B. 生产预算　　　C. 成本预算　　　D. 现金收支预算
   E. 预计的损益表和资产负债表

2. 与增量预算编制方法对比，零基预算编制方法的优点是（　　）。
   A. 编制工作量小
   B. 可以重新审视现有业务的合理性
   C. 可以避免前期不合理费用项目的干扰
   D. 可以调动各部门降低费用的积极性

3. 编制生产预算中的"预计生产量"项目时，需要考虑的因素有（　　）。
   A. 预计销售量　　　　　　　　　　B. 预计材料采购量
   C. 预计期初产成品存货　　　　　　D. 预计期末产成品存货

4. 下列营业预算中，通常需要预计现金支出的有（　　）。
   A. 销售费用预算　　B. 制造费用预算　　C. 生产预算　　D. 直接材料预算

5. 下列各项预算中，以生产预算为基础编制的有（　　）。
   A. 直接材料预算　　　　　　　　　B. 销售费用预算
   C. 直接人工预算　　　　　　　　　D. 固定制造费用预算

6. 下列关于全面预算中的利润表预算编制的说法中，不正确的有（　　）。
   A. "销售收入"项目的数据，来自销售预算
   B. "销货成本"项目的数据，来自生产预算
   C. "销售及管理费用"项目的数据，来自销售及管理费用预算
   D. "所得税费用"项目的数据，通常是根据利润表预算中的"利润"项目金额和本企业适用的法定所得税税率计算出来的

7. 下列关于滚动预算法的说法中，不正确的是（　　）。
   A. 可以充分发挥预算的指导和控制作用
   B. 能够使预算期间保持一定的时间跨度
   C. 是以固定不变的会计期间作为预算期间编制的
   D. 便于依据会计报告的数据和预算的比较

8. 下列各项中，能够在现金预算中反映的有（　　）。
   A. 期初现金余额　　　　　　　　　B. 现金支出
   C. 产品成本预算　　　　　　　　　D. 现金筹措和运用

9. 销售预算的主要内容（　　）。
   A. 销售收入　　　B. 销售单价　　　C. 销售数量　　　D. 生产数量

10. 下列各项中，属于定期预算方法缺点的是（　　）。

A. 盲目性 B. 滞后性 C. 复杂性 D. 随意性

11. 滚动预算按其滚动的时间单位不同，可分为（ ）。

A. 逐月滚动 B. 逐季滚动 C. 短期滚动预算 D. 中期滚动预算

12. 已知 A 公司销售当季收回货款 60%，余下的次季度收回，预算年度期初应收账款金额为 30 万元，第一季度销售 80 万元，第二季度销售 60 万元，下列说法中正确的有（ ）。

A. 第一季度收回货款 80 万元

B. 第一季度收回货款 78 万元

C. 第二季度收回货款 36 万元

D. 第二季度收回货款 68 万元

13. 常用的预算编制方法有（ ）。

A. 固定预算 B. 零基预算 C. 全面预算 D. 滚动预算

E. 弹性预算

14. 预计期初存货 50 件，期末存货 40 件，本期销售 250 件，本期生产量错误的有（ ）。

A. 230 件 B. 240 件 C. 250 件 D. 260 件

15. 材料采购付款情况：本季度内付款 50%，另外 50%在下季度付清。假设期初无应付款，2019 年 1～3 季度采购金额为 70 000 元、90 000 元、60 000 元，下列说法正确的有（ ）。

A. 第一季度付款金额为 0

B. 第二季度付款金额为 80 000 元

C. 第三季度付款金额为 105 000 元

D. 第三季度未付金额为 30 000 元

实 训 项 目

【实训一】

（一）目的：练习销售预算的编制。

（二）资料：

某企业生产和销售 A 产品，预算期 2019 年四个季度预计销售量分别为 800 件、1 200 件、2 000 件和 1 800 件，A 产品预计单位售价为 50 元，假设每季度销售收入中，本季度收到现金 70%，另外 30%要到下季度才能收回。上年末应收账款余额为 50 000 元。

（三）要求：

（1）计算各季度销售收入预算数？

（2）计算各季度现金收入预算数？

（3）计算年末应收账款预算数？

【实训二】

（一）目的：练习生产预算的编制。

（二）资料：

某公司根据销售预测，对某产品2019年四个季度的销售量做出如下预计，如表10-15所示。

表10-15　2019年四个季度销售量预测表

项　　目	一季度	二季度	三季度	四季度	合　　计
预计销售量/件	5 000	6 500	8 000	7 500	27 000

假定某公司预算年度内每季度季末产品存货占其下季度销售的20%，预算年度末存货量预计为1 800件，预算年度初产成品存货量为2 000件。

（三）要求：

根据以上资料，编制该公司2019年的生产预算。

【实训三】

（一）目的：练习直接材料预算的编制。

（二）资料：

某公司2019年度预计的生产量每季度如下：第一季度6 500件，第二季度10 000件，第三季度12 000件，第四季度8 000件，每个产品直接材料消耗定额为5千克，每千克单价为2元，预算期内每季度季末存量为3 000千克，上年年末库存材料4 800千克。每季材料采购在当季付款60%，次季付30%，余下的在第三季度付清，该公司预算期初应付款12 000元。

（三）要求：

根据上述资料，编制该公司2019年的直接材料预算。

【实训四】

（一）目的：练习现金收支预算的编制。

（二）资料：

某公司2019年12月份的现金收支情况如下：

（1）第三季度末现金余额为8 000元。

（2）11月实际销售收入为60 000元，预计12月销售收入为72 000元（收款条件当月收现70%，其余下月收讫）。

（3）11月实际购买材料25 000元，预计12月购买材料24 000元（付款条件当月付60%，其余下月付讫）。

（4）预计12月制造费用（包含变动费用和固定费用）总额为23 000元（其中包括折

旧费 5 000 元)。

(5) 预计 12 月份直接人工工时 5 200，变动费用分配率 2。
(6) 预计 12 月份购置设备 15 000 元。
(7) 预计 12 月预缴纳所得税 3 000 元。
(8) 该公司规定预算期内现金余额最低限额为 7 500 元，进行融资借款时为 1 000 元的整数倍。

(三) 要求：

根据上述资料，编制 12 月的现金预算表。

思考与练习

(1) 什么是全面预算？
(2) 试述全面预算的编制原则？
(3) 全面预算包括哪些内容？它们之间的相互关系怎样？
(4) 什么是业务预算？什么是专门决定预算？什么是财务预算？
(5) 为什么销售预算是编制全面预算的基础和关键？怎样编制销售预算？
(6) 影响材料采购数量与预期产量的因素有哪些？
(7) 简述现金预算的编制原理？
(8) 什么是弹性预算，与全面预算相比，有什么特点？
(9) 编制弹性预算的方法有几种？如何编制？
(10) 什么是增量预算与零基预算、滚动预算和定期预算？各自的优缺点是什么？如何编制？
(11) 试述滚动预算的编制程序，以及特点和优点？

第 11 章

绩效管理

> **知识目标**
> （1）掌握绩效管理的含义。
> （2）熟悉绩效管理的原则及应用环境。
> （3）掌握关键绩效指标法的计算和应用。
> （4）掌握经济增加值的基本原理。
> （5）掌握平衡计分卡的基本原理。
>
> **技能目标**
> （1）能够运用财务和非财务指标考核企业绩效管理。
> （2）能够运用经济增加值考核企业绩效管理。
> （3）能够运用平衡计分卡进行绩效考核的设计与管理。

11.1 绩效管理概述

11.1.1 绩效管理的含义

绩效管理，是指企业与所属单位（部门）、员工之间就绩效目标及如何实现绩效目标达成共识，并帮助和激励员工取得优异绩效，从而实现企业目标的管理过程。绩效管理的核心是绩效评价和激励管理。

绩效评价，是指企业运用系统的工具方法，对一定时期内企业营运效率与效果进行综合评判的管理活动。绩效评价是企业实施激励管理的重要依据。激励管理，是指企业运用系统的工具方法，调动企业员工的积极性、主动性和创造性，激发企业员工工作动力的管理活动。激励管理是促进企业绩效提升的重要手段。

11.1.2 绩效管理的原则

（1）战略导向原则。绩效管理应为企业实现战略目标服务，支持价值创造能力提升。
（2）客观公正原则。绩效管理应实事求是，评价过程应客观公正，激励实施应公平合理。

（3）规范统一原则。绩效管理的政策和制度应统一明确，并严格执行规定的程序和流程。

（4）科学有效原则。绩效管理应做到目标符合实际，方法科学有效，激励与约束并重，操作简便易行。

11.1.3　绩效管理的应用环境

（1）组织机构。企业进行绩效管理时，应设立薪酬与考核委员会或类似机构，主要负责审核绩效管理的政策和制度、绩效计划与激励计划、绩效评价结果与激励实施方案、绩效评价与激励管理报告等，协调解决绩效管理工作中的重大问题。

（2）绩效管理制度体系。企业应建立健全绩效管理的制度体系，明确绩效管理的工作目标、职责分工、工作程序、工具方法、信息报告等内容。

（3）信息系统。企业应建立有助于绩效管理实施的信息系统，为绩效管理工作提供信息支持。

11.1.4　绩效计划与激励管理

1. 绩效计划与激励计划的制定

企业应根据战略目标，综合考虑绩效评价期间宏观经济政策、外部市场环境、内部管理需要等因素，结合业务计划与预算，按照上下结合、分级编制、逐级分解的程序，在沟通反馈的基础上，编制各层级的绩效计划与激励计划。企业可单独或综合运用关键绩效指标法、经济增加值法、平衡计分卡等工具方法构建指标体系。

2. 绩效计划与激励计划的执行

绩效计划与激励计划下达后，各计划执行单位（部门）应认真组织实施，从横向和纵向两方面落实到各所属单位（部门）、各岗位员工，形成全方位的绩效计划与激励计划执行责任体系。绩效计划与激励计划执行过程中，企业应建立配套的监督控制机制，及时记录执行情况，进行差异分析与纠偏，持续优化业务流程，确保绩效计划与激励计划的有效执行。

3. 绩效计划与激励计划的实施

绩效管理工作机构应根据计划的执行情况定期实施绩效评价与激励，按照绩效计划与激励计划的约定，对被评价对象的绩效表现进行系统、全面、公正、客观地评价，并根据评价结果，组织兑现激励计划，综合运用绩效薪酬激励、能力开发激励、职业发展激励等多种方式，逐级兑现激励承诺。

4. 绩效评价与激励管理报告

绩效管理工作机构应定期或根据需要编制绩效评价与激励管理报告，对绩效评价和激励管理的结果进行反映。绩效评价与激励管理报告是企业管理会计报告的重要组成部分，应确保内容真实、数据可靠、分析客观、结论清楚，为报告使用者提供满足决策需要的信息。企业应定期通过回顾和分析，检查和评估绩效评价与激励管理的实施效果，不断优化绩效计划和激励计划，改进未来绩效管理工作。

11.2 关键绩效指标法

11.2.1 关键绩效指标法的含义

关键绩效指标法是基于企业战略目标，通过建立关键绩效指标（Key Performance Indicator，KPI）体系，将价值创造活动与战略规划目标有效联系，并据此进行绩效管理的方法。

关键绩效指标是对企业绩效产生关键影响力的指标，是通过对企业战略目标、关键成果领域的绩效特征分析，识别和提炼出的最能有效驱动企业价值创造的指标。

11.2.2 关键绩效指标法的类型

企业的关键绩效指标一般可分为结果类和动因类两类指标。

1. 结果类指标

结果类指标是反映企业绩效的价值指标，主要包括投资回报率、净资产收益率、经济增加值回报率、息税前利润、自由现金流等综合指标。

（1）投资资本回报率 = $\dfrac{\text{税前利润} \times (1 - \text{所得税税率}) + \text{利息支出}}{\text{投资资本平均}} \times 100\%$

其中：投资资本 = 有息负债 + 所有者（股东）权益

（2）净资产收益率 = $\dfrac{\text{净利润}}{\text{平均净资产}} \times 100\%$

（3）经济增加值回报率 = $\dfrac{\text{经济增加值}}{\text{平均资本占用}} \times 100\%$

其中：经济增加值 = 税后净营业利润 − 平均资本占用 × 加权平均资本成本

（4）息税前利润 = 税前利润 + 利息支出

（5）自由现金流 = 经营活动净现金流 − 付现的资本性支出

2. 动因类指标

动因类指标是反映企业价值关键驱动因素的指标，主要包括资本性支出、单位生产成本、产量、销量、客户满意度、员工满意度等。

【例11-1】甲公司是上市公司，2019年年末的股份总数为900万股。该公司有关数据如下：

公司2019年年初的有息负债总额为1 500万元，股东权益总额是有息负债总额的2倍，年末所有者权益增加30%，2019年年末的资产负债率为40%，2019年利息费用共计200万元。

2019年公司实现净利润900万元，所得税税率为25%。

要求：计算公司2019年的息税前利润、投资资本回收率和净资产收益率。

2019 年年初的股东权益总额=1 500×2=3 000（万元）
2019 年年初的投资资本=1 500+3 000=4 500（万元）
2019 年年末的股东权益总额=3 000+3 000×30%=3 900（万元）
2019 年年末的投资资本=3 900/(1-40%)=6 500（万元）
税前利润=900/(1-25%)=1 200（万元）
息税前利润=1 200+200=1 400（万元）
投资资本回报率=(900+200)/[(4 500+6 500)/2]×100%=20%
净资产收益率=900/[(3 000+3 900)/2]×100%=26.09%

11.2.3 关键绩效指标法的应用

关键绩效指标法与其他绩效评价方法的关键不同是制定和实施以关键绩效指标为核心的绩效计划。

1. 构建关键绩效指标体系

（1）企业可以分为三个层次来制定关键绩效指标体系：企业级、所属单位（部门）级、岗位（员工）级。

（2）企业关键绩效指标分为结果类指标和动因类指标。具体如表 11-1 所示。

表 11-1 结果类指标和动因类指标

指　　标	性　　质	示　　例
结果类指标	反映企业绩效的价值指标	投资回报率、净资产收益率、经济增加值、息税前利润、自由现金流量等
动因类指标	反映企业价值关键驱动因素的指标	资本性支出、单位生产成本、产量、销量、客户满意度等

（3）关键绩效指标应含义明确、可度量、与战略目标高度相关，每一层级关键绩效指标一般不超过 10 个。

2. 设定关键绩效指标权重

关键绩效指标的权重分配应以企业战略目标为导向，反映被评价对象对企业价值贡献或支持的程度，以及各指标之间的重要性水平。

3. 设定关键绩效指标的目标值

（1）参考国家有关部门或权威机构发布的行业标准或参考竞争对手标准。

（2）参照企业内部标准，包括企业战略目标、年度生产经营计划目标、年度预算目标、历年指标水平等。

（3）不能按照前两种方法确定，可根据企业历史经验值确定。

11.2.4 关键绩效指标法的优缺点

关键绩效指标法的优缺点，具体如表 11-2 所示。

表 11-2 关键绩效指标法的优缺点

优点	① 使企业业绩评价与企业战略目标密切相关,有利于战略目标的实现。 ② 通过识别价值创造模式把握关键价值驱动因素,能够更有效地实现企业价值增值目标。 ③ 评价指标数量相对较少,易于理解和使用,实施成本相对较低,有利于推广实施。
缺点	关键绩效指标的选取需要透彻理解企业价值创造模式和战略目标,有效识别企业核心业务流程和关键价值驱动因素,指标体系设计不当将导致错误的价值导向或管理缺失。

11.3 经济增加值法

11.3.1 经济增加值法的含义

经济增加值法是指以经济增加值(Economic Value Added,EVA)为核心,建立绩效指标体系,引导企业注重价值创造,并据此进行绩效管理的方法。

经济增加值是指税后净营业利润扣除全部投入资本的成本后的剩余收益。经济增加值及其改善值是全面评价经营者有效使用资本和为企业创造价值的重要指标。经济增加值为正,表明经营者在为企业创造价值;经济增加值为负,表明经营者在损毁企业价值。

11.3.2 经济增加值指标体系的制定程序

企业应综合考虑宏观环境、行业特点和企业的实际情况,通过价值创造模式的识别,确定关键价值驱动因素,构建以经济增加值为核心的指标体系。具体程序包括:

① 制定企业级经济增加值指标体系。
② 制定所属单位(部门)级经济增加值指标体系。
③ 制定高级管理人员的经济增加值指标体系。

11.3.3 经济增加值法的计算与应用

1. 经济增加值的计算

经济增加值=税后净营业利润-平均资本占用×加权平均资本成本.

1)税后净营业利润

税后净营业利润是在会计的税后净利润基础上进行相应调整后得到的税后利润,常用的调整项目有:

① 研究开发费、大型广告费等一次性支出但收益期较长的费用,应予以资本化处理,不计入当期费用。

② 反映付息债务成本的利息支出,不作为期间费用扣除,计算税后净营业利润时扣除所得税影响后予以加回。

③ 营业外收入、营业外支出具有偶发性，将当期发生的营业外收支从税后净营业利润中扣除。

④ 将当期减值损失扣除所得税影响后予以加回，并在计算资本占用时相应调整资产减值准备发生额。

⑤ 递延税金不反映实际支付的税款情况，将递延所得税资产及递延所得税负债变动影响的企业所得税从税后净营业利润中扣除，相应调整资本占用。

⑥ 其他非经常性损益调整项目，如股权转让收益等。

2) 平均资本占用

平均资本占用是所有投资者投入企业经营的全部资本，包括债务资本和股权资本。其中债务资本包括融资活动产生的各类有息负债，不包括经营活动产生的无息流动负债。股权资本中包含少数股东权益。

资本占用除根据经济业务实质相应调整资产减值损失、递延所得税等，还可根据管理需要调整研发支出、在建工程等项目，引导企业注重长期价值创造。

3) 加权平均资本成本

加权平均资本成本是债务资本成本和股权资本成本的加权平均，反映了投资者所要求的必要报酬率。加权平均资本成本的计算公式为

$$K_{wacc}=K_d\times(1-T)\times\frac{DC}{TC}+K_s\times\frac{EC}{TC}$$

其中：DC 为债务资本，TC 为资本占用，EC 为股权资本；T 为所得税税率；K_{wacc} 为加权平均资本成本；K_d 为债务资本成本，即实际支付给债权人的税前利率；K_s 为股权资本成本，即所有者要求的最低报酬率，通常用资本资产定价模型确定。

$$K_s=R_f+\beta\times(R_m-R_f)$$

R_f 为无风险收益率，R_m 为市场预期收益率，R_m-R_f 为市场风险溢价，β 是企业股票相对于整个市场的风险指数。

【例 11-2】某公司以经济增加值为目标，确定下一年增加值为 2 000 万元，目前正在进行下一年的财务规划，具体内容如下：

本年公司实现销售收入 20 000 万元，净利润 2 000 万元，平均资产总额 8 000 万元，平均无息流动负债 800 万元；明年预计实现销售收入增长 10%，销售净利润、资产周转率不变，且平均无息流动负债与销售收入比例不变；拟投入研发 500 万元；目前资产负债率 60%，负债的平均利率（利息/负债）为 5%；所得税 25%，加权平均资本成本率 10%。

① 净利润 = 2 000×(1+10%) = 2 200（万元）

② 平均资产 = 8 000×(1+10%) = 8 800（万元）

③ 平均无息流动负债 = 800×(1+10%) = 880（万元）

④ 平均负债 = 8 800×60% = 5 280（万元）

⑤ 有息负债 = 5 280-880 = 4 400（万元）

⑥ 利息支出 = 4 400×5% = 220（万元）

⑦ 税后净营业利润 = 2 200+(220+500)×(1-25%) = 2 740（万元）

⑧ 调整后资本 = 8 800-880 = 7 920（万元）

⑨ 经济增加值=2 740-7 920×10%=1 948（万元）

由于预计的经济增加值低于目标经济增加值2 000万元，因此，不能实现目标。

2. 使用经济增加值指标进行绩效评价的效果

（1）提高资金的使用效率。

（2）优化企业的资本结构。

（3）激励经营管理者，实现股东财富的保值增值。

（4）引导企业做大做强主业，优化资源配置。

11.3.4 经济增加值法的优缺点

经济增加值法的优缺点，具体如表11-3所示。

表11-3 经济增加值法的优缺点

优点	① 考虑了所有资本的成本，更真实地反映了企业的价值创造能力。 ② 实现了企业利益、经营者利益和员工利益的统一，激励经营者和所有员工为企业创造更多价值。 ③ 能有效遏制企业盲目扩张规模以追求利润总量和增长率的倾向，引导企业注重长期价值创造。
缺点	① 仅对企业当期或未来1～3年价值创造情况的衡量和预判，无法衡量企业长远发展战略的价值创造情况。 ② 计算主要基于财务指标，无法对企业的营运效率与效果进行综合评价。 ③ 不同行业、不同发展阶段、不同规模的企业，其会计调整项和加权平均资本成本各不相同，计算比较复杂，影响指标的可比性。

11.4 平衡计分卡

11.4.1 平衡计分卡的含义

平衡计分卡是指基于企业战略，从财务、客户、内部业务流程、学习与成长四个维度，将战略目标逐层分解转化为具体的、相互平衡的绩效指标体系，并据此进行绩效管理的方法。

平衡计分卡采用多重指标、从多个维度或层面对企业或分部进行绩效评价。平衡计分卡通常与战略地图等其他工具结合使用，适用于战略目标明确、管理制度比较完善、管理水平相对较高的企业。

11.4.2 平衡计分卡的框架

1. 平衡计分卡四个维度

平衡计分卡通过将财务指标与非财务指标相结合，将企业的业绩评价同企业战略发展联系起来，设计出一套能使企业高管迅速且全面了解企业经营状况的指标体系，用来表达企业进行战略性发展所必须达到的目标，把任务和决策转化成目标和指标。平衡计分卡的目标和指标来源于企业的愿景和战略，这些目标和指标从四个维度来考察企业的业绩，即财务、顾客、内部业务流程、学习与成长维度，这四个维度组成了平衡计分卡的框架，如图11-1所示。

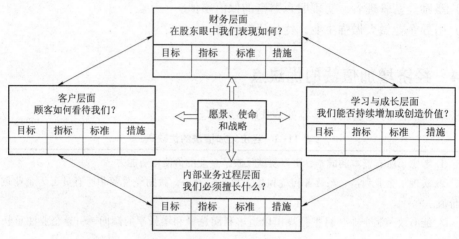

图11-1 平衡计分卡模型的基本框架

1）财务维度

这一维度的目标是解决"股东如何看待我们？"这一类问题，表明企业的努力是否将对企业的经济收益产生积极的作用。众所周知，现代企业财务管理目标是企业价值最大化，而对企业价值目标的计量离不开相关财务指标。

2）顾客维度

这一维度回答"顾客如何看待我们"的问题。顾客是企业之本，是现代企业利润的来源。顾客感受理应成为企业关注的焦点，应当从时间、质量、服务、效率以及成本等方面了解市场份额、顾客需求和顾客满意程度。

3）内部业务流程维度

这一维度着眼于企业的核心竞争力，解决"我们的优势是什么"的问题。企业要想按时向顾客交货，满足现在和未来顾客的需要，必须以优化企业的内部业务流程为前提。因此，应当选出那些对顾客满意度影响比较大的业务流程，明确自身的核心竞争能力，并把它们转化成具体的测评指标。

4）学习和成长维度

这一维度的目标是解决"我们是否能继续提高并创造价值"的问题。只有持续不断地开发新产品，为客户创造更多价值并提高经营效率，企业才能打入新市场，才能赢得顾客的信任，从而增加股东价值。企业的学习与成长来自员工、信息系统和企业程序等，根据经营环境和利润增长点的差异，企业可以确定不同的产品创新、过程创新和生产水平提高指标。

2. 平衡计分卡框架的特征

平衡计分卡模型之所以"平衡"，在于它突破了传统财务绩效评价方法的不足，在综合影响组织绩效的各个方面后，从整体上对企业进行评价。

1）短期目标与长期目标的平衡

平衡计分卡模型利用财务指标与非财务指标的结合，从利润等短期目标的实现与客户满意度、员工的培训与提升等长期目标的实现两个方面共同评价和考核企业，从而实现对企业长、短期绩效的全方位评价，能够推动企业明确自己的发展方向与位置，并在经营过程中自觉保持短期目标与长期目标的均衡，在获取眼前利益的同时，注意追求未来的长远发展。

2）财务指标与非财务指标的平衡

随着内外部环境的日益复杂化和企业竞争程度的加剧，通过改进企业内部业务流程、学习与创新，改善与股东、顾客的关系，对于企业获得长期的竞争优势、实现价值创造变得至关重要。平衡计分卡模型不仅有效保留财务指标中的有益成分，而且还将非财务指标补充进来，使企业绩效评价指标体系更加完整，进而实现了对企业的全面评价。

3）结果性指标与动因性指标的平衡

企业所取得的成果都有相应的驱动因素，企业应当清楚其追求的成果与产生这些成果的关键因素即动因，以及代表该动因的指标分别都是什么，都有哪些。利用平衡计分卡模型分析，找到正确的动因，并采取有效措施来实现目标，通过建立科学的评价指标体系来对企业的绩效进行合理评估。

4）企业内部利益与外部利益的平衡

平衡计分卡模型将评价的视线由企业内部扩大到企业外部，如股东、顾客，实现了对企业经营的全方位评价，以不断获取和保持竞争优势。同时，平衡计分卡模型以全新的目光重新认识企业内部，将以往只看重最终结果扩展到既看重结果又重视内部流程及创新和学习，重视企业运营的效率，以适应知识经济和现代企业发展的要求，促进企业持续发展。

11.4.3 平衡计分卡指标体系的制定程序

平衡计分卡指标体系的构建应围绕战略地图，针对财务、客户、内部业务流程和学习与成长四个维度的战略目标，确定相应的评价指标，具体如表11-4所示。

表11-4 平衡计分卡指标体系制定程序

程　　序	说　　明
制定企业级指标体系	根据企业层面的战略地图，为每个战略主题的目标设定指标，每个目标至少应有1个指标。
制定所属单位（部门）级指标体系	依据企业级战略地图和指标体系，制定所属单位（部门）的战略地图，确定相应的指标体系，协同各所属单位（部门）的行动与战略目标保持一致。
制定岗位（员工）级指标体系	根据企业、所属单位（部门）级指标体系，按照岗位职责逐级形成岗位（员工）级指标体系。

11.4.4 平衡计分卡指标的设计

平衡计分卡每个维度的指标通常为4~7个，总数量一般不超过25个。平衡计分卡指标体系构建时，企业应以财务维度为核心，其他维度的指标都与核心维度的一个或多个指标相联系。通过梳理核心维度目标的实现过程，确定每个维度的关键驱动因素，结合战略主题，选取关键绩效指标。平衡计分卡不同维度指标体系的构建，具体如表11-5所示。

表11-5 平衡计分卡指标体系常用指标

维度	常用指标
财务维度	① 财务维度以财务术语描述了战略目标的有形成果。 ② 企业常用指标有投资资本回报率、净资产收益率、经济增加值、息税前利润、自由现金流、资产负债率、总资产周转率等。
客户维度	① 客户维度界定了目标客户的价值主张。 ② 企业常用指标有市场份额、客户满意度、客户获得率、客户保持率、客户获利率、战略客户数量等。
内部业务流程维度	① 内部业务流程维度确定了对战略目标产生影响的关键流程。 ② 企业常用指标有交货及时率、生产负荷率、产品合格率、存货周转率、单位生产成本等。
学习与成长维度	① 学习与成长维度确定了对战略最重要的无形资产。 ② 企业常用指标有员工保持率、员工生产率、培训计划完成率、员工满意度等。

11.4.5 平衡计分卡的有效应用

要有效使用平衡计分卡，将平衡计分卡的四个层面与公司战略相整合，应遵循以下三个原则：
① 平衡计分卡四个层面的指标之间具有因果关系。
② 平衡计分卡的结果计量指标与绩效动因相关联。
③ 最终采用财务指标计量其结果。

11.4.6 平衡计分卡的优缺点

平衡计分卡的优缺点，如表11-6所示。

表11-6 平衡计分卡的优缺点

优点	① 战略目标逐层分解并转化为被评价对象的绩效指标和行动方案，使整个组织行动协调一致。 ② 从财务、客户、内部业务流程、学习与成长四个维度确定绩效指标，使绩效评价更为全面完整。 ③ 将学习与成长作为一个维度，注重员工的发展要求和组织资本、信息资本等无形资产的开发利用，有利于增强企业可持续发展的动力。

续表

缺点	① 专业技术要求高，工作量比较大，操作难度也较大，需要持续地沟通和反馈，实施比较复杂，实施成本高。 ② 各指标权重在不同层级及各层级不同指标之间的分配比较困难，且部分非财务指标的量化工作难以落实。 ③ 系统性强、涉及面广，需要专业人员的指导、企业全员的参与和长期持续地修正与完善，对信息系统、管理能力有较高的要求。

本 章 小 结

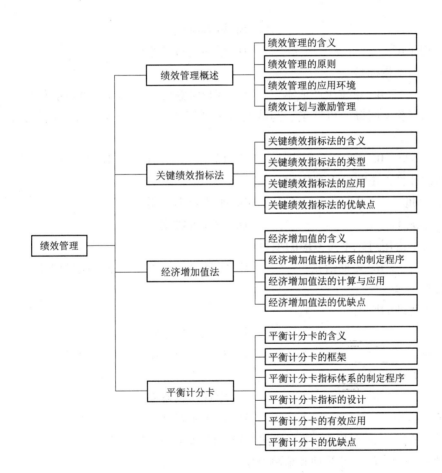

同 步 测 试

一、单项选择题

1. KPI 是衡量（　　）实施效果的关键指标。
   A. 组织文化　　　B. 组织战略　　　C. 组织管理　　　D. 组织结构

2. 下列选项中，属于学习和成长维度指标的是（　　）。
   A. 餐厅营业额　　　　　　　　　　B. 客户关系维护
   C. 处理单个订单的时间　　　　　　D. 新产品类型的开发

3. 按照平衡计分卡，其目标是解决"我们是否能继续提高并创造价值"的问题的维度是（　　）。
   A. 财务维度　　　　　　　　　　　B. 顾客维度
   C. 内部业务流程维度　　　　　　　D. 学习与成长维度

4. 下列不属于动因类指标是（　　）。
   A. 资本性支出　　B. 单位生产成本　　C. 客户满意度　　D. 息税前利润

5. 关键绩效指标应含义明确、可度量、与战略目标高度相关，每一层级关键绩效指标一般不超过（　　）个。
   A. 5　　　　　　　B. 8　　　　　　　C. 10　　　　　　D. 12

6. 经济增加值的计算，不包括下列指标（　　）。
   A. 税后净营业利润　　　　　　　　B. 平均资本占用
   C. 加权平均资本成本　　　　　　　D. 营业外收支

7. 在计算平均资本占用时，不需考虑的项目是（　　）。
   A. 应付账款　　　B. 短期借款　　　C. 长期借款　　　D. 应付债券

二、多项选择题

1. 下列属于绩效管理的原则（　　）。
   A. 战略导向原则　　　　　　　　　B. 客观公正原则
   C. 规范统一原则　　　　　　　　　D. 科学有效原则

2. 下列属于结果类指标（　　）。
   A. 投资回报率　　　　　　　　　　B. 净资产收益率
   C. 经济增加值回报率　　　　　　　D. 员工满意度

3. 关于经济增加值评价的优缺点，下列说法中错误的有（　　）。
   A. 经济增加值是一种全面财务管理和薪酬激励框架
   B. 经济增加值是一种治理公司的内部控制制度
   C. 经济增加值便于不同规模公司的业绩进行比较
   D. 经济增加值可以广泛使用

4. 下列关于平衡计分卡的表述，正确的有（　　）。
   A. 平衡计分卡有利于增强企业可持续发展的动力

B. 平衡计分卡对专业技术的要求不高
C. 平衡计分卡能使整个组织行动协调一致
D. 平衡计分卡在不同层级及各层级不同指标之间的权重是一样的

5. 平衡计分卡的"平衡"的含义包括（　　）。
A. 外部评价指标和内部评价指标的平衡
B. 成果评价指标和导致成果出现的驱动因素评价指标的平衡
C. 财务评价指标和非财务评价指标的平衡
D. 短期评价指标和长期评价指标的平衡

6. 下列维度属于组成平衡计分卡框架的有（　　）。
A. 学习与成长维度　　　　　　　　B. 内部业务流程维度
C. 顾客维度　　　　　　　　　　　D. 财务维度

实 训 项 目

【实训一】

（一）目的：练习经济增加值的计算。

（二）资料：

甲公司下属 B 部门采用经济增加值作为公司内部的业绩评价指标。已知该部门平均资本占用为 60 000 元，部门税前经营利润为 12 000 元，该部门适用的所得税税率为 25%，加权平均税后资本成本为 10%，则该部门的经济增加值为多少元？

【实训二】

（一）目的：练习业绩评价。

（二）资料：

甲公司是一家集团公司，A、B 公司分别为其全资子公司。

2016 年两家全资子公司的相关数据如表 11-7 所示。

表 11-7　相关数据资料　　　　　　　　　　　　　　　　元

项　　目	A 公司	B 公司	行业平均标准
净利润	150 000	80 000	120 000
税后净营业利润	434 000	145 000	—
所占用的资本	5 600 000	745 000	—
加权平均资本成本率	6%	5.5%	—

假定不考虑其他因素。

（三）要求：

(1) 根据上述资料，分别从净利润和经济增加值角度对 A 公司和 B 公司的业绩进行评价。

(2) 若行业平均经济增加值为 95 000 元，以行业平均数据为业绩评价标准，分别对 A 公司和 B 公司的业绩进行评价。

【实训三】

（一）目的：练习业绩评价。

（二）资料：

甲公司对于业绩评价工作非常重视，目前的业绩评价方法存在一些弊端，为此专门聘请一些专家座谈，研究如何改进业绩评价方法。会议记录中的部分内容如下：

(1) 李某认为，采用非财务指标计量各责任中心的业绩是有必要的，但指标并非越多越好。企业必须明确自己在一定时期的经营战略，明确判断哪些客户、项目、投资或活动超出了组织的战略边界，经理人员应该将精力集中在与公司战略推进有关的项目上，以提高管理效率。选择业绩评价指标的目的只有一个，那就是保证公司内所有人员的视线都盯住企业的战略目标。因此，必须简化评价指标体系，基于企业战略目标，通过建立关键指标体系，将价值创造活动与战略规划目标有效联系，据此进行绩效管理。

(2) 张某认为，平衡计分卡中，顾客角度应该从市场份额、客户获得率、客户满意度和产品合格率等角度进行指标设计。

（三）要求：

(1) 判断李某的观点是否存在不当之处，并说明李某所提及的业绩评价类型以及该方法的优缺点。

(2) 判断张某的观点是否存在不当之处，并说明理由。

(3) 简述平衡计分卡的优缺点。

思考与练习

(1) 什么是绩效管理？绩效管理应遵循哪些原则？

(2) 关键绩效指标法的类型有哪些？它的优缺点是什么？

(3) 经济增加值法的含义是什么？它有哪些优缺点？

(4) 平衡计分卡的四个维度分别是什么？平衡计分卡框架有哪些特征？

附　　录

附表一　复利现值系数表

附表二　复利终值系数表

附表三　年金现值系数表

附表四　年金终值系数表

参考文献

[1] 全国会计专业技术资格考试领导小组办公室. 管理会计 [M]. 大连：东北财经大学出版社，1995.

[2] 陈振婷. 管理会计 [M]. 北京：清华大学出版社，2016.

[3] 傅元略. 管理会计 [M]. 北京：经济科学出版社，2011.

[4] 钱逢胜. 管理会计 [M]. 上海：上海财经大学出版社出版，2016.

[5] 周频. 管理会计（第2版）[M]. 大连：东北财经大学出版社，2017.

[6] 李跃平，卢欢，朱丽娜. 管理会计 [M]. 北京：中国人民大学出版社出版，2017.

[7] 孙茂竹，文光伟，杨万贵. 管理会计学（第7版）[M]. 北京：中国人民大学出版社出版，2017.

[8] 吴大军，牛彦秀. 管理会计（第4版）[M]. 大连：东北财经大学出版社，2017.

[9] 中国注册会计师协会. 财务成本管理 [M]. 北京：中国财政经济出版社，2018.

[10] 全国会计专业技术资格考试专用教材编委会. 财务管理 [M]. 北京：中国铁道出版社，2017.

[11] 齐殿伟. 管理会计（第2版）[M]. 北京：北京大学出版社，2017.

[12] 高百宁. 经济预测与决策 [M]. 上海：上海财经大学出版社，2009.